中国高等教育の拡大と教育機会の変容

王　傑(杰)著

Expansion and Transformation of Higher Education Opportunity in China

東信堂

はしがき

　新自由主義の台頭を背景に、教育分野において市場競争の原理を導入し、効率性を高める改革が多くの国で推進されている。高等教育分野においても、国公立大学の授業料徴収または値上げ、学生援助のローン化など、教育の公的財政予算を縮小させるさまざまな変革が生じている。

　資本主義諸国における新自由主義の隆盛とは異なるが、中国においても計画経済から市場経済への漸次の移行に伴い、1980年代から市場要素を持ち込んだ高等教育のシステム再編が行われた。この過程は授業料の高騰を伴ったものの、高等教育は拡大され、世界で一、二を数えるほどの規模に成長した。高等教育粗就学率は1990年の3.4％から、1998年の9.8％に、さらに2003年の17.0％に急上昇し、マーチン・トロウのいうエリート段階からマス段階へと急速に移行した。しかしながら、普通国公立大学の運営費は半分のみが公的財政予算で、残りは学雑費収入や大学自らの資金調達に依存するようになった。

　一方、周知のように、中国の経済成長は地域間、階層間の所得格差の拡大を助長した。こうした格差の大きい社会を背景に、私的教育費負担増を伴った高等教育規模拡大の影響にはさまざまの懸念される点がある。とりわけ、この拡大が教育機会の地域間格差と階層間格差に与える影響は、大きく問われている。それに関わる研究課題は数多く存在しているが、著者の問題関心により、本書の内容は、主に中国高等教育拡大の特徴と教育機会の階層間格差およびその変化を把握するものとなる。高等教育機会の変容は、その拡大と大学授業料の上昇のなかで登場してきたトピックスであるため、両者を統合して把握した上で解明する必要があると思われる。

　こうした背景を踏まえ、本書は、1) 教育の拡大や教育機会に関わる理論を概観し、2) 中国高等教育の構成および拡大の特性を捉えた上で、3) 北京

市と山東省に所在する4大学における質問紙調査のデータ（有効回答1341部）を用いて、インプット、スループットおよびアウトプットを含んだ全就学過程にわたって、高等教育の拡大と教育機会の変容を探索的に分析する。事例を取り上げた実証分析の部分では、教育機会の社会的分布およびその変化だけではなく、私的教育費負担と学生援助に関わる制度およびその実態の把握も重要な内容となる。学部生の進路志向も分析の射程に入れる。

中国高等教育の構成と拡大は、同じ東アジア国であるとはいえ、日本や韓国と異なるパターンになっている。これまでの国際比較において、たいてい東アジアの代表としては日本や韓国が挙げられているが、中国高等教育の拡大はもう一つの東アジアパターンの存在を示している。高等教育機会の変容に関して、本書は事例研究にとどまった把握であるとはいえ、市場原理の浸透、社会格差の拡大および高等教育構造の急速な変化を背景にした実証研究であるため、分析結果およびその政策的含意は他国にとっても参考になる点があると思われる。読者は本書を読み終えたら、学歴ブームや両親による大学生の教育費負担などの面では、東アジア諸国との共通点が多いことも感じられるだろう。

本書の研究テーマは中国国内ではまださほど行われていない。日本の教育学や社会学分野においては、ナショナルデータを用いた日本高等教育の拡大と機会均等問題を扱う研究は数多くなされているが、中国高等教育に存在する同様の問題に関する研究は非常に少ない。また、高等教育の拡大と教育機会に関する学説、理論構築はほとんど先進国中心に形成されたものであり、発達途上国の状況にふさわしいかどうかの検証研究は不十分である。本書は格好の比較対照データになると考えられる。

本書は、筆者がお茶の水女子大学に提出し、2006年3月に課程博士（学術）を授与された博士学位論文「中国における高等教育の拡大と教育機会に関する社会学的研究」に、加筆修正を加えたものである。この研究に関心をもつ多くの方々にその内容を体系的に把握していただくため、また日本の多くの方々に中国高等教育の現状をよりいっそう理解していただくため、書籍として世に問うことにした。

学位論文の関連データは基本的には質問紙調査の実施時期に合わせ、2003年に統一されている。そのため、本文では2004年以降の学生援助制度の変容、とりわけ「国家助学ローン」の増・改訂、拡充の実態は反映されていない。新しい動向については、付録1の「中国における学資貸付制度の発足と新たな発展」と付録2の「A大学の学生援助センターにおけるインタビュー調査」をご覧いただきたい。

　加筆修正にあたって、中国高等教育の拡大に関して多くの研究課題が存在すること、教育機会の変容の検証においてナショナルデータの整備が喫緊であること、事例研究に限界が大きいことなどを改めて痛感している。

　最後に、本書の論理構成と実証分析には未熟なところが多々残されていると認識している。それらを、今後の課題として研究を続けていきたい。また本書が、国立大学法人化、奨学金ローン化が進行中の日本の高等教育にとって、何らかの示唆を示すこと、関連領域の研究蓄積と進展にわずかでも貢献すること、学術の国際交流に対しても役立つことを心から願っている。

　2007年10月

　　　　　　　　　　　　　　　　　　　　　　　　　　　　著　者

中国高等教育の拡大と教育機会の変容／目次

はしがき ……………………………………………………………… i
図表一覧 ……………………………………………………………… xi

序章　研究の課題、理論、枠組みおよび事例研究の概要…… 3

第1節　本研究の背景と課題 ……………………………………… 3
第2節　理論の検討………………………………………………… 6
　1．教育の拡大論説 …………………………………………… 6
　2．教育機会問題に関する検討 ……………………………… 9
　　① 教育機会均等の理念形成と現代的解釈 (9)　② 教育機会問題の重要性と機会均等の限界 (12)　③ 教育の機会均等に関する理論および実証研究の発展 (14)　④ 現代中国における社会階層と教育機会研究の現状 (17)
　3．中国高等教育拡大の社会的経緯と「機会均等」の意味検討 …19
　　① 高等教育への市場原理の導入およびその影響 (19)　② 高等教育拡大の社会的経緯 (20)　③ 世界問題としての高等教育の機会均等 (22)　④ 中国高等教育における「機会均等」の意味検討 (24)
第3節　本研究の分析枠組み……………………………………… 27
第4節　質問紙調査の概要………………………………………… 31
　1．調査の方法と対象 ………………………………………… 31
　2．調査の内容とサンプルの分布 …………………………… 32
第5節　分析手法…………………………………………………… 33
〈注〉(34)

第1章　中国高等教育の拡大と授業料徴収のパターン……… 38

はじめに …………………………………………………………… 38
第1節　中国高等教育の構造……………………………………… 38
第2節　中国高等教育の量的拡大 ………………………………… 42
　1．1989年までの量的拡大 ………………………………… 42

2．1990年以降の量的拡大 ……………………………………44
　　①　大学数の変化 (44)　②　在学者数の変化 (45)　③　入学者数の変化 (47)　④　高等教育粗就学率の変化 (48)
　3．中国高等教育拡大の時期と担い手分析 ……………………50
第3節　普通国公立セクターにおける授業料の試行徴収と
　　　　制度化過程 ……………………………………………………51
　1．無償の高等教育から授業料の試行徴収へ …………………51
　2．授業料徴収パターンの形成 …………………………………54
　3．対GDP、対収入の授業料上昇と私的負担率の国際比較 ……56
第4節　教育機会問題の浮上と実証研究の必要性 ………………60
第5節　事例研究の位置づけ——エリートセクター考察 ………61
〈注〉(63)

第2章　大規模な拡大過程における教育機会の階層間格差の変化 ……………………………………65

はじめに ………………………………………………………………65
第1節　先行研究のレビュー ………………………………………65
　1．他国の場合 ……………………………………………………65
　2．中国の場合 ……………………………………………………66
第2節　対象大学における拡大の経緯 ……………………………68
第3節　教育機会の階層的分布およびその変化に関する
　　　　分析結果 …………………………………………………69
　1．諸変数間の属性相関 …………………………………………70
　2．教育機会の階層的分布 ………………………………………71
　　①　出身地から見た教育機会の階層的分布 (71)　②　経済的指標から見た教育機会の階層的分布 (72)　③　両親の最終学歴から見た教育機会の階層的分布 (73)　④　両親の職業から見た教育機会の階層的分布 (74)
　3．教育機会の階層的分布の変化 ………………………………76
　　①　経済的変数から見た教育機会の階層的分布の変化 (76)　②　非経

済的階層変数から見た教育機会の階層的分布の変化 (78)

第4節　結果のまとめと考察……………………………………………79
　1．分析結果のまとめ ……………………………………………79
　　① 教育機会の階層的分布 (79)　② 教育機会の階層的分布の変化 (80)　③ その他 (81)
　2．なぜ低所得層，農村家庭の在学率は低下しなかったのか ……81
　　① 多岐にわたる教育費調達と日常支出の切りつめ (82)　② 学生援助の抑制効果 (82)　③ 高校の低授業料負担 (83)　④ 進学行動の変化からの推測 (84)

本章の限界……………………………………………………………84
　〈注〉(85)

第3章　大学教育費の私的負担の状況 ………………………90

はじめに ………………………………………………………………90
第1節　高等教育の費用負担方式 …………………………………91
　1．世界各国における高等教育の費用負担方式 …………………91
　2．中国高等教育における私的負担の増加と家計への影響 ……93
第2節　先行研究のレビュー ………………………………………94
第3節　対象大学における授業料と学寮費の徴収 ………………97
第4節　大学教育費の私的負担と家庭的背景との
　　　　関連の予測 ………………………………………………99
第5節　分析結果 ……………………………………………………100
　1．大学教育費の私的負担の実態 …………………………………100
　2．大学教育費の私的負担と家庭的背景 …………………………101
　3．家計の圧迫度 ……………………………………………………105
　4．授業料徴収に対する学生の態度 ………………………………107
第6節　結　び ………………………………………………………110
　1．分析結果のまとめと予測の検討 ………………………………110
　2．私的負担の視点から見た授業料の価格決定と学寮の役割 …111
　〈注〉(113)

第4章　学生援助受給の実態と階層的配分の状況……………115

はじめに……………………………………………………………………115
第1節　学生援助の枠組みと各国における学生援助の変容 ……115
　1．学生援助の枠組みおよび目的など ……………………………115
　2．各国における学生援助の変容 …………………………………117
第2節　中国普通国公立大学における学生援助の概要…………119
第3節　先行研究のレビューと本章の仮説 ………………………121
第4節　対象大学における学生援助の規定 ………………………123
第5節　分析結果 ……………………………………………………125
　1．学生援助受給のあり方 …………………………………………125
　2．学生援助受給の規定要因分析 …………………………………127
　　① 四方式総合の受給規定要因 (127)　② 給付奨学金受給の規定要因 (128)　③ 授業料免除、特別困難手当および学資貸付受給の規定要因 (130)
　3．仮説の検討 ………………………………………………………132
　4．援助に対する学生の満足度とその規定要因 …………………133
第6節　結　び ………………………………………………………135
　1．知見のまとめ ……………………………………………………135
　2．考　察 ……………………………………………………………136
〈注〉(138)

第5章　学部生の進路志向における家庭的背景の影響……141

第1節　問題の設定 …………………………………………………141
第2節　先行研究の知見と本章の分析枠組み ……………………142
　1．家庭的背景と学部生の進路 ……………………………………142
　2．再考の必要性と本章の分析枠組み ……………………………144
第3節　対象大学における学部卒業生の進路 ……………………145
第4節　分析結果 ……………………………………………………146
　1．学部生の進路志向の状況 ………………………………………146

2. 学業継続志向における家庭的背景の影響 …………………146
　　3. 海外留学志向における家庭的背景の影響 …………………149
　　4. 就職志願者の職業選択と職業的地位達成志向における
　　　 家庭的背景の影響 ………………………………………………150
　第5節　結　び ……………………………………………………………154
　　1. 知見のまとめ ………………………………………………………154
　　2. 三つの関連のあり方 ………………………………………………154
　　3. 考　察 ………………………………………………………………155
　〈注〉(157)

終章　結果のまとめと政策的インプリケーション …………159

　第1節　各章の主要な知見 ………………………………………………159
　第2節　議論と政策的インプリケーション ……………………………165
　　1. 中国高等教育拡大の障壁 …………………………………………165
　　2. 高等教育機会の社会的配分およびその変化に関して …………166
　　3. 学生援助はポイントか ……………………………………………168
　第3節　今後の研究課題 …………………………………………………170
　〈注〉(171)

付録1　中国における学資貸付制度の発足と新たな発展 ……………172
　　1. 学資貸付制度の発足——「学生ローン」の創立、実施 …………172
　　2. 学資貸付制度の発展——「国家助学ローン」と「一般商業性助学
　　　 ローン」の登場、拡充 ……………………………………………173
　　3. 「国家助学ローン」の利用急伸と回収の課題 …………………177
　　4. 結　び——学資貸付制度の特徴および問題点 …………………179
　〈注〉(181)

付録2　A大学の学生援助センターにおけるインタビュー調査 ……183
　〈注〉(187)

参考文献 ……………………………………………………………………188

本書に関係する中国中央政府の行政文書 …………………………………197
あとがき ……………………………………………………………………200
索　引 ………………………………………………………………………203

図表一覧

【序章】
表0-1　M・トロウによる高等教育システムの段階移行に伴う諸変化 (8)
表0-2　調査対象校の特徴 (31)
表0-3　サンプルの分布 (32)
図0-1　本研究の分析枠組み (28)
図0-2　序章以降の内容設定 (30)

【第1章】
表1-1　普通高等教育と成人高等教育の学校数と在学者 (2003年度) (41)
表1-2　普通国公立大学における授業料徴収制度の形成と政府の施策 (52)
表1-3　各省 (直轄市、自治区) の一般専攻の年間授業料基準 (56)
表1-4　1998～2002年中国普通国公立大学における経費構成 (59)
図1-1　中国高等教育の構成 (39)
図1-2　1950～89年の大学数の推移 (42)
図1-3　1950～89年大学在学者数の推移 (43)
図1-4　1990年以降大学数の推移 (45)
図1-5　1990年以降形式別在学者数の推移 (46)
図1-6　1990年以降機関別在学者数の推移 (47)
図1-7　1990年以降形式別入学者数の推移 (47)
図1-8　1990年以降学歴別入学者数の推移 (48)
図1-9　高等教育粗就学率の推移 (49)
図1-10　1989～2002年大学授業料対GDPおよび国民収入の比率の推移 (57)

【第2章】
表2-1　1994年以降の対象大学における普通本科・専科および大学院正規在学者数の推移 (69)
表2-2　諸変数間の相関係数 (70)
表2-3　都市・農村出身者の分布と選抜度指数 (71)
表2-4　1人当たり年間所得による都市・農村別家庭所得分布 (72)
表2-5　サンプル両親の最終学歴の分布と選抜度指数 (73)
表2-6　サンプル両親の職業的分布と選抜度指数 (74)
表2-7　両親の月収による三階層区分×学年 (76)
表2-8　1999年と2000年入学者の所得階層的分布の比較 (77)
表2-9　暮らし向き×学年 (77)

表2-10　非経済的階層×学年 (78)
表2-11　暮らし向き5分位×教育費調達など (82)
表2-12　高校の授業料負担 (83)

【第3章】

表3-1　対象大学における2002年度の授業料徴収基準 (98)
表3-2　大学教育費の私的負担額 (100)
表3-3　授業料負担額の規定要因 (102)
表3-4　大学所在地から見る授業料負担額の規定要因 (103)
表3-5　年間日常生活支出と年間支出総額の規定要因 (104)
表3-6　学生の日常生活支出と所在地の都市部住民の日常生活支出 (105)
表3-7　所得階層別の家計圧迫度 (107)
表3-8　授業料徴収満足度の規定要因分析1 (108)
表3-9　授業料徴収満足度の規定要因分析2 (109)
表3-10　授業料徴収満足度の規定要因分析3 (109)
図3-1　対象大学における授業料基準の推移 (98)

【第4章】

表4-1　授業料と奨学金の4タイプ (117)
表4-2　対象大学における学生援助規定の概要 (124)
表4-3　受給率、受給額および各援助方式の受給総額が援助総額に占めるシェア (125)
表4-4　学生1人当たりの援助利用数 (126)
表4-5　四方式総合受給有無の規定要因 (127)
表4-6　受給者の四方式総合受給額の規定要因 (128)
表4-7　給付奨学金受給有無の規定要因 (129)
表4-8　給付奨学金受給額の規定要因 (130)
表4-9　各ニード的援助の受給有無の規定要因 (131)
表4-10　各ニード的援助の受給額の規定要因 (132)
表4-11　所得階層別ニード的援助の受給率 (133)
表4-12　学生援助満足度の規定要因 (134)
図4-1　学生援助の捉え方 (116)
図4-2　4項目の学生援助の属性 (121)

【第5章】

表5-1　進路志向の分布 (146)
表5-2　学業継続志向の規定要因 (147)

表5-3　1999年入学者の学業継続志向の規定要因 (148)
表5-4　海外留学志向の規定要因 (150)
表5-5　就職志願者の職業選択 (151)
表5-6　専門・管理職志向の規定要因 (152)
表5-7　初任給見込みの規定要因 (153)
図5-1　分析の枠組み (145)

【終章】
図6-1　選抜度と授業料負担による大学の分類 (167)

中国高等教育の拡大と教育機会の変容

序章　本研究の課題、理論、枠組みおよび事例研究の概要

第1節　本研究の背景と課題

　1978年以降、改革・開放政策の進展に伴い、中国政府は高等教育の収容力を回復し、それを漸次拡大したが、1990年代に入ってからさらに拡大のスピードを上げ、特に1999年以降大規模に募集定員を増やしてきた。普通高等教育機関の普通本科・専科[1]に限ってみても、入学者は1980年の28.1万人から、1990年の60.9万人、1998年の108.3万人、さらに2003年の382.2万人に伸び、在学者は1980年の114.4万人から、1990年の206.3万人、1998年の340.9万人、さらに2003年の1108.2万人に急増した。統計指標として1990年に取り入れられた高等教育粗就学率[2]も、当初の3.4％から、1998年の9.8％、2003年の17.0％に急上昇した。こうして、中国はマーチン・トロウのいう高等教育のエリート段階からマス段階へと急速に移行した。この機会拡大はどのような状況のなかで、いかなるかたちで実現されたのか、どのような問題を引き起こしたのか、さらにその特徴は何であるかなどについて、中国高等教育の構造的特性に関連させて、明らかにする必要がある。

　高等教育の機会拡大に伴い、授業料が徴収されはじめ、値上げも繰り返された。1980年代の半ばから、普通国公立大学では国家計画に基づいた学生の募集以外に、市場調節に基づいた授業料負担のある学生の募集も実施されるようになったが[3]、1989年に国家計画に基づいて募集した学生からも、授業料や学寮費を徴収しはじめた。1994年、指定された36大学では市場調節と国家計画の区別をなくした学生募集と授業料徴収を試行的に実施した。さらに1997年、農林や師範系大学を含め、すべての普通国公立大学で二つの学生募集方式を一本化し、授業料を全面的に徴収するようになった。

毎年のように値上がりした授業料は、1999年以降の大規模な募集拡大を伴ってさらに高騰した。地域間、大学間および同じ大学内部では授業料の徴収額に差があるものの、現在、大半の大学では年に3000～6000元の授業料を徴収している。そのほか、学寮や日常生活にも多額の出費が必要とされる。

　一方、2002年の中国の1人当たりGDPは8184.0元である。国民の収入を見ても、農村の年間1人当たり純収入[4]は2475.6元に過ぎず、都市部の年間1人当たり可処分収入[5]は7702.8元である。また、家計の消費支出に占める飲食費の割合を示すエンゲル係数は、農村家庭では46.2％、都市部家庭では37.7％である。こうして概観的に見ても、大学教育費の私的負担の増大は家計を圧迫し、教育機会の社会的分布、とりわけ低所得層と農村家庭の教育機会に影響を及ぼす可能性があると推測される。

　仮説的には、農村家庭、低所得層の教育費負担は充実した学生援助(student aid)[6]によりディスカウントされるならば、または何らかの方法で教育費が調達されるならば、教育機会の不平等化の進行は抑制される可能性がある。したがって、教育機会の階層的分布に影響を与えるファクターとして、あるいは教育機会の質的状態として、学生の教育費支出と調達、財政などによる学生援助の実態や援助の階層的配分を検証する必要がある。

　さらに、入口が開かれるにつれ、出口の進路選択の問題が生じている。これまで本科と専科の収容力は大規模に拡大されてきたため、大学後教育の期待収益は相対的に大きくなり、大学院受験ブームも過熱の一途を辿っている。しかし、大学院生も授業料を納付し始めることがあり、学部生の進路選択または進路志向が家庭的背景に左右されるかどうかも、社会学的研究課題として浮上してきたといえる。

　高等教育機会の社会的分布およびその変化は複数の授業料徴収パターンが存在し、かつ年ごとに授業料が値上げされた1990年代の半ばには、すでに社会問題として研究者たちに注目されていた。ただし、ナショナルデータが欠けていて、いくつかの事例研究の結論も一致しなかったため、中国高等教育全体における教育機会の社会的分布およびその変化の実態は不明のままである。よって、大学在学者を無作為に抽出し、全国規模の学生生活調査を定

期的に実施することは、非常に重要な教育課題であり、社会的課題であると思われる。一方、規模が大きく構成が複雑な中国高等教育にとって、さまざまな視点をもったケーススタディの蓄積も不可欠な重要性をもつと考えられる。

こうした背景を踏まえ、本研究では、第一に、マクロレベルのデータを用いて、中国高等教育の拡大および授業料徴収システムの特徴を把握する。また、第二に、教育機会の社会的分布の変容分析に必要なナショナルデータが不在であるため、自ら収集したデータを用いて、高等教育機会の変容をケーススタディ的に検証する。具体的には、北京市と山東省に所在する4大学における質問紙調査のデータを用いて、インプット（大学の入り口）、スループット（修学過程）およびアウトプット（出口の進路志向）を含んだ学部教育の全過程にわたって、高等教育の拡大と教育機会の問題を探索的に分析する試みである。なお、この事例研究の社会的背景は1999年以降の授業料高騰を伴った急速な機会拡大である。教育機会の社会的分布およびその変化、教育費の私的負担、学生援助の受給、さらに学生の進路志向がいずれも分析の対象となる。

本研究の構成は以下のとおりである。

序章では、中国高等教育の現状にふさわしい概念や理論モデルなどを析出するために、拡大と教育機会問題の既存理論や先行研究をレビューする。その後、本書の分析枠組みと事例研究の概要を説明する。

続く第1章では、中国高等教育の構成と拡大の特徴、授業料徴収システムの形成プロセスを考察し、教育機会問題の浮上や事例研究の位置づけを明らかにする。

第2〜5章では、質問紙調査のデータを用いてテーマごとに詳細な分析を行う。具体的な内容設定は、序章第3節の分析枠組みの部分で改めて説明する。

終章では、各章の分析結果をまとめ、拡大と教育機会の確保という視点から中国高等教育に対する政策的インプリケーションを述べ、今後の課題を示す。

本研究は、中国の高等教育に対して現状を解明し政策的提言を行う基盤となると同時に、国際比較や関係理論の検証にとってもよき比較対照データに

なると思われる。

第2節　理論の検討

　教育の拡大に関して、なぜ拡大が起きるかについての議論とともに、量的拡大は教育システムに、さらに社会全体にいかなる変化をもたらすかにも、多くの研究者が関心を寄せている。高等教育の拡大に限定していえば、よく知られているのはマーチン・トロウの「発展段階説」である。

　また、量的拡大はより多くの人に教育機会を提供できることを意味するが、各社会集団の教育機会は必ずしも均等に拡大するとは限らない。特に私的教育費負担が上昇する場合そのようである。教育機会の格差是正には量の拡大だけではなく、多くの社会的条件を満たすことや政府の政策的介入も必要だと思われる。中国高等教育における拡大と教育機会問題の考察に資するため、まず教育の拡大と機会問題に関わる理論や先行研究を簡潔にレビューする。

1. 教育の拡大論説

　なぜ教育がある社会のある時期に量的に拡大するかという問題は、教育学、社会学、経済学、歴史学といった多くの分野で検討されてきた。教育社会学の分野では教育の拡大を、経済や産業構造という教育システム外の社会変動の結果として捉える機能主義モデル、人的資本モデルおよびラディカル・モデル、教育システム内の自律的な現象と考え内部論理の存在を強調するコンフリクト・モデルと自己増殖モデル、そして教育の需要と供給の相互作用に注目する説明がなされている（柴野・菊池・竹内 1992）。しかし、現状では世界のほとんどの国では、学校教育が拡大している。上述したモデルは歴史的、地域的に対象を限定すれば有効であろうが、必ずしも普遍的ではない。ある社会の教育の拡大を説明する場合、考察する教育段階や対象の違いがあり、一つのモデルで現象を十分に解釈し尽くせること、あるいは一つのモデルを用いてしか解釈できないことは、稀なはずである。

　高等教育に関して、その量的拡大を考察し理論化したマーチン・トロウの「発展段階説」は、拡大の原因究明ではなく、拡大に対する帰結的な把握と

いえる。実際にトロウが1973年のOECDの国際会議で「発展段階説」を発表したのは、アメリカの高等教育発展の経験をまとめてヨーロッパ諸国に将来の改革の指針を示すためであった。つまり、これはアメリカ一国の経験に基づいたもので、「理念型」として設定されたのはヨーロッパ諸国であった（天野 1986）。

　トロウは、高等教育の段階移行は何よりも量的な変化からはじまるという。彼によれば、「まず変化のパターンだが、ほとんど例外なく、他の制度上の変化に先行して学生数の増加が起こる。その特質からいって、高等教育制度が量的拡大に先んじて、それへの対応に必要な改革をあらかじめ進めておくということは、まずありえない」（トロウ著、天野・喜多村訳　1976、84頁）。また彼は同年齢層に占める高等教育機関の在学者の比率という量的な指標をとり、15％以下は「エリート段階」、15％に達すると「エリートからマスへ」、50％に達すると「マスからユニバーサルへ」のように、高等教育の発展段階を設定している。

　さらに、量的発展以上に重要なのは、トロウが量的拡大に伴う質的変化を指摘した点である。量的拡大によって、高等教育は一つの段階から次の段階へと移行する。このような移行は高等教育の目的、機能、教育方法・手段、学生の選抜および大学の経営管理などに新たな要求や変化を求め、高等教育構造の変化を迫り、さらに高等教育と社会との関係にも影響を与えると、トロウは指摘している（トロウ　前掲）。トロウが指摘した高等教育システムの段階移行に伴う諸変化は、**表0-1**のようにまとめることができる。

　トロウ自身の予想をはるかにこえて、彼の理論は広く一般的に受け入れられた。天野（前掲）によると、それには次の二つの理由がある。一つはこれがはじめて高等教育の発展プロセスを示したものであること、もう一つは理論の一部の正しさが先進国の発展によって検証されつつあることである。

　1980年代、日本の高等教育の発展過程を見直し、トロウの一元化した研究を批判しながら、天野は制度的構造の違いに応じた、段階移行の複数の道が存在するという「制度類型論」を提出した。ただし、天野の論説はトロウの理論を根本的に否定するものではなく、別の視点からの補足であり、トロ

表0-1　M・トロウによる高等教育システムの段階移行に伴う諸変化

高等教育システムの段階	エリート段階　→	マス段階　→	ユニバーサル段階
該当年齢人口に占める大学在籍率	15%まで	15〜50%まで	50%以上
高等教育の機会	少数者の特権	相対的多数者の権利	万人の義務
大学の進学選択	制約的(家柄や才能)	準制約的(制度化された資格)	開放的(個人の選択意思)
高等教育の目的	人間形成・社会化	知識・技能の伝達	新しい広い経験の提供
高等教育の主要機能	エリート・支配階級の精神や性格の形成	専門分化したエリート養成と社会指導者層の育成	産業社会に適応しうる全国民の育成
カリキュラム	高度に構造化(鋼構造的)	構造化+弾力化(柔構造的)	非構造的(段階的学習方式の崩壊)
主な教育方法・手段	個人指導・師弟関係重視のチュータ制・ゼミナール制	非個人的な多人数講義+補助的ゼミ、パートタイム型・サンドイッチ型	通信・TV・コンピュータ・教育機器らの活用
学生の進学・就学パターン	中等教育修了後ストレートに大学進学、中断なく学習して学位取得、ドロップアウト率低い	中等教育後のノンストレート進学や一時的就学停止、ドロップアウトの増加	入学期の遅れやストップアウト、成人・勤労学生の進学、職業経験者の再入学が激増
高等教育機関の特色	同質性(共通の高い基準をもった大学と専門分化した専門学校)	多様性(多様なレベルの水準をもつ高等教育機関、総合制教育機関の増加)	極度の多様性(共通水準の喪失、スタンダードの考え方が疑問にされる)
高等教育機関の規模	学生数2000〜3000人(共通の学問共同体の成立)	学生・教職員総数3〜4万人(共通の学問共同体であるよりは頭脳の都市)	学生数は無制限的(共通の学問共同体意識の消滅)
社会と大学の境界	明確な区分に閉じられた大学	相対的に希薄化開かれた大学	境界区分の消滅大学と社会との一体化
最終的な権力の所在と意思決定の主体	小規模のエリート集団	エリート集団+利益集団+政治集団	一般公衆
学生の選抜原理	中等教育での成績または試験による選抜(能力主義)	能力主義+個人の教育機会の均等化原理	万人のための教育保証+集団としての達成水準の均等化
大学の管理者	アマチュアの大学人の兼任	専任化した大学人+巨大な官僚スタッフ	管理専門職
大学の内部運営形態	長老教授による寡頭支配	長老教授+若手教員や学生参加による"民主的"支配	学内コンセンサスの崩壊?学外者による支配?

出典)M・トロウの『高学歴社会の大学』と『『ユニバーサル化』とは何か」における喜多村(1999)の整理などを参照し、図表にした。

ウ理論のいっそうの発展である。日本高等教育の急速な量的拡大について、天野が強調したのは日本高等教育の官学と私学の二重構造の特徴である。その量的拡大の主要な担い手となったのは「大学」ではなく、専門学校しかも私立専門学校であるという（天野　前掲）。

　トロウの理論に当てはめれば、中国の高等教育はエリート段階からマス段階へ移行したところである。一方、周知のように中国の高等教育が直面するのは段階移行だけではない。市場化や教育システムの改革も進行中で、教育現場さらに社会全体に大きな影響を及ぼしている。そのため、中国の高等教育システムおよび現場にはいっそう多くの変化が生じ、社会各方面との接続関係も大きく変容している。

　またトロウによれば、エリート段階からマス段階への移行に伴い、選抜原理は「単なる能力主義」による選抜から「能力主義＋機会均等」による選抜へシフトすることになる（表0-1）。つまり、段階移行に伴い、教育の機会均等はその社会的意義を増す。この点は市場化の進展、私的教育費負担の急増といった社会的要素に影響されるか、影響されるのであれば、どのように影響されるか。これらは検証に値する課題である。さらに天野の「制度類型論」による示唆であるが、中国高等教育の量的拡大と教育機会問題を考察するには、中国高等教育の構造およびその変容に対する基本研究が不可欠だと認識している。これを第1章の課題の一つとする。

2．教育機会問題に関する検討

　教育機会問題を考察する際、機会均等は最も重要な理念の一つである。一方、事実上教育の機会均等にはさまざまな概念があり、いまだに多くの研究者がその概念を検討している。この教育理念を全般的に理解し、さらに中国の高等教育にふさわしい概念を勘案するために、本項ではその理念形成と現代的解釈、重要性と限界、理論と実証研究の発展などを検討し、現代中国における社会階層や教育機会問題研究の現状を概観する。

① 教育機会均等の理念形成と現代的解釈

教育の機会均等は人間の思考現象として思想史的発端として、孔子の「有教無類」[7]（呉 1998）やアリストテレスの正義論[8]（伊藤 1965）などの言説まで遡る人もいる。しかし一般的には、教育の機会均等に関する思想が真に現代に尾を引くようなかたちで出てきたのはルネサンス期であると伊藤（前掲）は指摘している。その後、数世紀にわたって、フランス、アメリカ、イギリス、日本などの国で幅広く社会的支持を得た教育の機会均等は、次第に現実においても実施に移された。民衆に初等義務教育を与えることがその第一歩であった。

　第二次世界大戦以降、教育の発展と普及はほとんどの国で重要な政策として展開された。多くの先進国では福祉国家政策を実施し後期中等教育、さらに高等教育の機会を積極的に拡充したため、後期中等教育が普及し、高等教育の就学率も大いに伸びた。たとえば、アメリカ、日本などの国では高等教育の就学率でさえ50％を上回り、マス段階からユニバーサル段階へ移行した。

　一方、第二次世界大戦後に独立し、世界総人口の大半を占める発展途上国の多くは、まず「脱文盲」、義務教育の普及に力を注いだが、後期中等教育と高等教育の拡大をも推進してきた。これらの国の教育機会の拡充は資源に大きく制約されたが、1950年代中期以降、先進諸国や国際機関からの援助が活発化するにつれて、学校以外の教育機会の準備も含み、飛躍的な教育機会拡充の動きを見せた（辻・木下 1979）。しかし、1970年代以降、多くの発展途上国の教育機会の拡充には、初等教育普及の未達成と高学歴者の構造的失業の問題が生まれた。ドーアは『学歴社会――新しい文明病』のなかで、その克服が開発途上国にとって一時の猶予もならない課題であり、一種の死活問題であるとしている。

　以上から、教育機会の普及または拡充にはさまざまな位相があることがうかがえる。したがって、機会均等という概念を解釈するには、その歴史的、社会的背景および教育段階に十分な配慮をしなければならない。次には、現代世界における教育機会をめぐる規定や法的解釈を取り上げる。そこからは各国の教育機会均等の理念、展望などを読み取ることができる。

　『世界人権宣言』第26条第1項では、「すべての者は、教育についての権利

を有する。教育は、少なくとも初等の及び基礎的の段階においては、無償とする。初等教育は、義務的とする。技術的及び職業的教育は、一般的に利用可能なものとし、かつ、高等教育は能力に応じて、すべての者に対して均等に機会が与えられるものとする」というように、教育を受ける権利や学校段階に応じた教育機会の享有のあり方を規定している。

また、アメリカ、フランス、日本、イタリア、韓国、中国など多くの国の憲法または教育基本法にも、すべての国民は教育を受ける権利を有するという規定が記載されている。

アメリカでは、1964年に成立した「公民権法」の第4篇は「公教育における人種分離の廃止」である。「人種、皮膚の色、宗教、出身国を理由に入学を拒否されたと文書で申し立てがあった場合に、司法長官が訴追できる」と、すべての公立教育機関での平等な教育機会を規定している（安藤 2001）。平等な教育権を法律に取り入れた州もある。また、連邦教育省の使命は教育の機会均等と優れた教育実践の振興の二つとされている。

1946年のフランス憲法前文の13条は「国は、教育、職業訓練、及び文化への、子ども及び成人の平等な接近を、保障する。無償かつ宗教から独立した公教育を、あらゆる階層に、組織することは、国家の責務である」（水野恒夫訳）というように、平等な教育享有権を明確にしている。

日本国憲法第26条第1項は、「すべて国民は、法律の定めるところにより、その能力に応じて、ひとしく教育を受ける権利を有する」と規定している。また、教育基本法第3条（教育の機会均等）は憲法第26条第1項の趣旨を次のように具体化している。「①すべての国民は、ひとしくその能力に応ずる教育を受ける機会を与えられなければならないものであって、人種、信条、性別、社会的身分、経済的地位又は門地によって、教育上差別されない。②国及び地方公共団体は、能力があるにもかかわらず経済的理由によって修学が困難な者に対して、奨学の方法を講じなければならない」。

中国では、近代国家としての法的整備は比較的遅れているが、中国憲法(1982年12月4日より実施)には、第19条「国は各種の学校を設立し、初等義務教育を普及させ、中等教育、職業教育、高等教育、さらに就学前教育を発

展させる」、第46条「中華人民共和国の公民は教育を受ける権利と義務を有する」との規定がある。義務教育法(1986年7月1日より実施)は9年制義務教育について詳しく規定している。さらに教育法(1995年9月1日より実施)には、第9条「国民は民族、人種、性別、職業、財産の状況および宗教信仰を問わず、法律が定めた教育機会を平等に有する」、第18条「国は9年制義務教育を実施する」、第42条「国の関連規定にしたがい、修学者は給付奨学金、学資貸付、「助学金」[9]を受給する権利を有する」など、具体的な規定が示されている。

しかし、このような法規定の形式は現実的なものではなく、主張的ないしは宣言的性格であり、理想的な規定ともいえる。われわれは教育機会均等の理念や展望とその現実との間にズレが存在することに留意しなければならない。

② 教育機会問題の重要性と機会均等の限界

教育機会の問題がなぜ重要かは非常に根本的な論点である。それは組織化、体系化された学校教育の社会的機能と関わりがある。苅谷(天野・藤田・苅谷 1998)の整理によれば、学校の社会的機能には、大きく見て、①社会化、②選抜・配分、③正当化の三つがある。特にその第二の社会的機能、すなわち学校が人材を選抜し職業的な地位に配分するという機能は、全社会の構成に大きな影響を及ぼす。どんな学歴をもつか、どんな会社に入れるか、どんな職業につけるかは、どんな学校を出たかに大きく左右されている。

ところで、学校による人材の選抜と配分が行われるということは、社会のなかに不平等な状態があることを前提としている。人間の知的能力が遺伝によって決まるものではないことは、多くの研究によって証明されている[10]にもかかわらず、結果的に人種、性別、家庭的背景などに見られる格差は学校教育の選抜・配分機能を媒介し再生産されてしまうことが多い。つまり、出身階層(出自)→学校教育→教育達成(学歴)→職業的地位達成というように、出身階層(出自)によって獲得する教育機会も教育達成も異なり、社会の再生産は教育の選抜・配分機能を媒介して実現されるのである。

しかし、現代社会は出自・属性的要素よりも、業績・能力によって人々を

評価するメリトクラシーの支配する社会をめざしている。政府組織にとって、国の発展段階に応じた「均等」な教育機会の提供は重要な社会的機能である。また、政府の教育政策は社会的不平等の構造そのものにメスを入れることのできる数少ない政策領域の一つと思われる。政策策定者にとって、教育機会の格差の維持・拡大を許さず、常にその縮小を図る姿勢をとることが重要である。教育達成における社会的出自の影響を最大限に薄めることができるかどうかは、教育政策の根幹に位置づけられるべきであり、それは社会の平等化の進行に寄与すると考えられる (橋本 2000)。

　教育は社会の平等化に寄与しないというジェンクスやブルデューの論説もあるにもかかわらず、社会の平等化を目標とする教育機会の均等は依然として教育政策の重要な要素として正当性を失われていない。というのは、教育政策の調整または介入をなくすと、教育機会をめぐる不平等の進行、さらに社会的不平等の進行はいっそう深刻化する可能性があるためである。

　真の機会均等を図るならば、子どもの教育達成から出自的な影響を取り除き、選抜から一切の情実を排し、必要があれば、家庭の経済的負担を軽減する福祉手段をとるべきである。しかし、現状として行政は、家庭という私的自由の支配する領域に干渉できないところがあり、義務教育の強制的執行や学校環境の改善に力を入れるほかはない。前述した世界各国の憲法や法律からも分かるが、義務教育より上の教育機会を社会全員に用意することはそもそもない。個人としては自由な選択は許されるが、実際には自由に選択できるかどうかは経済要因や価値観などが絡んでしまう。それゆえ、現状として「選抜」や「選択」と切り離して後期中等ないし高等教育の機会均等を議論することは難しい (寶 2004)。

　また、できる限り多くの人に機会を提供するために、政府が教育の規模を拡大しようとしても、その可能性は社会の物理的状況に制約され、効率とのトレードオフというやっかいな問題をはらんでいる。さらに教育機会の拡大と就業機会の不釣合いの問題がある。つまり、職業機会は必ずしも教育機会の拡大に応じて変わるとは限らないため、高学歴失業の現実的な対処問題がある。よって、教育の機会均等は重要な社会的、政策的目標でありながらも、

現実的にはその意味内容は教育段階、物理的状況および就業環境などさまざまな条件に制限されている（卯月 2004）。加えて、教育の拡大とともに機会均等の意味内容が変化する。たとえば、単なる就学率の階層差から各階層が就学する学校の特性へと焦点が変わることがある。

むろん機会均等または平等の根底には、「平等」と「自由」との排他的部分の存在や「平等」と「効率」のトレードオフがある。

③ 教育の機会均等に関する理論および実証研究の発展

教育の機会均等は早い段階で理念として形成されたが、実践に移され、さらに現代的理論として実証的に検証されるようになったのは第二次世界大戦以降のことである。

戦後のイギリス、アメリカ、フランス、日本などの国において、教育の機会均等に関する理論的、実証的研究は大量に行われてきた。特に教育社会学の分野においておびただしい数の研究が蓄積されている。検討の中心的テーマは教育達成、職業的地位達成、教育と社会移動、社会階層と社会移動、マイノリティなどである。教育経済学において教育機会の問題を考察する場合、属性的要因というより「教育投資」、「教育収益」、「期待収益」などの概念を取り上げ、家庭所得や教育の経済的便益を強調する。そのため、非金銭的便宜としての労働条件、昇進、選択能力の向上、配偶者の選択、子どもの教育などは収益の計算から省かれている（寶 前掲）。また教育行政学の分野においては、制度および機会均等の実現に欠くことのできない財政問題が検討の主な対象となっている。

ここからは教育社会学分野に限定し、機会均等または平等、不平等に関する研究の発展を整理する。伝統的な教育社会学は、たとえば平等研究に典型的に見られるように、教育制度と社会構造の関連を、社会化と選抜・配分機能に焦点化し、因果的機能的な関連として考察してきた。これに対して、1970年代初頭に現れた「新たな」解釈的アプローチは学校または教育現場というブラックボックスに焦点を当て、不平等が再生産されるプロセスを考察した。ただし、このアプローチは新たな研究領域を発見したにもかかわらず、

この種の研究をどれだけ積み上げても、ある時点のある国または地域で教育機会の不平等の度合いを解明することはできない（カラベル＆ハルゼー編、潮木ほか編訳 1980）。

　1970年代中葉以降、自由主義的なプログラムの成果に対する悲観論から、大衆的な機会均等に向けての改革が推進された。特に女性や少数民族などに対して、より多くの機会を効率的に提供することがめざされた。そのため、学派を問わず、従来の社会階層からだけではなく、ジェンダー、エスニシティの視点からも機会の均等問題が検討されるようになった（ハルゼーほか編、住田ほか編訳 2005）。

　一方では、1980年代以降、多くの国は次第に教育機会の拡大と財政支出困難のジレンマに直面してしまう。新自由主義イデオロギーの台頭もあり、機会均等という教育理念は新たな試練を迎えている。

　学校教育と社会不平等や社会移動との関連の解明に大きく寄与した実証研究として、コールマン（Coleman 1966）の『教育機会の平等』、ブラウとダンカン（Blau & Duncan 1967）の『アメリカの職業構造』、ブルデュー（Bourdieu 1970）の『再生産』、ジェンクス（Jencks 1972）の『不平等』などがまず挙げられる。イギリスのハルゼーらは模擬実験のアクション・リサーチも試みた。その後、統計学の著しい進歩に伴い、社会移動や教育達成に関する国際比較研究が盛んに行われた。特にヨーロッパなどの15カ国で行われた CASMIN（Comparative Analysis of Social Mobility in Industrial Nations）調査によってこうした研究が活発化した[11]。ほかにロビンソン（Robinson 1984）の第三世界6カ国比較[12]、ガンズブームら（Ganzeboomほか 1989）の35カ国の149の移動表分析[13]、トライマンら（Treiman & Yip 1989; Treiman & Ganzeboom 1990）による20カ国以上の国際比較研究[14]、ハルゼー（Halsey 1993）の85カ国データを用いた第3段階教育就学率規定要因のパス解析[15]、グリーン（ハルゼーほか編、住田ほか編訳 前掲）の7カ国教育達成比較研究[16]、日本人研究者によるメリトクラシーの日英シンガポール比較研究（耳塚・苅谷ほか 2003、樋田・堀ほか 2003）などが見られる。

　国際比較研究が蓄積されたと同時に、多くの国では、大規模な社会調査に基づいた教育機会や不平等に関する国内トレンド研究も展開されている。殊

にアメリカでは、NLS (National Longitudinal Survey)、HSB (High School and Beyond)、NPSAS (National Postsecondary Student Aid Study)、HEGIS (Higher Eduactional General Information System) およびその後の IPEDS (Intergrated Postsecondary Education Data System)、IPSFA (Insistutional Prices and Student Financial Aid Survey) といった教育調査から得た膨大なデータは、機会均等に関する大量の実証分析を可能にした。1987年のアメリカ教育研究学会のシンポジウム「教育における公正とは何か」の議論からアメリカにおける教育公正の焦点は、①黒人・マイノリティ問題から poor white、さらに中所得層の負担問題へ、②集団レベルの平等から個人レベルの平等へ、③単なる量的問題から質的問題へ、④教育の機会均等概念自体の批判へと変化してきたことが分かる（小林ほか 2002、38-39頁）。

　日本では教育と社会階層の関係について、以下のような研究がある。近藤 (2006) はこれまでの SSM 調査（社会階層と社会移動）から明らかになった点として、①教育を媒介した地位達成の全般化、②持続的な教育機会の格差、③安定的な学歴の地位効果、④世代間移動の安定したパターンの四つに要約している。尾嶋 (2002) はこれまでの SSM 研究の成果から、「階層と教育」の動向を振り返って、戦後の日本では「高等教育機会を中心とした階層間格差は、全体的な機会拡大に伴って縮小することはなかった。機会の全体的な拡大は、それまで学校に縁の薄かった人々に新たな教育経験を与えたが、それと同時に有利な立場にあった人々はより積極的に学校教育を利用するようになった」と指摘した。大前 (2002) は1995年 SSM 調査のデータに基づいて、所属する家庭が保有しているさまざまな種類の資本が、教育を通じて「キャッチアップ文化資本」（その当時の先進的な文化現象を取り入れることによって成立する文化資本）に転換され、階層も再生産されていくと解釈している。そのほか、ジェンダーや地域間格差に注目する SSM 調査の分析も多く見られる（尾嶋・近藤 2000、粒来・林 2000など）。

　しかし、先進諸国の事例をもとに形成された教育機会に関する学説や理論、さらに実証研究の結果は、現代の中国においてどれほど検証されるか、不明である。これは現代中国をめぐる時代的背景、社会文化的背景、政治・経済・教育体制などのいずれにも関わる問題である。その検証には、現代中国の社

会的状況に基づいた多くの実証研究の展開が不可欠であろう。

④ 現代中国における社会階層と教育機会研究の現状

中国国内では、改革・開放政策の進展に伴い、経済システムと産業構造が大きく変化してきたため、従来の労働者階級、農民階級と知識人階層という「二つの階級、一つの階層」の社会階層構造は著しく分化している。中国社会科学院社会学研究所の研究グループはその著書『現代中国社会階層研究報告』(陸編著 2002)のなかで、現代の中国社会を「十の社会階層」、「五つの社会経済的階級」[17] に分類している[18]。また同研究グループは、従来の政治的身分(共産党党員であるか否か)、戸籍(都市か農村か)、行政身分(幹部であるか否か)による社会的地位決定メカニズムは次第に弱まり、職業を中心とした新たな社会階層分化メカニズムが次第に形成されつつあると指摘している。

一方、「利益集団」[19] という概念をつくり上げ、改革・開放による各集団の受益状況およびその関連性を説明し、現在の中国では社会分化はまだ「破片的」な状態にあり、実質的な階層はまだ形成されていないと主張する李(2004)の研究も議論を引き起こしている。また、同一地域内での格差拡大の現状を「断裂した社会」と呼び、1990年以降異なる階層間の分化や断裂が強まったという孫(2002)の主張も注目される。さらに孫によれば、市場経済の社会的浸透に伴い、戸籍などの人為的な制度により分断された都市と農村の間の経済的格差はいっそう拡大したという。

また中国では教育達成と階層、教育機会や社会移動問題に焦点を当てた実証研究が盛んに行われるようになったのは1990年代後半である。それまでには、呉(前掲)が比較的早い時期に(1990年代初頭)このような問題に目を向けた1人である。彼は西安市に所在する6校の1088人の中学校3年生を対象とした学業成績と家庭的背景の調査、さらに同市に所在する11大学(学院)の1981人の学生(1989年入学者)を対象とした大学進学機会と家庭的背景の調査を行った[20]。物理的条件の制限で、呉の分析は単純集計にとどまったが、両親の職業、学歴および教育期待が子どもの学業成績に顕著な影響を及ぼすことや、大学の進学機会が両親の職業、学歴および家庭居住地に強く影響さ

れることなど、興味深い結果を出している。

　陸・鐘 (2002) は1998年に香港中文大学が実施した大規模な大陸学生質問紙調査のデータを用いて、授業料徴収の一本化と授業料上昇が教育機会の社会的分布に与える影響、家庭の教育費負担能力、公的資源の階層的配分などを克明に分析した。彼らが用いた調査の概要や分析の結果については、後の各章で重要な先行研究として取り上げレビューする。

　張 (2004) は中国社会科学院社会学研究所の研究グループが2001年に実施した約6000部の質問紙調査のデータを用いて、政策の変革に応じて1949年以降の約50年間を五つの時期[21]に区分し、それぞれの時期の地位達成と教育達成の規定要因を分析した。彼の分析によると、現代の中国においては「非階層的」な時期は存在しない。1956年までの第1期では教育達成において資産家または地主の出身と父職の正の有意な影響が見られたが、それ以降、教育達成は父学歴、父職および14歳時の家庭居住地という三要素に強く規定されるようになった。初職、現職を指標とした社会的地位達成は、たいていどの時期においても父の職場の属性と本人の教育レベルに規定されているが、1990年以降本人の教育レベルの地位達成、特に初職決定に対する規定力が増しているという。ただし、何らかの原因で張は家庭経済力という指標を分析に取り入れなかった。

　階層の視点のほかに、教育機会の男女差、地域間格差などの不平等に注目する研究もなされているが、本研究の関心からやや離れるためその整理を省略する。

　中国の階層分化について、「破片的」な部分があっても（李　前掲）、基本的には張（前掲）の実証分析および他の多数の研究者が主張したように、中国は何らかの形の階層社会であり、しかも社会階層と教育機会の間に何らかの関わりが存在すると筆者は認識している。一方、激変する現在の中国では社会階層の概念限定が難しいと判断することもできる。したがって、本研究ではとりわけ事例研究の部分では階層という概念を操作的に扱う。国内外の先行研究を参考し、さらに質問紙調査を取り巻く時代的背景を配慮し、筆者は主として出身地（都市か農村か）、家庭経済力、親の学歴および職業などの階

層的変数から教育機会の問題を考察する。また、ジェンダーや地域間格差などではなく、社会階層による高等教育機会の格差に焦点を置く理由について、次項で改めて説明する。

3. 中国高等教育拡大の社会的経緯と「機会均等」の意味検討

　中国の教育全般にわたって機会均等問題を考慮する場合、義務教育や後期中等教育段階の不平等は依然として非常に重要な課題であるに違いない。しかし、本研究はあえて高等教育段階の教育機会問題を考察対象とした。その理由は前述したとおり、大学授業料の上昇を伴った機会拡大は教育機会の階層間格差を増大させるおそれがあり、高等教育機会の社会的分布およびその変化の検証は重要な研究課題として急速に浮上してきたからである。

　ここからは中国の高等教育に限定しその拡大と機会均等問題を考える。まず市場原理の導入と高等教育拡大の社会的経緯を遡って、量的拡大の原因やそれによる諸問題の発生を指摘する。次に、世界問題としての高等教育機会均等の意味、さらに現在の中国高等教育にとっての教育機会問題または「機会均等」の意味を検討する。

① 高等教育への市場原理の導入およびその影響

　1978年以降の中国改革・開放政策の基本は、計画経済への市場要素の漸次の導入と市場経済への切り替えであろう。一面では、これは市場要素の導入、市場経済への切り替えによって競争を促進し、社会の生産性または効率性を向上させる改革である。政府は一部の地域、一部の人を先じて裕福にさせることをスローガンにし、一貫して効率と発展を重んじる姿勢を見せてきた。

　こうした国家運営方式の根本的な転換は、もちろん教育分野にも大きな影響を及ぼしている。とりわけ高等教育の分野では市場原理の導入に伴うシステムの再編は真っ先に実施された。授業料の私的負担が求められるようになっただけではなく、政府から個々の大学への財政、人事、管理運営の権限の移譲も行われた。国による財政的な抑制が行われたため、大学側は授業料収入を増やさなければならなかったと同時に、企業設立などによる営利的事

業の運営、産学研の連携、職員の削減、教員の任期つき雇用、能力給の導入など企業のような運営方式を採用する必要にまで迫られた。これらの点では、本研究の対象大学も同様である。

こうした改革発展のなかで、個々の大学にとって教育機会の階層間格差の是正より、市場の需要に応じた拡大や大学財政の窮境からの脱出などが優先課題となっている。つまり、大学は高等教育の社会的公正への貢献や影響より、経済発展に必要な人材の育成、資金の調達、学校経営の効率性を優先的に考えなければならない状態にある。高等教育システムの改革にあたって、政府は「効率を重視し、公平を配慮する」(中国語では「重視効率、兼顧公平」)スローガンを打ち出したが、「公平」に対する配慮が十分であったかどうかについて、議論や検討が欠けている。

効率を追求し発展を最大の優先事項としてきたこの20数年間において、政府は社会的公正を保証する何らかの責任を放棄したといえるかもしれない。しかし、近年新たに唱えられはじめた「共同富裕」、「調和社会」といった政治理念または目標には、個人・地域間の貧富や機会格差の是正が意図されている。こうした施策方針の修正は中国社会全体に、また高等教育分野に対してどのような変化をもたらすか、今後注目すべきところである。

② 高等教育拡大の社会的経緯

機能主義的に考えると、中国の教育拡大は産業化、経済的発展の需要に応じるものである。特に義務教育ではない後期中等教育と高等教育の拡大は一般的にそう考えられる。しかし、拡大の時期や施策などを見ると、供給側の政策的コントロールの影響も決して無視できない。

まず中国高等教育の規模拡大は抑制された時期がある。該当人口の大学就学率は、1950年代に0.4％から1.9％へ上昇した以降、文化大革命の影響で急速に低下へ転じ、回復と拡大を経た1980年代の末になっても2％台に過ぎなかった。第二次世界大戦後に成立または独立した他のアジア諸国と比べ、この時期の中国の経済発展は確かに遅れていた。しかし、それは高等教育の停滞に必ずしも直接的につながるとは限らない。1人当たりGDPが同じレ

ベルの発展途上国と比べても、中国高等教育の拡大は異常に遅れていたことが分かる。たとえば、1988年の時点で中国とインドは1人当たりGDPが同じレベルであったが、インドの大学進学率は9％前後であったのに対して、中国は3％にも満たなかった。その時点の中国の大学進学率はアジアで1人当たりGDPが最低の部類に入るバングラデシュよりもはるかに低かった（小島・鄭 2001）。

一方、なぜ中国高等教育が拡大への道に辿り着いたかというと、やはり1978年以降の改革・開放という政策転換による中国経済の急成長に原因を求めるほかはない。1980年代の経済の急成長は、専門知識を有する技術者、管理者、労働者の需要の増大をもたらし、人材の不足が徐々に社会問題となった。また、大学側の教員数、教育・研究施設からいうと、より多くの学生を受け入れることが可能であった。

経済発展に必要な人材を育成するために、政府は1980年代後半から平均的に年に入学定員を約8％増やしていたが、該当人口の急増のため、大学就学率は大きくは上昇しなかった。1990年代に入って、高度の経済成長を背景に、社会側の人材需要の増大と個人の教育需要の膨らみにより、入学定員はさらに大きく拡大された。

1999年以降の大規模な定員増はさらに飛躍的なものであった。臨時定員増を実施する前の1999年4月に、中央政府の指示にしたがって、北京大学高等教育研究所の魏新教授をはじめとする研究グループが立ち上げられ、『高等教育の量的拡大および経済の短期的発展に対するその牽引作用』と題された共同研究を行い、同年6月に報告書を提出した。この報告書には大幅な定員増に対する否定的な意見が述べられたが、政府の政策決定にそれほど影響を及ぼさなかった。

この急速な機会拡大の社会的背景には、1997年のアジア金融危機の影響、国営企業のリストラによる失業率の上昇、18歳人口の増加による高校卒業生の就職難などがあった。この定員増の政策的決定に関して、一般的に政府は高等教育の入学定員増をとおして、国内消費を刺激し、経済の短期的発展の引き上げを図ったと指摘されている（蔡 2000、丁・陳 2000など）。

上述した社会的経緯からは、中国高等教育の拡大は機能主義論、人的資本論および教育の需要と供給理論のいずれによっても部分的に解釈できるが、解釈しきれない点もあると判断できる。また1999年以降の世界未曾有の高等教育の拡大が中国で実現されたこと自身は奇跡といっても過言ではないが、授業料の上昇を伴った拡大はさまざまな教育問題、教育と社会の接続問題を引き起こしている。とりわけ授業料の高騰による教育機会の階層間格差拡大のおそれ、機会拡大による選抜度の低下、大学教育の質の低下の問題、さらに就職難問題などが注目されている。本研究はそのなかの一つである教育機会の階層間格差の問題を課題とする。次章では、拡大の社会的経緯ではなく、量的変化のあり方、拡大の時期、主な担い手などの面から高等教育の拡大を記述し、分析する。

③ 世界問題としての高等教育の機会均等

1998年パリで開催されたユネスコ高等教育世界宣言の序文によると、世界中の高等教育入学者数は、1960年の2200万人から1995年の8200万人へと6倍以上になった。またこの時期に、高等教育機関での学習や研究へのアクセスと資源に関して、先進国と開発途上国との間にすでに存在していた大きな格差がさらに拡大した。しかも、社会経済的に階層化が進み、最も開発が進んだ豊かな国々も例外ではなく、国内での教育機会における格差が拡大している。

ユネスコの高等教育世界宣言ともいうべき『21世紀の高等教育に向けての世界宣言：展望と行動』（金澤哲訳）においては、第3条「入学機会の平等の規定」が定められている。具体的には以下4項が記されている。

(a) 世界人権宣言第26条に則り、高等教育への入学許可は入学希望者の成績・能力・努力・忍耐・献身に基づいて与えられるべきであり、また、全生涯に及ぶ人生設計の中に位置を占め、生涯のいかなる時期にも可能でなければならない。その際、以前に修得した技能はふさわしい評価を受けるべきである。その結果、高等教育への入学において、人種・性・言語・

宗教・経済文化社会的地位・身体的障害などによるあらゆる差別は許されない。
(b) 高等教育への入学機会の平等は、あらゆる他のレベルの教育、とりわけ中等教育との繋がりをあらためて強化し、必要とあらば調整することから始められなければならない。高等教育機関は、幼年期教育と初等教育から始まり生涯に渡って続く切れ目ない教育システムの一部と見なされるべきであり、そうなるべく自ら努め、そのシステムを強化しなければならない。高等教育機関は、保護者・学校・学生・社会経済団体・地域社会との活発な協力関係を築かなければならない。中等教育は幅広い基礎に基づいた学習能力を発展させることで、質の高い高等教育への入学希望者を育てるのみならず、広範囲に渡る職業に関する訓練を与え、活動的な人生への門戸を開いてやらねばならない。しかしながら、高等教育への入学機会は、中等教育または同等の機関の修了者あるいは十分な入学資格を証明した者に対し、いかなる年齢においても、またあらゆる差別なしに開放されていなければならない。
(c) 以上の結果として、急速かつ広範囲に渡る高等教育への需要に応えるため、必要に応じ、上記第3条(a)で定義された個人の成績に基づく入学を優先させるべく、入学に関するあらゆる方策がはかられなければならない。
(d) 先住民、文化的また言語的少数者、恵まれない人々、被占領地域の住民、障害者など、一定の配慮を必要とする人々の高等教育への参入は、積極的に促進されなければならない。そのような人々は、集団および個々人として、社会や国家の発展のために大いに価値のある経験や才能を持っているからである。特別な物質的援助および教育的手段により、これらの人々が高等教育に参加し学習を継続するための障害を取り除くことは可能である。

ユネスコの高等教育世界宣言が指摘したように、高等教育のアクセスには、人種・性・言語・宗教・経済・文化・社会的地位・身体的障害などによるあら

ゆる差別は許されない一方、入学許可の方策検討、マイノリティへの特別配慮、生涯教育の視野が必要とされる。この宣言で強調された教育の機会均等はあらゆる弱小者の教育機会への配慮、確保が重要であるというものである。

また、周知のように多くの発展途上国では高等教育の普及率は依然として低い。多数の人々に教育を授け、技術を修得させる高等教育が提供されなければ、発展途上国は先進国との格差を縮小することが難しいと見込まれる。中国も同様である。

④ 中国高等教育における「機会均等」の意味検討

中国の各教育段階の就学状況には未整備と不均衡が見られる。近年、初等教育の就学率は99％前後に普及し、前期中等教育の就学率も96％に伸びているが、卒業率はともにやや低い数字となる。

いうまでもなく、中国の教育はまだ義務教育段階の子どもの未就学問題、さらに中退問題を抱えている。この問題の解決はチベットなどの内陸省（自治区）では何よりも重要な課題である。現在、全国各地で実施されている「貧困地区義務教育支援プロジェクト」（中国語では「国家貧困地区義務教育工程」）[22]は、指定された地域の義務教育就学率の上昇に大きく寄与するが、義務教育の就学保障は依然として国の大計としなければならない。また就学率だけではなく、義務教育就学条件の良し悪しや学業成績の地域間、階層間格差なども注目を集める問題である。

後期中等教育の未整備も際立つ。2003年に後期中等教育の就学状況を表す粗就学率はようやく教育統計年鑑に取り入れられたが、職業教育を含んだその数値は1990年では26.0％、1998年では40.7％、2003年になっても43.8％に過ぎない。1999年以降の高等教育の急速な拡大と対照的に、後期中等教育はわずかな拡大であった。2001年から、普通高等教育機関は後期中等職業学校からも学生を募集しはじめたが、後期中等教育全般の拡大に着手しないと、高等教育の拡大に必要とされる堅実な基盤は確保できないだろう。後期中等教育の整備の遅れは教育全般に歪みを生む可能性もある。

とりわけ後期中等教育と高等教育においては、平均就学率がいまだに低い

だけではなく、その就学率には都市部と農村部の格差、経済的に発展した東部沿海地域と遅れている中西部地域の格差、男女の格差、および出身家庭（出自）による格差が大きく存在している。募集定員の地域別割り当て制度[23]、少数民族優遇制度[24]など、高等教育機会の不平等を是正するためのさまざまな政策は実施されているが、その効果には限界がある。ほかに年齢などに対する大学受験の諸制限により何らかの不公平も生じている。

　そのなかで都市部と農村部、発展地域と未発展地域および男女の就学率の格差は、国の統計データからある程度把握できるのに対して、出身家庭による就学率の格差は安易に把握できず、とりわけ実証する必要がある。物的条件の制約も事実であるが、教育機会の階層間格差はジェンダー、エスニシティおよび地域間の格差などと強く結びつき、教育機会の均等性に影響を及ぼす最大の要因であるため、本研究における高等教育機会の考察もジェンダー、エスニシティ、地域などによる格差ではなく、従来の社会階層による教育の不平等に焦点を置いた。

　中国における教育発展の不均衡は、総体的にいえば、その社会的経済的条件、つまり国の発展段階および発展の不均衡性によるものであると考えられる。われわれはこうした社会的、経済的および教育的背景において、中国高等教育の教育機会問題または「機会均等」を論じなければならない。また、階層の視点に限定しても、現代中国における高等教育の「機会均等」の概念をどう定義すれば適切かについての検討が必要である。

　1999年1月1日より実施された高等教育法には、高等教育の教育機会に関して、「第9条　公民は法律に照らし高等教育を受ける権利を有する。国は措置をとって、少数民族学生と経済的に困難な学生が高等教育を受けられるように援助する。大学は国の規定に符合する身体的に不自由な学生を募集すべきであり、それを理由にする入学拒否が禁じられる」、「第54条　学生は国の規定に従い授業料を納付する。経済的に困難な学生は各種の援助や授業料免除を申し込むことができる」、「第55条　品行、学力ともに優れた学生、国が規定した一部の専攻の学生または一部の地域へ就職する学生の勉学を励ますため、給付奨学金が設けられている。また大学、企業・事業組織、社会

団体および個人が関連規定にしたがい奨学金を設立することを推奨する。学資貸付や給付援助を受給する学生は各自の義務を履行しなければいけない」、と多くの規定が設けられている。つまり、法的解釈として、中国の公民であれば、だれでも高等教育を受ける権利を有する。しかも、国の財政は修学困難な学生に対して数種類の援助を用いて、とりわけ経済的に困難な学生、身体障害者および少数民族出身者の修学を支援する。しかし事実上、後期中等教育も該当年齢人口の約半分にしか機会を提供することができない中国では、すべてないし大半の国民が高等教育へのアクセス機会を得られることは明らかに非現実的である。いわゆる理念と現実との間にはズレが存在している。

　よって、中国高等教育にとって重要なのは現実的な「機会均等」の確保である。中国の高等教育法には記述がないが、社会経済的諸制限を打開する有効かつ重要な方法は、ユネスコの高等教育世界宣言に言及した「高等教育への入学許可は入学希望者の成績・能力・努力・忍耐・献身に基づいて与えられるべきである」というほかはないと考えられる。無論これは選抜という手段をとることの必要性を示している。中国高等教育の現状を踏まえると、より多くの人々の大学受験機会を確保することと、公平な選抜制度を保障することは非常に重要である。前者は後期中等教育の拡大、職業系高卒者の進学機会の拡大、大学受験諸制限の緩和とつながり、後者は学力（成績）による公平な大学入試選抜および選抜された者の就学機会の確保へとつながる。

　ところで、選抜に問われるものは何よりも学力（成績）であるが、学業に対する言語、出身地の基礎教育のレベル、出身家庭などの影響は高等教育以前の教育段階ですでに存在している。またもう一つ目を離せないのは大学進学選抜と教育費の私的負担能力との関わりである。

　これらの要素はいずれも教育機会の社会的分布を左右する可能性が高いが、政策的関与により改善できる点もあれば干渉しかねる点もある。家庭の経済的不利を何らかの形で補助し低所得層の教育機会を保障することは、政策的には可能性があると思われる。もし十分な学力を備えているのに、経済的要因で大学進学できないまたは中退せざるを得ない事例が頻繁に発生した

ら、教育機会の階層間格差は拡大していくに違いない。農村、低所得層の子どもはそのことにより、より早い教育段階で進学意欲、社会的上昇移動の意欲を失ってしまうかもしれない。よって、高等教育法の規定にしたがい、経済的に恵まれなくても選抜された若者の教育機会が確保されるように、政府は政策的介入でその役割を十分に果たさなければならない。これは現実的な「機会均等」の確保にとって非常に重要である。

　これに関連して、教育機会の均等には「就学機会の均等」と「教育結果の均等」という基準の違いがある。「結果の均等」の主張者は政府の積極的な介入施策を支持する。本研究では基本的には「結果の均等」に基づいて解釈を進めていくが、学生の進路志向の分析にあたっては、「進学機会の均等化」を用いた解釈も試みる。

　高等教育の「機会均等」について、中国の発展段階および階層という視点に限定された本研究では、各階層集団が高等教育の機会を均等に有すると定義する。「結果の均等」の場合、各階層集団による進学率や修学状態の均等的獲得と言い換えることができる。「機会の均等」の場合、各階層集団による就学する機会の均等的享有と言い換えることができる。前項では階層という概念を操作的に定義したため、高等教育の「機会均等」の具体的な意味も階層の意味づけにおのおの規定される。ただし、このような定義はあくまでもアカデミックな理念である。事例研究にあたっては、むしろ理念より現実味のある高等教育機会の階層間格差を強調し、本格的な機会均等の達成より教育機会の階層間格差是正のための具体策を重視する。高等教育機会の格差是正のために、経済的支援など政府による介入がきわめて重要であると認識している。

第3節　本研究の分析枠組み

　世界各国の高等教育は機会拡大という点で共通しているが、教育費の私的負担方式は国によって異なる。高等教育無償の国もあれば、フランスのように低額な登録料しか徴収しない国も存在する。より多くの国では高等教育の拡大に伴い授業料を徴収するようになり、または値上げしている。それと同

時に各国の学生援助制度も変容している。

　こうして一部の私的負担の低い国を除いて、多くの国では高等教育機会の階層的分布およびその変化を考察する場合、常に高等教育内部の三つの変化、つまり機会拡大（または進学率の上昇）、大学教育費の私的負担の増大、学生援助政策の変容のなかで捉えなければならない。もちろん高等教育機会は社会文化的背景、経済の成長、国民所得の社会的配分、大学教育収益率などの高等教育外部要素の変化にも影響されているはずである。

　中国の場合、高等教育の機会拡大は前節で述べたように経済の成長、所得の上昇、マンパワーおよび政府による積極的な機会提供などに原因を求めることができる。一方、機会拡大の状況と特徴は、高等教育の構造およびその変動のなかで捉える必要がある。具体的には、量的拡大の推移実態、特徴および授業料負担の変化から把握する（図0-1）。

　一方、教育機会の階層間格差およびその変化を影響する諸要素を考えると、必ずしも実証的に検証されたものではないが、家庭所得の上昇、所得配分の格差拡大、大学収益率の上昇および社会文化的背景の変容といった高等教育外部の要素、さらに高等教育自身の拡大、私的教育費負担の上昇、学生援助の変容といった高等教育内部の要素が挙げられる（図0-1）。大学の内部状況に着目する本研究の事例研究は、主としてこれらの高等教育内部要素の変化およびその影響に焦点を絞る。そのため、分析には一定程度の限界が生じる

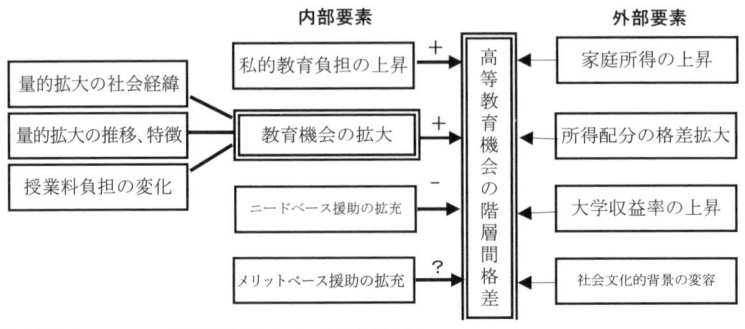

＋は格差を拡大させる。－は格差を縮小させる。？は効果不明。

図0-1　本研究の分析枠組み

ことに留意する必要がある。

　規模拡大における教育機会の変化を確率選択によりモデル化した金子 (1987) は、より多くの人が進学を選択するようになったとき、教育機会の均等をもたらすかどうかについて、「個人の進学選択の構造、あるいは所得分配の形状が変わらなくても、一般的な所得上昇による進学率の拡大によって、進学率の格差は単調に減少するのではなく、むしろ一旦上昇し、しかるのちに減少にむかう……。その転回点は中位所得階級の進学率が50％となるとき、あるいはごくおおざっぱには該当年齢人口全体の進学率が50％の附近と考えられる」と理論上結論づけている。

　また授業料をはじめとする私的負担の上昇と進学率は対抗的な関係にあり、低所得層の進学にとって授業料などの上昇が不利な要素であると指摘されている (Heller 1997)。学生援助について、援助の基準や選考条件などによって教育機会の階層的分布に与える効果の相違が見られる。一般的にはニードベース援助は「奨学」を目的とし、低所得層の進学機会の拡大に有利に働くと期待されるのに対して、メリットベース援助は機会均等のために設定されるものではなく、「育英」を目的とするため、機会均等に対する実際の援助効果の検証が必要とされる。

　中国高等教育の現状を関係理論などに照らしてみると、機会拡大と教育費の私的負担増は、理論上教育機会の階層間格差を拡大させるおそれがある。学生援助、特にそのなかのニードベース援助は格差の拡大を抑えるまたは縮小させる働きを有すると思われる。一方、教育機会の均等性に対するメリットベース援助の効果は一つの重要な検証課題となる (図0-1)。

　経済の成長、家庭所得の上昇、所得配分の格差拡大、大学教育収益率の上昇などの高等教育外部の要素が、高等教育機会の階層的分布に対してそれぞれどのような影響を及ぼすかというような研究は、マクロ的な時系列またはクロスセクショナル分析となりうるのに対して、本研究、とりわけその事例研究は上述した高等教育内部の諸要素の変化のなかで、教育機会の階層的分布の量的変化や各階層が享有する教育機会の質的状態を把握するミクロ的なクロスセクショナル分析となる。もちろんこのような高等教育機会の階層的

分布およびその変化に対する帰結的な把握は、諸外的要素の影響をも十分受けているはずである。ほかに、後期中等教育とのつながりや高等教育における大学の入り口と大学院の入り口という二重の教育機会問題の存在にも配慮する。

　前節の理論検討と図0-1の分析枠組みを踏まえ、序章以降の内容を次のように設定しておく(**図0-2**)。まず中国高等教育の構成、量的拡大の実態と特徴、授業料徴収システムの形成、階層による教育機会問題の浮上、事例研究の位置づけを第1章で明らかにする。そして第2章からは質問紙調査のデータ分析を行う。第2章では教育機会の階層的分布、および授業料上昇を伴った機会拡大過程におけるその変化を量的に把握する。第3章では私的教育費負担上昇のなかで、学生の教育費支出の実態とその規定要因、家計負担の状況などを解明する。続いて第4章では援助制度の変容、援助の受給実態や階層的配分の状況を考察し、学生援助の効果や援助制度に存在する問題点を指摘する。最後に第5章では卒業後の進路志向における家庭的背景の影響を明らかにし、学部教育を受けることと進学、就職機会との関わりを論じる。第1章の分析は主として国の統計データを使用する。第2～5章の分析に使用するデータは次節で説明する質問紙調査の結果である。

マクロデータの分析	質問紙調査のデータ分析			
第1章 中国高等教育の構成、量的拡大の実態と特徴、授業料徴収システムの形成、教育機会問題の浮上、および事例研究の位置づけ	第2章 機会拡大過程における教育機会の階層的分布およびその変化	第3章 学生の教育支出の実態とその規定要因、家計負担の状況など	第4章 援助制度の変容、学生援助の受給実態および階層的配分の状況	第5章 卒業後の進路志向における家庭的背景の影響

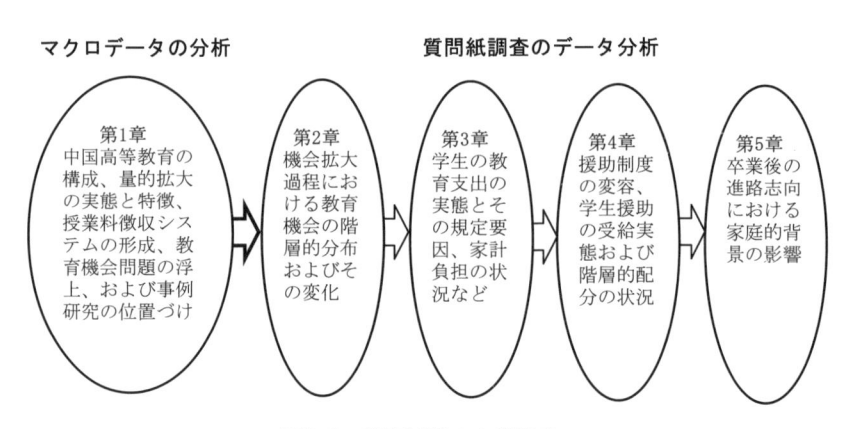

図0-2　序章以降の内容設定

第4節　質問紙調査の概要

1．調査の方法と対象

　事例分析に使用するデータは、筆者が2003年2月から3月にかけて北京市と山東省にある4大学の学部生（1999～2002年の普通本科入学者[25]）を対象として実施した質問紙調査の結果である。無論この4大学はいずれも授業料の値上げを伴った入学定員の拡大を実施した。また4大学はいずれも社会的評価の高いエリート大学である。

　エリート大学を考察対象とした理由は、次章で中国高等教育の拡大や授業料負担の特徴を明らかにしてから説明する。対象の選定については、第一段階として中国高等教育のエリートセクターから4大学を事例的に選定し、第二段階として各大学において可能な限り無作為に学部生に配票を行った。

　知名度の高い広東管理科学院の大学評価研究グループが公表した2001～03年度の中国トップ100大学ランキングを見ると、①ほとんどのエリート大学は人口200万人以上の都市に所在する、②総合大学と理工系中心の大学がその7割を上回る、③その4割強は北京市、上海市、江蘇省、山東省、湖北省との5市(省)に所在するなどの特性がある。筆者はこれらの特性に配慮し、かつトップ100大学の上位から下位校までを含むように候補校を選び、最後に調査実施可能性を考慮して、北京市に所在するA大学、B大学と山東省に所在するC大学、D大学に絞った。

　対象のA大学とC大学は総合大学で、B大学とD大学は理工系中心の大学である。上記の中国トップ100大学ランキングにおける順位を2001～03年度の平均でいうと、それぞれA大学とB大学が上位校（1～20位）、C大学が中位校（21～60位）、D大学が下位校（61～100位）にあたる。各大学のより詳細な特徴は**表0-2**に示されている。

表0-2　調査対象校の特徴

特徴＼大学	所在地	類型	所属	募集地域	中国トップ100大学における評価
A大学	北京市	総合大学	教育部	全国	上位（1～20位）
B大学	北京市	理工系中心の大学	教育部	全国	上位（1～20位）
C大学	山東省済南市	総合大学	教育部	全国	中位（21～60位）
D大学	山東省青島市	理工系中心の大学	教育部	全国	下位（61～100位）

さらに、各大学における対象者の選定は、性別、学年、専攻を考慮し、できるだけ各大学の構成を反映するように配票することとした[26]。ただし、4大学はいずれも多数の学部、専攻を設けていて[27]、物理的条件の制約もあり、すべての専攻の学生へ配票することには及ばず、各大学の理工系と文科系の割合に応じてできるだけ多くの専攻での配票を実施した。結果的にはいずれの大学においても理工系と文科系を含んだ20～30の専攻で配票できた。

2. 調査の内容とサンプルの分布

調査では対象者の性別、民族、学年、専攻分野などの個人属性、出身地、両親の学歴や職業、家庭所得、暮らし向きなどの家庭的背景要素、就学した高校の状況、大学進学選択、大学の教育費支出、学生援助の受給、アルバイト従事、大学生活に対する満足度および大学卒業後の進路希望などを尋ねている。質問紙の配布数は4大学で合計1752部、そのうち1341部の有効回答を得ている。有効回答率は75.6%である[28]。サンプルの詳しい分布は**表0-3**のとおりである。

このようにして蒐集したデータは、中国エリートセクターから無作為に抽出されたサンプルとはいいがたく、この意味での統計的代表性が保証されたものではない。しかしながら、約2割を占める師範、農学、医学系のエリート大学が含まれていないという限界があるものの、中国のエリート大学を対象としたパイロット調査としての意義は十分にあり、一定の代表性をもつものと認識している。中国高等教育全体の把握に対して不十分であるが、調査

表0-3　サンプルの分布　　　　　　　　　　(N=1341)

大学＼分布	学年				男女		文理	
	2002年入学者	2001年入学者	2000年入学者	1999年入学者	男子	女子	文科系	理工医
A大学	69	79	79	73	169	161	160	170
B大学	94	87	92	109	188	164	145	207
C大学	85	76	80	88	165	164	161	168
D大学	90	83	73	84	180	150	166	164
合計	338	325	324	354	702	639	632	709

データがまだ豊富ではない現在の中国にとって、このような事例研究の蓄積は非常に重要だと思われる。また、同様の問題意識に基づいて行われた数の少ない先行研究にとっても新たな比較対照データとなる。

なお、4対象大学における機会拡大、授業料徴収、学生援助および学生の進路選択の全体の有り様に関しては、後の各章で述べる。

第5節　分析手法

本研究は関連理論と中国高等教育の量的拡大の実態や特性を把握した上で、事例研究のかたちで教育機会の階層的分布の量的変化、さらに質的状態の分析に取り組む。事例分析の各章では、テーマごとに既存理論の整理、他国や中国国内の研究結果のレビューをしてから、自らのデータ分析や仮説検証を行う。

数量的分析は最も重要な分析手法である。第1章のナショナルデータ分析には複雑な手法を駆使する必要はないが、質問紙調査の分析にはさまざまな分析手法が必要とされる。記述集計を用いて調査対象のある事象を明らかにする場合、必要に応じて x^2 検定、F検定などを取り入れる。因果関係や理論モデルなどを検証する場合、重回帰分析、ロジスティック回帰分析を行うことが多い。この場合、多くの実証分析がなされたように、説得力の高いモデルを構成するために、従属変数と独立変数を適確に設定すること、主要な変数の抽出に努めること、擬似相関を発見することなどに留意する。

欠損値の処理については、本研究では個々の組み合わせごとに欠損ケースを除くという対単位除去、または分析に使う変数に一つでも欠損のあるケースを除くという表単位除去とする。とりわけ、多変量解析の際は表単位除去を用いる。また、欠損値が多く存在する回答の場合、「欠損値の置き換え」など適切な処理法の模索も試みる。

サンプルを抽出する際、大学、学年、男女および専攻の分布に十分な注意を払ったとはいえ、得られた個票データには偏りがまったくないわけではない。対象大学やサンプルの特徴をあらかじめ詳細に説明することは無論であるが、分析結果の適用範囲や限界も明確にする必要がある。

〈注〉
1　中国では、一般的には普通高等教育機関が営む4～5年制の学部教育を普通本科といい、同じ普通高等教育機関が営む2～3年制の高等教育のことを普通専科という。普通高等教育と他の類型の高等教育との違いおよびその構成については、第1章で詳しく触れる。
2　高等教育粗就学率は1990年以降の中国の高等教育統計に必ず用いられる指標である。計算式は以下のとおりである。
　　高等教育粗就学率＝（大学院生＋普通高等教育本科専科学生＋成人高等教育本科専科学生＋軍事高等教育機関学生＋学歴証書試験実施有資格校在籍者＋テレビ放送大学登録者数＊0.3＋高等教育独学試験卒業生＊5）／18～22歳年齢人口×100％。
　　テレビ放送大学登録者のなか、約3割が卒業できると見込まれるため、登録者数に0.3を乗じた。また高等教育独学試験の試験記録を有する者は1000万人をこえているが、全科目の試験に合格し国が承認する卒業証書を取得した者、つまりその卒業生の5倍の人数を在籍者数とするような調整も行われている。本研究ではこの高等教育粗就学率をトロウのいう「該当年齢人口に占める大学在籍率」に近い指標として扱う。詳しいことは第1章の関連内容を参照する。
3　計画経済の時期では、大学学生募集総人数は国家教育部門と企画部門が国の経済、社会発展状況や大学教育発展の状況に基づいて定め、中央各部門と地方各省（直轄市、自治区）の教育部門を通じてそれぞれの管理下の大学に割り当てていた。これは「国家募集計画」と呼ばれている。1980年代半ばからは、各大学で国家計画に基づいた学生募集を施す以外に、市場の需要に応じて一部の委託養成学生と私費学生を募集することも可能になった。国家計画と市場調整という2種類の学生募集方式は1996年まで並存し、1997年に一本化された。国家計画に基づいて募集した学生の養成費用は国が全額または大半を負担したが、市場調節に基づいて募集した学生の養成費用のほぼ全額は就職先または家庭が負担した。第1章において再びこの点に詳しく触れる。
4　農村の年間1人当たり純収入は、総収入から生産経営コストや税金などの支出を控除した後の1人当たり年間収入を指す。農村の年間1人当たり純収入には実物収入と現金収入が含まれている。
5　都市部の年間1人当たり可処分収入は、総収入から税金などを控除した後の支配可能な現金収入を指す。
6　ここでの「学生援助」は student aid の訳語として使用している。その定義などについては第4章で触れる。またこの概念について、日本ではそもそも「育英奨学」は最も多く使用されていたが、近年「学生援助」、「学生支援」もよく使用される

7 「助学金」は経済的必要性に基づいたグラント援助である。「助学ローン」とは異なる。
8 『論語 衛霊公篇第十五』には、「有教無類」という孔子の語が記録されている。教えるには相手を選ばない、つまり誰でも教育を受けられることを意味する。
9 アリストテレスは彼の Ethica Nicomachea の第5巻の11章にわたり、正義論を論述している。その前半で彼は次のように述べている。「第1章 広狭二義における正義の区別。第2章 狭義における正義が問われている。この意味の正義は配分的正義と整調的正義とに分かれる。第3章 配分的正義―幾何学的比例に基く。第4章 整調的正義―算術的比例に基く。第5章 「報償」ということ、交換における正義。第6章 正義、国民、法律。第7章 正義における本性的と人為的。」（伊藤 前掲 123頁）。
10 少数派ではあるが、知能の遺伝を強調するリチャード・J. ヘアンスタイン、チャールズ・マレー、安藤寿康らの研究者も見られる。
11 CASMIN 研究は、1970年代に産業国と社会主義国の15の国また地区における社会移動の比較データを蒐集した。このデータを用いた国際比較研究は多くなされている。たとえば、ドイツのミュラーら (Muller & Karle 1990) はそのなかのヨーロッパ9カ国のデータを分析した上で、教育機会が拡大してきたにもかかわらず、下層階級の子どもの機会には重要な変化がなかったなど、多くの結果を出している。
12 ロビンソンは8分類移動表を用いて、アメリカ、イギリス、北アイルランドの先進国、そしてアルゼンチン、チリ、ボリビアの第三世界諸国の計6カ国の社会移動を比較した。その結果、ボリビアにはほかの国と異なる特殊性が見られるが、他の5カ国は産業化や政治制度にかかわらず移動レジームには共通性と恒常性が見られた（鹿又 2001）。一方、移動レジームの共通性と恒常性を否定したウォン (Wong 1990) の研究も見られる。
13 カンズブームらの結論をいえば、移動機会パターンは時間的にも社会間でも変わるものであった。地位継承および移動の機会を推定したパラメータに関して、その分散の3分の1が社会間の分散であった。それより小さいものの無視できない分散が緩やかに増大する開放性の長期的趨勢によって説明されるとした（鹿又 前掲）。
14 トライマンらの国際比較研究では、産業化が進んだ国のほうが属性原理（教育達成における父教育、そして職業達成における父職業の効果）が弱く、業績原理（職業達成における本人の教育の効果）が強いことを示した。一方、トライマン命題を検証する他の研究では、産業化との直接的関連は見出せないという報告も見られる (Hout 1988)。

15　ハルゼーの分析結果として、第3段階教育の就学率は国民1人当たりGDP、1970年の就学状況と強い関連を示すこと、また政治体制のタイプとは間接的に関連することなどが挙げられる。

16　グリーンの考察によると、国家の教育達成の基盤になると思われるのは、一定の広範囲の文化的特徴を有することと、これらが一連の関連する制度的特徴のなかに明示されていることである。単純化すると、高い達成を果たしている国々には一つの「包括的な学習文化」があると思われる。それは社会がすべての集団に提供する学習に対する高い報酬によって特徴づけられる（ハルゼーら編、住田ほか編訳　前掲）。

17　「十の社会階層」は国と社会の管理層(2.1%)、大・中企業の経営管理層(1.5%)、私営企業のオーナー(0.6%)、専門技術者層(5.1%)、事務員層(4.8%)、小企業のオーナーおよび自営業層(4.2%)、サービス業の従業員層(12.0%)、第二次産業の労働者層(22.6%)、農業従事者層(44.0%)と無職・失業・半失業者層(3.1%)を含む。さらに各階層の社会的資本の所有状況により、上、中の上、中、中の下、下という「五つの社会経済的階級」に区分している。「十の社会階層」の該当比率は2002年に出版された『当代中国社会階層研究報告』による。そのデータは他の文献に公表された数値と若干の差がある。

18　同研究グループの社会階層研究は職業分類に基づき、組織資本、経済資本と文化資本の所有状況を指標として社会階層の区分をしている。組織資本は行政組織資本と政治組織資本を含む。主に国の行政組織、党の組織に所属することにより有する人的・物的社会資本の支配権を指す。経済資本は生産資本の所有権、使用権および経営権を意味する。文化資本とは証明書または資格認定を通じて、社会的に承認された知識と技術の所有である（陸編著　前掲）。

19　李の分析では、改革・開放政策の進展に伴った受益状態を分類すると、特殊受益集団（最も受益した人、私営企業のオーナーなど）、一般受益集団（知識人、労働者など幅広い層）、相対損益集団（改革により失業した人など）、社会下層集団（改革・開放の下で現れた貧困層）という四つの「利益集団」になる。

20　呉は調査の時期を明確にしていないが、そのデータから中学生調査は1990年に、大学生調査は配票時期にばらつきがあることから1990〜93年に行われたと推測することができる。

21　張の五つの時期の区分は1949〜56年の「社会主義生成期」、1957〜65年の「社会主義発展期」、1966〜77年の「文化大革命期」、1978〜91年の「改革開放推進期」と1992年以降の「社会主義市場経済生成期」である。

22　「貧困地区義務教育支援プロジェクト」は1995年から開始された。支援地域は三つのブロックに分かれている。第一ブロックは北京、天津、上海、山東、浙江、江蘇、広東、吉林および遼寧の9省（直轄市）における30カ所の「貧困県」で、

第二ブロックは河北、陝西、黒龍江、安徽、福建、江西、河南、湖北、湖南、四川、海南および山西の12省で、第三ブロックは内モンゴル、広西、貴州、雲南、チベット、甘粛、青海、寧夏および新疆の9省（自治区）である。第1期プロジェクトの1995～97年は第二ブロックへ重点的な支援を、1998～2000年は第三ブロックへ重点的な支援を提供している。さらに第2期(2001～05年)と第3期(2006～10年)プロジェクトも実施されている。このプロジェクトの実施により後発地区の義務教育は教育設備、就学率などの面で激しく変貌している。

23　学生募集定員の地域別割り当て制度には、計画経済の影響が大きく残っている。今日に至っても、国公立大学の学生募集定員などに関して、大学自身の判断だけではなく、行政側も「募集計画」の審査と指導を通じて関与している。大学側は認定された「学生募集事業計画」（中国語では「招生事業計画」）に基づき、中央や所在省の学生募集規定にしたがって、各行政省（市、自治区）へ専攻別の募集定員を割り当てる「学生地域別募集計画」を作り、さらに各自所属の官庁に提出し認可を求める（金子・徐ほか　2005）。寶(2004)の分析によると、「学生地域別募集計画」の実施を通じて、一部の高等教育規模の大きい省から高等教育規模の小さい省へ定員が移転するため、高等教育機会の地域間格差はある程度是正されている。

24　各行政省（直轄市、自治区）の「大学学生募集規定」には、少数民族受験生の合格ラインを漢民族のそれより10～30点ほど低くし、優先的に入学させるような内容がある。また入学後、国は少数民族学生に特別手当などを支給している。少数民族の集中居住地は、たいてい発展が遅れた地域である点に留意する必要もある。

25　4大学ではいずれも普通専科の募集定員は非常に少ないため、対象者を普通本科に絞った。

26　各学年における男女、文理系の抽出比率を、大学ごとにその構成を反映するように設定した。そして、各大学の学寮に関する性別、学年、学部の分布を把握した上で、抽出比率に合わせるように各寝室から学生を無作為に抽出し、質問紙調査を依頼し、立待ち回収を行った。

27　A大学とC大学では普通本科のみで100あまりの専攻を設けている。B大学とD大学でも普通本科のみで60余りの専攻を設けている。

28　大学別の有効回収率はA大学71.4％、B大学77.6％、C大学78.3％、D大学78.6％である。A大学から回収した個票には無効票がやや多かった。B大学では個票の文理分布の偏りにより追加的に配票したため、有効サンプル数は比較的多かった。

第1章　中国高等教育の拡大と授業料徴収のパターン

はじめに

　本章では中国高等教育の構造、機会拡大のプロセスおよびそのなかで形成された授業料徴収システムを分析し、中国高等教育の拡大の特徴や拡大過程における教育機会問題の浮上のあり方を明らかにする。具体的には、中国の高等教育はどのように構成され、いつどの部分を中心に拡大してきたのか、機会の拡大過程において授業料徴収システムはいかに制度化したのか、さらに授業料の上昇を伴った拡大過程において教育機会問題はいかに社会問題として注目されるようになったのか、などの記述や解明を行う。その上で、事例研究の位置づけを説明する。

第1節　中国高等教育の構造

　中国の高等教育は教育の形式に基づいて分ければ、普通高等教育と成人高等教育が2本柱であるが、軍事高等教育およびその他の各種学校も存在している。また、普通高等教育と成人高等教育は営む場所の意味ではかなりの部分が重なっている (図1-1)。

　普通高等教育と成人高等教育は募集対象、募集方法、教育内容、運営管理および学歴授与などの面で大きく異なる。簡単にいうと、普通高等教育は、主としてフォーマルな就業経験をもたない現役高校卒業生や大学受験浪人生を募集対象とする学歴授与教育である。普通高等教育の実施をメインとする高等教育機関は普通高等教育機関という。一方、成人高等教育は、主としてフォーマルな就業経験かつ高校以上の学歴を有する社会人を募集対象とするが、学歴を授与する場合としない場合がある[1]。成人高等教育の実施をメイ

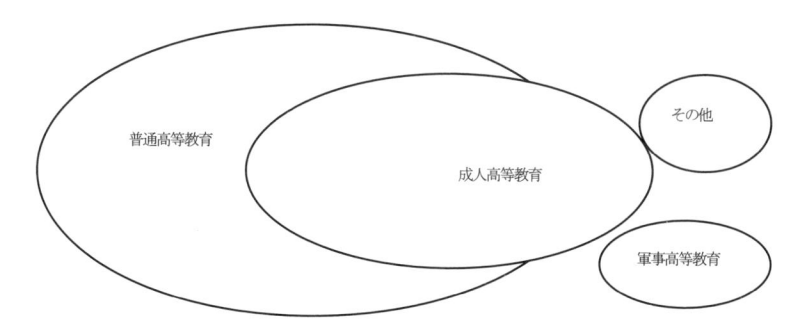

図1-1　中国高等教育の構成

ンとする高等教育機関は成人高等教育機関という。現在、多くの普通高等教育機関と一部の成人高等教育機関では、普通高等教育と成人高等教育がともに設けられているが、両者では大学構成のメインが異なる。以下では普通高等教育機関と成人高等教育機関それぞれの構成を説明する。

　普通高等教育機関には「大学」、「学院」、「高等職業大学」および「高等専科学校」という4種類の教育機関が含まれている。「普通高等院校設置暫定条例」などによれば、以下のように区分することができる。

　「大学」は主要な学問分野として三つ以上の分野を有し、本科レベル以上の専門人材の養成を行い、全日制の在学者が原則として5000人以上であり、優れた教育・研究の実力を備えた、総合大学または多数の専門領域学部をもつ大学のことを指す。「学院」は本科以上の専門人材の養成を行い、主要な学問分野として一つの学部を有し、全日制の在学者が原則として3000人以上の単科大学のことである。1990年代以降の高等教育の拡大に伴い、「学院」から「大学」への昇格が盛んになった。「高等職業大学」は商業などの職業技術者を養成する本科または専科の教育機関であるが、おおむね専科教育を中心としている。「高等専科学校」は、主として専科レベルの専門人材の養成をおこない、主要な学問分野として一つの分野を有し、全日制の在学者が原則として1000人以上の機関である。

　それらの教育機関はすべて、中央政府の教育行政部門による認可を受けて設置されている。統計上の「普通本科院校」は上記の「大学」、「学院」および

本科制の「高等職業大学」を含む。「普通専科院校」は専科制の「高等職業大学」と「高等専科学校」を含む。一部の「普通本科院校」には2～3年制の専科クラスまたは専科の分校が設けられている。また、1992年8月に、普通高等教育機関の管理・運営権は、「多様な形式を用いて、高等教育の卒業証書を授与する成人教育を行ってもよい」とのように緩和された。これをきっかけに、普通高等教育機関は相次ぎ通信教育、夜間大学、成人のフルタイム・クラス（中国語では「成人脱産班」）の教育を行うようになり、機関内に成人高等教育の学生が大量に在籍するようになった。この点では本研究の対象大学も同じである。

　成人高等教育機関には、労働者大学（中国語では「職工大学」）、農民大学、管理幹部学院、教育学院、独立通信制大学およびテレビ放送大学（中国語では「広播電視大学」）などの教育機関がある。また、高等教育独学試験制度（中国語では「高等教育自学考試」）[2]、大学教育修了資格試験制度（中国語では「高等教育学歴認証考試」）[3]、テレビ放送大学の登録視聴生制度[4]を利用し、関係教育機関に在籍する社会人学生もいる。成人高等教育は成人高等教育の統一試験の受験者からまたは何らかの登録により、学生を募集している。成人高等教育機関の設置認可は「成人高等院校設置暫定条例」にしたがう。さらに、1999年から、一部の成人高等教育機関は新たに普通高等教育の全国入学試験などを利用し、普通職業専科学生の募集も実施しはじめた。

　一方、設置者からいうと、そもそも1950年代初頭以降の40年もの間に、中国の高等教育は国公立セクターのみだったが、1990年代以降、民営高等教育機関は急速に成長を遂げた。1990年代の後半からそのなかの一部の機関は学歴授与資格を与えられ、正規の高等教育機関として承認され、普通高等教育の全国入学試験を利用して学生を募集するようになった。しかし、いまだ非学歴授与機関がその大半を占める。

　普通高等教育機関として認可を受けた民営高等教育機関、つまり普通民営高等教育機関の数は2000年8月の32校から2003年11月の173校に急増したものの、本科教育を施すのは9校のみで、残りの164校は専科教育を行っている。2003年、普通民営高等教育機関に在籍する学生は約81万人、他の各種の非学歴授与機関に在籍する学生は約100.4万人あり、今後の発展が大い

表1-1　普通高等教育と成人高等教育の学校数と在学者（2003年度）

普通高等教育			成人高等教育		
	学校数	在学者（万人）		学校数	在学者（万人）
普通本科	644(41.5%)	629.2(56.8%)	テレビ放送大学	45(7.4%)	38.5(6.9%)
普通専科	908(58.5%)	479.4(43.2%)	労働者大学と農民大学	360(59.3%)	36.8(6.6%)
合計	1552(100%)	1108.6(100%)	管理幹部学院	97(16.0%)	15.6(2.9%)
そのうち民営	173(11.1%)	81.0(7.3%)	教育学院	103(17.0%)	32.6(5.8%)
そのうち成人高等教育機関が運営する部分	─	─	独立通信制大学	2(0.3%)	0.2(0.0%)
			合計	607(100%)	559.2(100%)
			うち民営	2(0.3%)	2.5(0.4%)
			うち普通高等教育機関が運営する部分	─	433.0(77.4%)

注）普通高等教育機関には普通本科・専科と成人本科・専科の学生以外に、大学院生、外国人留学生なども在籍している。本章ではこれらの学生の量的変化を扱わない。以下の図表も同様。
出典）2003年『中国教育統計年鑑』などによる。

に期待される。ただし、学生の質、教育の質および学校の威信からいうと、民営高等教育機関の多くは国公立セクターにはるかに及ばない。

　2003年までに、認可を得た普通高等教育機関と成人高等教育機関の学校数および在学者数は**表1-1**のとおりである。表1-1からは、中国高等教育の構造的特徴をおおむね以下のように捉えることができる。

　大学数を見ると、中国高等教育の約7割を占めるのは普通高等教育機関である。また、普通高等教育、成人高等教育を問わず、その中心は国公立セクターで、民営高等教育機関はまだ数が少ない。

　在学者数を見ると、普通高等教育機関は普通本科・専科の約1108万人だけではなく、成人高等教育の433万人の学生の教育も行い、総じて高等教育在学者の8割以上を抱えている。

　設置者別の在学者比率を計算すると、普通高等教育では約93％の学生が国公立セクターに、私学セクターに在学しているのは7％のみである。さらに、成人高等教育では私学セクターの在学者はほんの0.4％しかない。

　以上をまとめてみると、まず中国高等教育の2本柱である普通高等教育と成人高等教育は、学生募集や教育実施の面で相互に交錯していることが分か

る。また、成人高等教育の機関数が多く、民営高等教育も急速に成長しているが、普通国公立セクターは大学数から見ても在学者数から見ても中国高等教育の最も中核的な部分である。

第2節　中国高等教育の量的拡大

中華人民共和国成立後、中国の高等教育は紆余曲折な成長を経験した。この節では普通高等教育と成人高等教育の大学数、在学者数、入学者数および高等教育粗就学率などの指標の量的変化を時系的に把握し、拡大の時期や主な担い手を明らかにする。なお、普通高等教育機関には大学院生や外国人留学生も多く在籍し定員を拡大されているが、高等教育全体に占める割合が比較的小さいため、その量的変化は本章の考察対象にしない。

1. 1989年までの量的拡大

1950～89年の40年間に、中国高等教育の成長は三つの時期を経験したといえる。1950～65年の成長期、1966～76年の停滞期および1977年以降の復活成

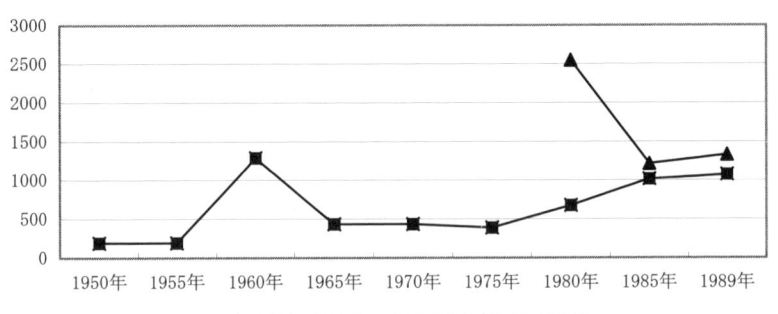

形式別＼年度	1950年	1955年	1960年	1965年	1970年	1975年	1980年	1985年	1989年
普通高等教育	193	194	1289	434	434	387	675	1016	1075
成人高等教育							2546	1216	1333

図1-2　1950～89年の大学数の推移

注1）成人高等教育機関数は1970年代に9000校ほどあった。その以前のデータは不明である。
注2）1980年の成人高等教育機関数は1979年のデータである。「五、七大学」、テレビ放送大学および工場運営の大学も含まれている。
出典）『中国教育50年状況数拠』CD-ROM。

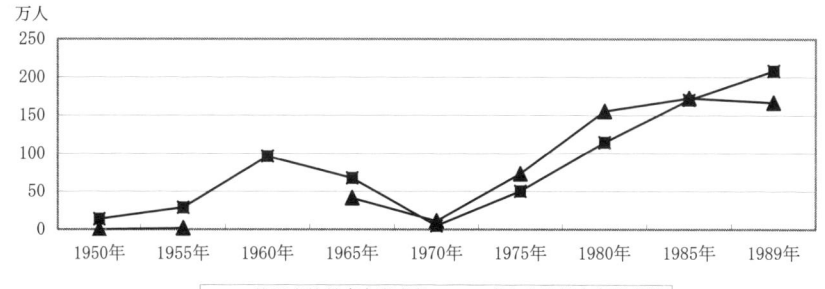

年度 在学者 (万人)	1950年	1955年	1960年	1965年	1970年	1975年	1980年	1985年	1989年
普通高等教育在学者数	13.7	28.8	96.2	67.4	4.8	50.1	114.4	170.3	208.2
成人高等教育在学者数	0.04	1.6		41.3	11.1	72.9	155.4	172.5	166.7

図1-3　1950〜89年の大学在学者数の推移

注）1970年の成人高等教育の在学者は1971年の「五、七大学」の在学者である。「五、七大学」は文化大革命中に設けられた幹部の研修学校（中国語では「五、七幹校」）の一部にあたる。
出典）図1-2に同じ。

長期である。各時期の大学数と在学者数の推移は図1-2と図1-3に示されている。

まず1950〜65年の状況を見てみる。この時期の成人高等教育機関数の推移は把握できないが、普通高等教育機関は1950年の193校から1965年の434校に増設された。またこの時期には「大躍進運動」[5]の影響で、1957〜58年に562校、1958〜59年に50校、1959〜60年に448校が急速に新増設されたが、1960年代前半になると、急速に統合または閉鎖された。

在学者数は普通高等教育、成人高等教育ともに大きく増えた。特に普通高等教育の在学者数は1950年の13.7万人から1965年の67.4万人に拡大した。また在学者数も大学数の推移と同じ、「大躍進運動」の影響を大きく受けていた。この時期の成長により、18歳人口で計算した中国の大学進学率は1950年の0.4％から1965年の1.2％に伸びた[6]。

1966〜76年は文化大革命の動乱期にあたり、中国社会全体も高等教育も致命的な打撃を被った時期である。1966年に文化大革命がはじまり、1967年に大学の募集が停止され、学校も一時期休校になった。1968年7月に、毛

沢東は「大学はやはり必要だ」と語り、在学者に対する授業を再開させたが、学生募集が再開したの（推薦入学）は4年後の1970年であった。そのため、1960年代後半の大学在学者は著しく減少し、1970年の在学者は5万人を割るほど少なかった。1970年代の前半には、推薦による学生の募集が再開したとはいえ、文化大革命が発動される前の在学者数まで回復することはできなかった。大学数も1965年の434校から1975年の387校に減少した。この時期の中国の大学は高等教育の正常な機能をほとんど果たせていなかったといえる。

1977〜89年の10数年間は、中国高等教育が急速に回復成長した時期である。まず閉校された大学の再開や新増設により、普通高等教育機関の数は1975年の387校から、1980年の675校、さらに1985年の1016校、1989年の1075校に急増した。1978年に、全国統一入学試験による学生募集も復活し、普通高等教育機関の在学者は1975年の50.1万人から1980年の114.4万人、1985年の170.3万人、1989年の208.2万人へと、一貫した増大を見せた。また、成人高等教育についても、1975〜80年にわたって大量の機関が乱立したが[7]、1980年代前半の規制強化により学校数は大幅に減少した。1985年以降、テレビ放送大学をはじめとする教育機関が新たに増設された。成人高等教育の在学者数は大学教育機関が乱立した1970年代後半に倍増したが、その後は150〜170万人の横ばい状態にある。

10数年間の回復と成長の結果、18歳人口で計算した大学進学率は1982年の1.3％から1989年の2.5％へ伸びた。1990年に取り入れた高等教育粗就学率で計算するなら、1989年の粗就学率は3％前後となる。

2. 1990年以降の量的拡大
① 大学数の変化

まず1990年以降の大学数の変化を見る。図1-4が示すように、1990年代には普通高等教育の大学数は横ばいであった。しかし、2000年以降になると、大学数は2000年の1041校から2003年の1552校に急増した。この普通高等教育機関数の量的変化は3種類の教育機関の急増によるものであった。一つは普通高等教育機関として認可を得た民営高等教育機関の急増である。二つ目

年度 大学数	1990年	1991年	1992年	1993年	1994年	1995年	1996年	1997年	1998年	1999年	2000年	2001年	2002年	2003年
普通高等教育大学数	1075	1075	1053	1065	1080	1054	1032	1020	1022	1071	1041	1225	1396	1552
成人高等教育大学数	1321	1256	1198	1183	1172	1156	1138	1107	962	871	772	686	607	558

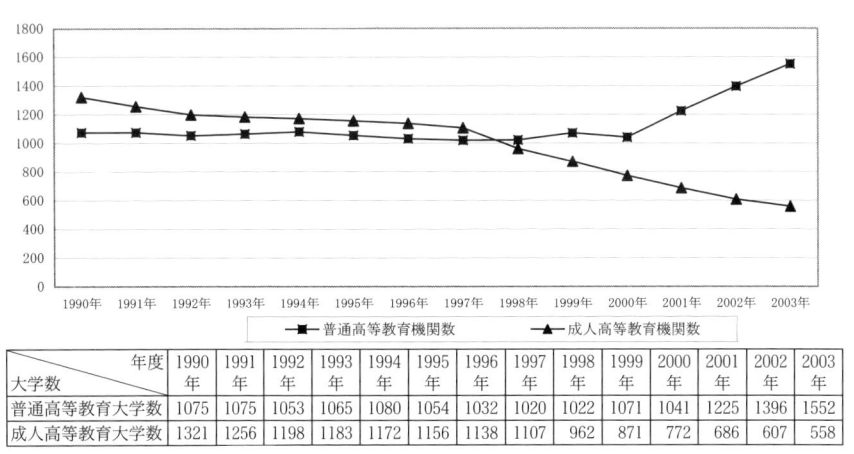

図1-4　1990年以降大学数の推移

出典）1990－2003年『中国教育統計年鑑』。

は1998年以降、教育部から学歴の授与資格が認められ、普通高等教育の学生募集に参与するようになった成人高等教育機関の普通高等教育機関への切り替えである、とりわけ労働者大学の多くは普通高等教育機関へ切り替えられた（中国語では「転制」）。三つ目は高等職業大学へ昇格する中等職業学校の急増である。

それに対して、成人高等教育の大学数は減る一方で、特に1997年以降急速に減少した。主な原因は普通高等教育機関への切り替えが多かったこと、大学の統合・合併が盛んであったことである。そのため、労働者大学の数は1989年の848校から、1995年の694校、さらに1998年の567校、2000年の466校、2003年の357校に減少した。また、幹部管理学院の数も1989年の172校から2003年の97校に、教育学院の数も1989年の265校から2003年の103校に減った。その他の成人教育機関の数には、大きな変化は生じていない。

② **在学者数の変化**

1990年以降の大学在学者数の推移は**図1-5**のとおりである。普通高等教育と成人高等教育の在学者はともに1993年の増加がやや大きかったが、1990

万人

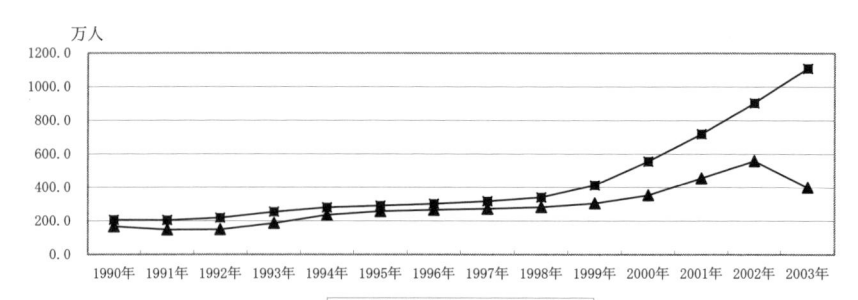

[グラフ:1990年〜2003年の普通高等教育と成人高等教育の在学者数推移]
— 普通高等教育　—▲— 成人高等教育

年度 在学者 (万人)	1990年	1991年	1992年	1993年	1994年	1995年	1996年	1997年	1998年	1999年	2000年	2001年	2002年	2003年
普通高等教育	206.3	204.4	218.4	253.6	280.0	290.6	302.1	317.4	340.9	413.4	556.1	719.1	903.4	1108.6
成人高等教育	166.6	147.6	148.8	186.3	235.2	257.0	265.6	272.4	282.2	305.5	353.6	456.0	559.2	399.9

図1-5　1990年以降形式別在学者数の推移

出典) 図1-4に同じ。

年から1998年にかけては、漸次増加している。また、1999年以降、両者の在学者はともにうなぎのぼりに増加している。その背景にあるのは無論1999年からの政府の主導による大規模な募集定員増である。

　増加の幅を見ると、成人高等教育の2002年の在学者[8]は1990年と比べ392.6万人、1998年と比べ253.7万人増えたのに対して、普通高等教育の2003年の在学者は1990年と比べ902.3万人、1998年と比べ767.7万人も増加した。1999年以降の5年間に限っても、普通高等教育の在学者は約3倍に、成人高等教育の在学者は約2倍に拡大した。

　さらに、機関別に在学者数の推移を見ると(**図1-6**)、成人高等教育機関の在学者数[9]は、1990年以降わずか28.5万人しか増加していないのに対して、普通高等教育機関の在学者は932.7万人も増加したことが分かる。しかも、2003年の成人高等教育の募集中止を除けば、1991年以降、普通高等教育機関における普通本科・専科と成人本科・専科の在学者数はともに右肩上がりであった。

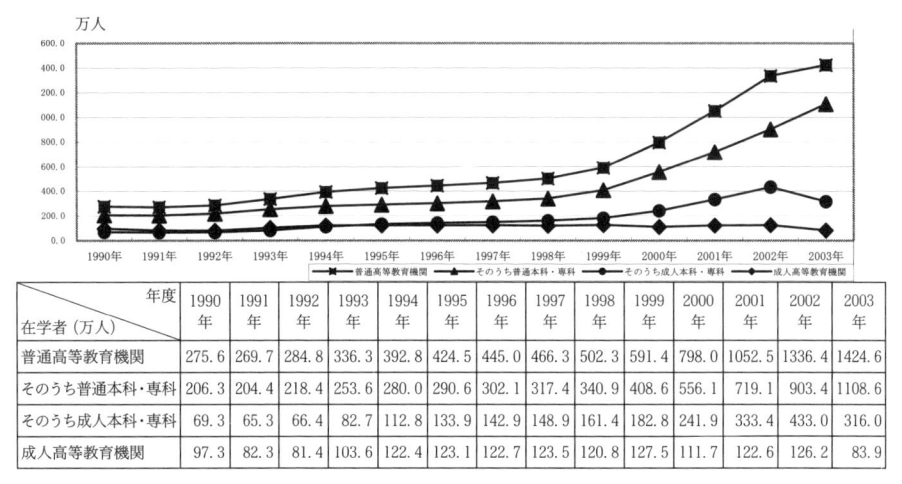

第1章 中国高等教育の拡大と授業料徴収のパターン 47

図1-6 1990年以降機関別在学者数の推移

年度 在学者（万人）	1990年	1991年	1992年	1993年	1994年	1995年	1996年	1997年	1998年	1999年	2000年	2001年	2002年	2003年
普通高等教育機関	275.6	269.7	284.8	336.3	392.8	424.5	445.0	466.3	502.3	591.4	798.0	1052.5	1336.4	1424.6
そのうち普通本科・専科	206.3	204.4	218.4	253.6	280.0	290.6	302.1	317.4	340.9	408.6	556.1	719.1	903.4	1108.6
そのうち成人本科・専科	69.3	65.3	66.4	82.7	112.8	133.9	142.9	148.9	161.4	182.8	241.9	333.4	433.0	316.0
成人高等教育機関	97.3	82.3	81.4	103.6	122.4	123.1	122.7	123.5	120.8	127.5	111.7	122.6	126.2	83.9

出典）図1-4に同じ。

③ 入学者数の変化

中国高等教育の拡大を主として普通高等教育機関が担ったことは形式別入

年度 入学者（万人）	1990年	1991年	1992年	1993年	1994年	1995年	1996年	1997年	1998年	1999年	2000年	2001年	2002年	2003年
普通高等教育機関	75.8	80.5	100.4	130.3	140.1	139.3	144.7	152.5	162.8	226.4	325.5	411.9	492.3	382.2
そのうち普通本科・専科	60.9	62.0	75.4	92.4	90.0	92.6	96.6	100.0	108.4	159.7	220.6	268.3	320.5	382.2
そのうち成人本科・専科	14.9	18.5	24.9	37.8	50.1	46.7	48.1	52.5	54.4	66.7	104.9	143.6	171.8	
成人高等教育機関	34.3	24.1	34.2	48.5	51.6	44.6	46.4	47.9	45.7	49.1	51.3	52.3	50.5	

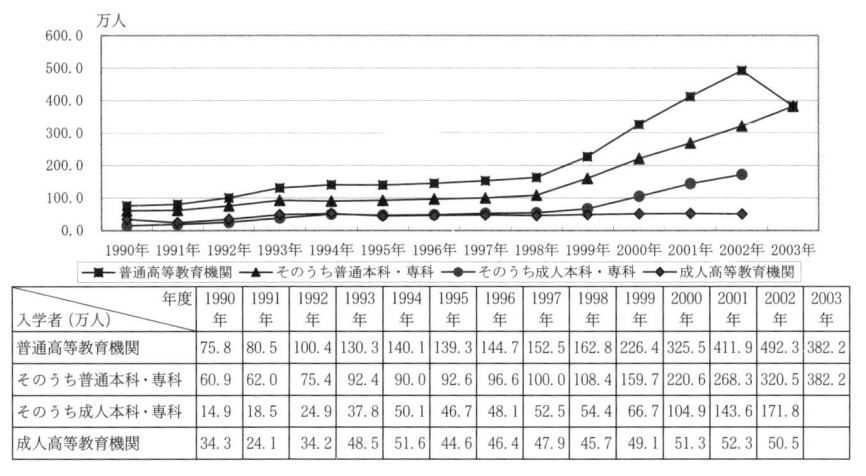

図1-7 1990年以降形式別入学者数の推移

出典）図1-4に同じ。

年度 入学者 (万人)	1990年	1991年	1992年	1993年	1994年	1995年	1996年	1997年	1998年	1999年	2000年	2001年	2002年	2003年
普通本科	31.7	33.0	35.0	38.6	41.0	44.8	50.5	58.0	65.3	93.7	116.0	138.2	158.8	182.5
普通専科	29.2	29.0	40.4	53.7	49.0	47.8	46.0	42.1	43.0	66.0	104.6	130.1	161.7	199.6
成人本科	5.0	3.7	5.5	7.6	8.7	7.5	8.8	9.5	11.3	20.8	31.3	49.8	61.0	
成人専科	44.3	42.8	53.6	78.7	93.0	83.9	85.8	90.8	88.8	95.0	124.9	146.2	161.3	

図1-8　1990年以降学歴別入学者数の推移

出典）図1-4に同じ。

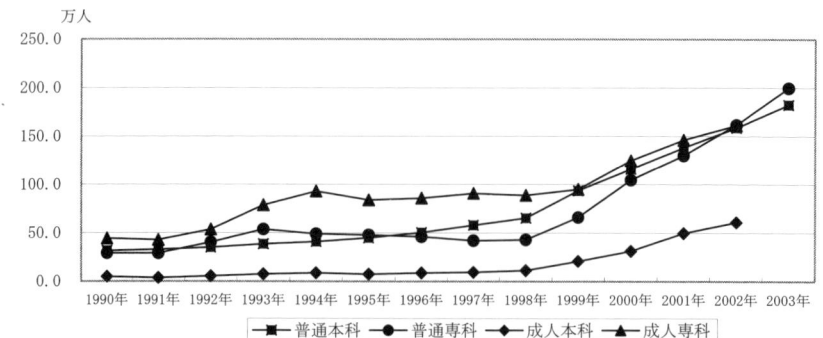

学者の推移からも確認できる（**図1-7**）。普通高等教育機関では2002年の入学者数は1990年の6.5倍、1998年の3.0倍となった。それに対して、成人高等教育機関では入学者がわずかしか伸びなかった。成人高等教育機関の入学者数の横ばい状態は、無論労働者大学などが普通高等教育機関へ切り替えられたこと、または普通高等教育機関に統合されたことの影響を受けている。

さらに、学歴別に入学者数の変化を見ると（**図1-8**）、普通高等教育の入学者は専科・本科を問わず、ともに大きく拡大してきたのに対して、成人高等教育の入学者は専科中心の増加であった。成人高等教育の本科は1998年まではほんのわずかの拡大に過ぎず、1999年から急速に拡大を始めたことが図1-8から分かる。

④　高等教育粗就学率の変化

　序章注2の繰り返しとなるが、1990年以降、高等教育粗就学率は中国の高等教育統計に必ず用いられる指標である。計算式は以下のとおりである。

高等教育粗就学率＝（大学院生＋普通高等教育本科専科学生＋成人高等教育本科専科学生＋軍事高等教育機関学生＋学歴証書試験実施有資格校在籍者＋テレビ放送大学登録者数＊0.3＋高等教育独学試験卒業生＊5）／ 18 〜 22歳年齢人口×100%

テレビ放送大学登録者のなか、約3割が卒業できると見込まれるため登録者数に0.3を乗じている。また高等教育独学試験の試験記録を有する者は1000万人をこえているが、全科目の試験に合格し国が承認する卒業証書を取得した者、つまりその卒業生の5倍の人数を在籍者数とするような調整が行われている。

式の分子には年齢の限定がないため、この指標の厳密さに異論を唱える研究者もいる。あくまで「粗い」就学率であることに留意する必要がある。また高等教育就学率の算出については、そもそも国によって基準の違いがある。本研究ではこの高等教育粗就学率をトロウのいう「該当年齢人口に占める大学在籍率」に近い指標として扱う。

1990年に3.4%であった高等教育の粗就学率は1992年以降の募集定員の漸次の拡大により、1998年の9.8%へと上昇し、さらに1999年以降の大規模な機会拡大をきっかけに、1999年10.5%、2001年13.3%、2002年15.0%、さらに2003年の17.0%に急速に伸びた（**図1-9**）。1998年に公布された『21世紀に向けての教育振興行動計画』の予定した2010年より8年間も早く、2002年に粗就学率が15.0%に達した。こうして中国の高等教育はエリート段階か

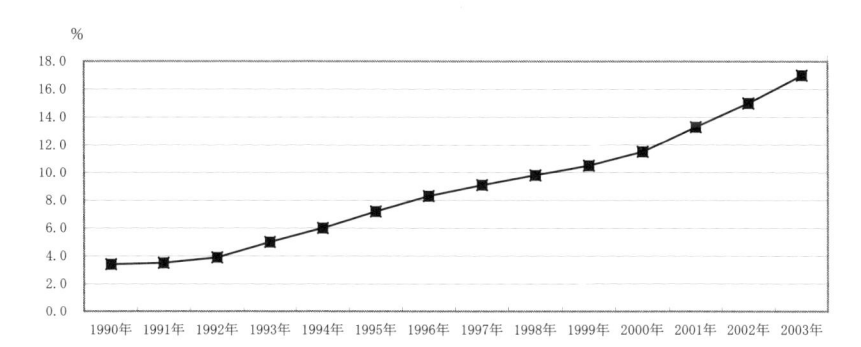

図1-9　高等教育粗就学率の推移

出典）2003年『中国教育統計年鑑』。

らマス段階への移行を遂げることができた。

3. 中国高等教育拡大の時期と担い手分析

　以上のマクロデータの分析から、中国高等教育拡大の時期や主な担い手を明らかにすることができる。

　中華人民共和国成立後、高等教育は総じて三つの特徴的な拡大期を経験したといえる。第一の拡大期は1950〜65年で、大学数と在学者数はともに増えたが、急増減のある時期でもあった。第二の拡大期は1977〜1998年であり、急速に復活した後、大学数、在学者数ともに一貫して漸次拡大した。第三の拡大期は1999年以降の大規模の拡大期であり、大学数も学生数も飛躍的に増やされた。ただし、第二と第三の拡大期と比べ、第一の拡大期は微々たるものである。したがって、中国高等教育の本格的な拡大は文化大革命終了後にはじまった改革・開放と並行的に進行してきたといえる。

　さらに、第二と第三の拡大期の大学数の推移には普通高等教育と成人高等教育の違いが見られる。普通高等教育の機関数は1977〜85年の間に急増した後、横ばいに転じ、再び急増の展開に入ったのは2000年以降である。それに対して、成人高等教育機関の数は減る傾向にあり、特に1999年以降急減している。

　拡大の担い手について、データ分析からは、成人高等教育機関と比べ普通高等教育機関の拡大がはるかに大きかったことが分かる。1992年以降の成人高等教育在学者の増加もおおむね普通高等教育機関の募集参入によるものであったため、普通高等教育機関において、普通高等教育と成人高等教育の拡大がともに実現されたといえる。

　普通民営高等教育も急速に拡大されたが、民営高等教育機関の多くは普通国公立大学が一部の人員や施設を提供したことにより、教育機関として成立し、拡大されたのである。これも中国高等教育拡大の特徴的な点である。したがって、普通高等教育機関、とりわけそのなかの普通国公立セクターがこれまでの中国高等教育拡大の最大の担い手であった。ただし、既存の普通国公立大学の拡大だけではなく、既存の成人高等教育機関の普通高等教育機関

への制度的切り替えによる拡大も重要な点である。なお、成人高等教育は専科を中心とした拡大であったのに対して、普通高等教育は本科・専科を問わずともに拡大した。

　同じ東アジア国の日本と韓国では、高等教育の大衆化過程において、国公立セクターはエリート養成の役割を果たし、私立セクターは何よりも機会拡大の担い手であった。それに対して、中国ではエリート養成も機会拡大も国公立セクターが中心であった。国公立セクター中心の拡大という意味では、中国高等教育の大衆化は日本や韓国と異なり、欧米諸国に似たパターンとなっている。

第3節　普通国公立セクターにおける授業料の試行徴収と制度化過程

　本節では、高等教育拡大の最大の担い手である普通国公立セクターの授業料の試行徴収や制度化過程を振り返る。授業料徴収の実施は、第二と第三拡大期の高等教育施策において非常に重要な施策の一環である。大学財政から見ても、授業料徴収の実施は普通国公立セクターが拡大の主な担い手となれた大きな要因だと思われるが、授業料全面徴収に辿り着くまでの道は平坦なものではなかった。

1. 無償の高等教育から授業料の試行徴収へ

　中華人民共和国成立以降の長期にわたり、国公立大学の学生の学費は、国作りに必要な優秀な人材を養成するという理由から国の費用で支出していた。その代わり、卒業生は国家の計画にしたがって配属が決定され、高卒者などとの給与の差も小さかった。

　しかし、改革の進展と高等教育の拡大につれ、無償の高等教育はその終わりを告げた。1980年代にはじまった無償の高等教育から授業料などの試行徴収へ、さらに授業料徴収パターンの定着までの経過および当時の社会経済的背景は、**表1-2**のように整理することができる。

　改革・開放政策が打ち出され、計画経済体制に市場の要素が取り入れられ

表1-2　普通国公立大学における授業料徴収制度の形成と政府の施策

年	授業料徴収の状況	社会経済的背景および政府の施策
1949～78	授業料や宿舎料など一切無償、かつ手厚い生活手当て受給。	計画経済；大学生の養成は国家計画の一環。
1978	ごく一部の専科職業大学では、私費学生を試行的に募集。	市場で調整する計画経済（1978～84）高等教育に市場要素を導入する。
1984	授業料負担のある委託養成学生の募集開始。	
1985	国家計画（授業料無償）と市場調節（授業料負担が大きい）による複線型学生募集の認可。	「教育体制の改革に関する決定」。
1989	農林や師範系以外の大学で授業料、宿舎料徴収。複線型学生募集制度の確立。	公有制を基盤とする計画的商品経済（1989～92）。
1992	大学運営管理権の拡大。	鄧小平「南巡講話」、社会主義市場経済。
1993	一部の大学では試行的に学生募集と授業料徴収を単線型に。	「中国教育改革と発展要綱」。
1996	授業料徴収パターン（「属地原則」）の確立；授業料約3割上昇。	
1997	農林や師範系大学でも新入生から授業料、宿舎料徴収；軍事関係以外のすべての国公立大学で単線型による学生募集と授業料徴収。	
1998		高等教育法；「21世紀に向けての教育振興行動計画」。
1999	大幅な募集定員増がはじまる。	
2000	普通本科と専科のすべての在学者から授業料を徴収する。授業料徴収パターンのさらなる明確化；授業料3割上昇。	高等職業教育も拡大。
2001～	授業料の値上げは緩やかに。	

注1）この表は普通国公立大学における普通本科と専科の授業料徴収制度の形成を記述している。これらの教育機関に在籍する成人高等教育の学生、大学院生および留学生の授業料徴収の有り様はまた異なる。
注2）表の作成にあたって、陸・鐘（2002）『高等教育成本回収的理論与実証分析』5頁の図表を参照した。

た後、高等教育分野においても、国の計画募集以外に、1978年にごく一部の専科職業大学で授業料負担のある私費学生を試験的に募集した。さらに1984年に、人材を必要とする企業または政府部門は学生の養成を大学に委託し大学に養成費用を支払い、学生は契約に従い卒業後その企業または部門に就職するというタイプの委託養成学生（中国語では「委培生」）の募集が実施され始めた。

　1985年5月に、中国共産党中央委員会は「教育体制の改革に関する決定」を公布した。高等教育に対して、「大学の運営自主権の拡大、学生募集計画と卒業者の配属制度の改革、人民助学金制度の改革、私費学生の少数の募

集、大学の総務活動の社会化など」の改革案を打ち出した。その後、委託養成学生のほか、養成費用を学生の家庭が負担する私費学生（中国語では「自費生」）の募集も、ほとんどの大学で開始されたが、規模は小さいものであった。1988年、国公立大学の在学者における委託養成学生と私費学生の比率はそれぞれ8.1％と2.7％に過ぎなかった。つまり、約9割の在学者は依然として授業料負担が一切なかった。したがって、一般的には1950～88年の間を中国高等教育の無償期という[10]。この無償の高等教育は単なる授業料を徴収しなかっただけではなく、ほぼ全員に無料の学寮を提供し、手厚い生活手当てをも補助していた。

しかし、大学募集定員の増加につれ、無償かつ生活手当つきの高等教育は国の財政を大きく圧迫することになった。同時に、委託養成と私費学生の試行募集によって新たな人材養成パターンが芽生え、大学で授業料を徴収することの可能性も試された。

そこで、授業料を負担する委託養成学生と私費学生の募集経験を重ねた上で、国家教育委員会をはじめとする三つの部門は、1989年に「普通高等教育機関における授業料、学寮費および雑費徴収の規定」を打ち出し、国家計画と市場調節という二つのコースに区別し、学生募集と授業料負担の異なる基準を策定した。同年の9月に、農林と師範系以外の普通国公立大学では、国家計画に基づいて募集した普通本科・専科学生からも年に100～300元の授業料と少額の学寮費、雑費を徴収しはじめた。一方、市場調節に基づいて募集した委託養成または私費学生からは、年に2000元前後の高い授業料さらに学寮費、雑費を徴収していた。

1992年8月、国家教育委員会は、国の厳しい統制下にあった大学の管理・運営権を大幅に緩和する見解を発表した。それは、①各大学の募集総数の25％以内で委託養成学生と私費学生を自主的に募集してもよい、②学校に余裕があるならば、入学定員を5％増やしてもよい、③高等教育の卒業証書を授与する成人教育を行ってもよいというものである。こうして大学の権限は確実に拡大された。それ以降、国家計画に基づいた学生の授業料徴収額は年ごとに上がっただけではなく、授業料負担のより高い委託養成と私費学生、

さらに成人学生の募集人数も急速に増やされた。もちろんこれは大学の財政が窮境に陥ったことと関わっている。

中央委員会と政府国務院が1993年初頭に策定公表した『中国教育改革と発展要綱』の「パラグラフ19」では、「国が学生の教育経費をすべてまかなう現行の制度に代えて、授業料の徴収制度を漸次に実行する。高等教育は非義務教育であり、大学進学者は原則として均一に授業料を納めるべきである」と、明確に受益者の少なくとも一部費用負担の理念を打ち出した（苑　1994）。その年度の募集定員は1992年より20％も増加した。

当時の授業料徴収の欠点を是正するために、1993年、国家教育委員会は直轄の東南大学と上海外国語学院で授業料徴収の改革試行を行った。国家計画養成、委託養成、私費学生の区別をなくし、すべての新入生から同じ金額の授業料を徴収する制度の試行であった。東南大学では入学金500元と年間授業料2500元を、上海外国語学院では入学金600元と年間授業料2400元をそれぞれ試験的に徴収した。同時に、新しい学生援助制度の試行も実施された。

その後、募集タイプを区別せずに、学生募集、授業料徴収を一本化する大学の数は1994年37大学に、1995年247大学に、1996年661大学と一気に広がった（徐　2004）。普通本科・専科の新入生全体に占める委託養成学生と私費学生の割合の合計も1986年の8.8％から、1989年の13.8％、1992年の26.7％、1995年の34.1％へと急速に増大し（陸・鐘　2002）、国が規定した25％を大きく上回った。一方、大学授業料の高騰、不正徴収に対して多くの批判があった。

2. 授業料徴収パターンの形成

数年間にわたった授業料の試行徴収を経て、1996年12月、教育部、国家計画委員会および財政部は共同して「高等院校費用徴収管理の暫定規定」を頒布した。この規定によると、高等教育機関の費用徴収は「大学所在地の経済発展のレベル、大学の教育研究環境および家計の負担能力」により定めるべきであり、「異なる地域、専攻および教育機関の授業料徴収基準には差異をつけてもよい」という。これは一定の意味では多様化した授業料徴収の現

状を承認したものといえ、また混乱した授業料徴収状況を規制するものともいえる。「属地原則」と呼ばれる（鄧・閔 2001）この規定の公布は、中国特色のある大学授業料徴収パターンの法的形成を意味する。

　1997年に、ついにこれまで授業料無償であった農林、師範系大学も含んで、中国大陸のすべての普通国公立大学で、国家計画と市場調節に区別した学生募集、授業料徴収などの差異をなくし、単線型の学生募集と授業料徴収を実施しはじめた。これは大学授業料徴収制度の確立といえる。

　2000年6月に、上記の三部委は再び共同して通達を出した。普通国公立大学の授業料徴収額は「学生養成コスト、財政投入、所在地の経済発展のレベルおよび家計の負担能力により定めるべきである」と強調した。しかし、相次ぐ通達が出されたにもかかわらず、1995年から2000年にかけて大学の授業料基準は上がる一方であった。1996年、97年、99年および2000年の授業料基準はいずれも平均で約3割上昇した。教育部の規定では、授業料の徴収額は学生養成コストの25％前後としなければならないが、実際には30％をこえる大学が多く存在していた。

　以上で分かるように、1989年の授業料徴収は政府主導ではじめたのである。しかし、その後は、裁量権を得た大学が自らの徴収パターンを作り出した。「乱収費」（みだりに費用を徴収する）、「乱漲価」（みだりに授業料などの値上げをする）の混乱時期もあったが、結局、中央政府は差異のある授業料徴収の現状を法的手段で承認し、大学側の授業料基準設定権限をある程度認め、さらに新たな政策的規制を加えた。

　現在、ほぼ毎年のように、教育部は該当年度の授業料徴収規定を発布している。それに基づいて各省（直轄市、自治区）の物価局は、所在地の大学授業料徴収基準または範囲を定める。そして、大学側は物価局の定めた範囲内でできるだけ高い授業料基準を設け、さらに専攻別の授業料基準を定める。にもかかわらず、依然として授業料などの費用の不正徴収がしばしば報道されている。

　一方、授業料徴収の現状は実に複雑多様である。授業料免除のことを考えなければ、同じ大学の同じ専攻に在籍する同じ学年の学生は、基本的に同額

表1-3 各省(直轄市、自治区)の一般専攻の年間授業料基準

(元)

省(市、自治区)	授業料基準	省(市、自治区)	授業料基準
北京	5000〜6000	浙江	4000〜4800
上海	5000	遼寧	3200〜5000
天津	3200〜5000	安徽	3500〜3900
河南	2100〜4500	福建	3000〜5000
河北	3500〜5000	山東	3600〜4800
湖北	4000〜4500	湖南	4000〜5000
吉林	3500〜4600	内モンゴル	3500以下
江蘇	2500〜4000±15%	重慶	2000〜5500
海南	3800〜5500	貴州	1600〜2600
広東	4560〜5760	青海	3100〜4000
新疆	3500	寧夏	3000
甘粛	4200〜5000	雲南	3400〜5000
山西	2600〜4000	広西	2000〜3200
黒龍江	2500〜5500	チベット	2800
四川	3600〜5000	陝西	3600〜4000

注1) この表は普通国公立大学の普通本科・専科の一般専攻の基準である。
注2) ほとんどの地域では芸術系専攻の授業料は高く設定されているが、この表に含まれていない。
注3) 規定された人気のある専攻の授業料はこの基準額をベースに一定の比率の値上げが可能である。
注4) 同表のデータは各省(直轄市、自治区)の授業料徴収と管理方法などによる。

の授業料を負担するものの、同じ大学内部では専攻間の授業料徴収額に違いがあり、所在地が同じでも大学によって授業料の基準が異なる。特に行政省(直轄市、自治区)間の授業料徴収範囲のばらつきは大きい。

表1-3は、近年の各省(直轄市、自治区)が公布した普通本科・専科の一般専攻の授業料基準である。この授業料基準には大きな地域間格差が見られる。経済発展度の高い地域ほど授業料の基準は高いが、甘粛省のように経済発展度が低いにもかかわらず授業料基準を高く設けるところもある。また一般的に芸術系の専攻や人気のある専攻の授業料は高く設定されている、または一定の比率による値上げが認められている。四川省、湖南省、江蘇省などの地域では、履修単位に準じた費用徴収も試験的に実施されている。

3. 対GDP、対収入の授業料上昇と私的負担率の国際比較

委託養成と私費学生の負担状況を除いて、1989年以来、国公立大学の授

業料徴収額がどれほど上昇したかを考察する場合、各年度の平均授業料の推移を見るだけでもある程度は把握できるが、経済成長に伴った国民収入の増加は無視できない。したがって、ここでは平均授業料／1人当たりGDP、平均授業料／都市部1人当たり可支配収入、および平均授業料／農村部1人当たり純収入といった比率を用い、それらの1989〜2000年の推移から授業料上昇のあり方を見てみる。こうした考察を通じて、授業料上昇の度合いだけでなく、家計の授業料負担の重さの推移を概観することができる。なお、このようなマクロ的な考察にとどまるのは、大学生をもつ家庭の年間所得のデータが欠けているためである。

図1-10から分かるように、国公立大学の各年度の平均授業料対1人当たりGDPの比率と対都市部1人当たり年間可支配収入の比率は似たようなペースで動き、それぞれ1989年の12％から1999年の54％、2003年の55％へ、1989年の14％から1999年の61％、2003年の59％へと変化してきた。それに対し

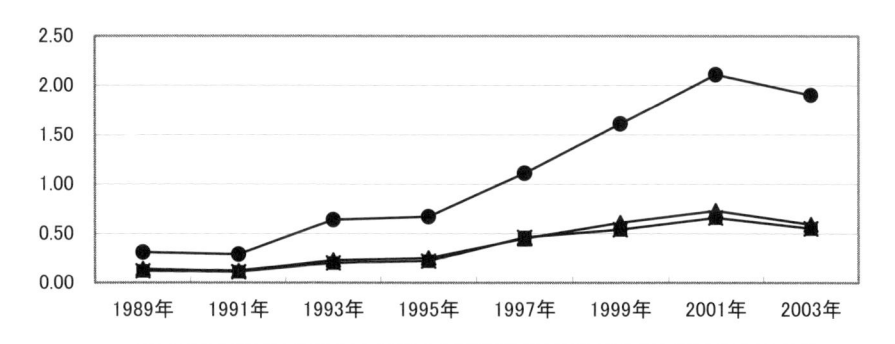

年度	1989年	1991年	1993年	1995年	1997年	1999年	2001年	2003年
授業料／1人当たりGDP	0.12	0.11	0.20	0.22	0.46	0.54	0.66	0.55
授業料／都市部1人当たり可支配収入	0.14	0.12	0.23	0.25	0.45	0.61	0.73	0.59
授業料／農村部1人当たり純収入	0.31	0.29	0.64	0.67	1.11	1.61	2.11	1.90

図1-10　1989〜2002年大学授業料対GDPおよび国民収入の比率の推移

出典）1人当たりGDPや収入の関連データは各年度の『中国統計年鑑』を参考にした。普通国公立大学の授業料基準は楊（2001）が試算した普通本科・専科の徴収額。

て、平均授業料が対農村部1人当たり純収入の比率は当初から31％と高かった。農村部収入の伸び悩みの影響もあり、この比率は1997年に100％を上回り、さらに2001年に211％まで上昇し、その後2003の190％に低下した。

2001年以降、普通国公立大学の授業料はほぼ据え置きであったのに対して、1人当たりGDPおよび国民収入は大きく上昇したため、三つの比率はともに右肩下がりになっている。しかし、学生の実際の教育費負担は授業料だけではなく、学寮費と日常の生活支出も必要されるため、家計は依然として大きく圧迫されていると推測される。

一方、筆者の試算では日本、アメリカ、韓国などの私的教育費負担の高い国[11]においては、国公立大学の年間授業料の対1人当たりGDP比はたいてい20％以下で、一般の私立大学でもこの比率はたいてい50％を上回らない。それに対して、中国の国公立大学は高等教育大衆化の最大の担い手であるとはいえ、授業料負担も高いレベルに上昇したということができる。

授業料の私的負担のレベルを考察する際、よく用いられるもう一つの基準は、授業料対1人当たり学生養成コストの比である。ただし、この場合学生養成コストの範囲設定に留意する必要がある。［国公立大学の年度支出／国公立大学の在学者］という式で単純に計算する場合、個人が支出する学寮費や日常生活費は養成コストに算入しないわけである。楊（2001）がこのような式、つまり、大学教育の私的負担率＝平均授業料／（国公立大学の年度支出／国公立大学の在学者）を用いて算出した中国高等教育の私的負担率は、1989年6.9％、1995年16.3％、2000年31.2％のように上昇する一方である。しかし、この計算にはさまざまな疑問点がある。たとえば、大学の支出には教育だけではなく、研究や社会貢献の部分がある。また、国公立大学には専科学生、本科学生、大学院生、留学生、さらに多くの成人学生が在籍している。彼らの授業料徴収基準はそれぞれ異なり、在学者を限定する際に問題が生じかねない。実際に各タイプの学生を切り分けて、それぞれの養成コストを厳密に算出することもきわめて難しい。

ZidermanとAlbrecht（1995）が（授業料収入／大学の直接支出）で算出した世界各国の公立大学における私的負担率は、中国34.5％、カナダ22.0％、イン

表1-4 1998〜2002年中国普通国公立大学における経費構成
(%)

	1998年	1999年	2000年	2001年	2002年
政府予算	60.5	60.0	55.8	52.9	50.1
そのうち：事業費	49.6	49.4	47.9	46.7	48.7
基本建設費	11.9	10.6	7.9	6.2	1.4
教育費付加	1.4	1.0	0.9	0.6	0.6
大学経営の企業などの教育支出	2.1	1.8	1.8	1.4	1.1
学雑費	13.4	17.2	21.3	24.7	27.0
学雑費以外の他の事業の収入	13.2	12.7	13.4	13.3	14.4
寄付	2.1	2.3	1.7	1.5	1.9
その他	6.4	5.0	5.1	5.5	4.8

注) 中国の税法によると、付加価値税、消費税および事業税を納める企業または個人は教育費付加を納めなければならない。教育費付加の徴収基準はそれらの納税額の3%である。
出典) 筆者の計算は李（2004）の論文『中国高等教育経費来源多元化分析』を参照した。

ド18.0％、アメリカ25.0％、インドネシア10.0％、コロンビア4.0％、ケニア11.0％である。つまり、多くの先進国と比べても発展途上国と比べても、1995年の時点で中国国公立大学の私的負担はすでに高かったといえる。

さらに、筆者が『中国教育経費統計年鑑』のデータを用いて、（学雑費収入／高等教育機関の総経費）で試算した中国普通国公立大学における私的負担の比率は、1998年の13.4％から、1999年の17.2％、2000年の21.3％、さらに2002年の27.0％へと、5年間で倍増した（表1-4）。一方、高等教育経費に占める政府投入の比率は、1998年の60.5％から2002年の50.1％へと急速に減少している。ほかに、大学の「学雑費以外の他の事業の収入」も十数パーセント占めることに留意する必要があろう。

大雑把な比較にとどまっているが、以上いくつかの角度から見た結果、中国の国公立大学における教育費の私的負担率は比較的高いといえる。こうした高い私的負担は、私学セクターの発展が遅れ、国の財政投入も十分に確保できない状況の下で、エリート養成、機会拡大などの多様な役割を果たせざるを得なかったという普通国公立大学の苦しい立場にかかわると考えられる。

第4節　教育機会問題の浮上と実証研究の必要性

　序章で述べたように、私的教育費負担が上昇すると、大学進学は学力だけではなく、家庭の経済力にも直接的に左右される可能性が高くなる。そのため、授業料の上昇は高等教育機会の階層間格差の拡大を引き起こすおそれがある。

　以前にも高等教育機会の格差問題が存在しなかったわけではないが、中国の教育研究分野において、教育機会の問題が浮上したのは1990年代の半ばである。委託養成と私費学生の割合の増大につれ、異なる基準による学生募集と授業料徴収の不公平さをめぐる論争が行われた。たとえば、同じ教室で同じ教育を受けるのに、国家計画養成の学生と委託養成、さらに私費学生との授業料負担額が大きく違い、公平さに欠けるという批判があった。また、国家計画募集の合格ラインに達しないとはいえ、相対的に成績のよい高校生なのに、自ら委託養成先を見つけられず、私費養成の高い授業料も負担できないため、大学進学できないケースが出ていること、一方で学業成績がさほどよくないのに、経済力があるだけで入学できる者が増えていることなどに対する批判も現れた（蒋　1994）。

　そのころ、農林や師範系大学はまだ無償であったため、農村家庭、低所得層出身者がこれらの大学へ過度に集中する傾向が見られた。すべての大学で授業料徴収の全面実施につれて、無償高等教育の選択肢を失った農村家庭や低所得層家庭の子どもの大学進学選択には変化が起きているか、教育費負担に耐えられない家庭の子どもは大学進学をあきらめているのか、学生援助は整備されているか、公的資源の配分はどうなっているかなどの問題関心を抱えた実証研究が次第になされるようになった。最も有名なのは、香港政府の援助を得た香港中文大学が1998年春に実施した中国大陸学生生活調査である（陸・鐘　前掲）。その後、北京大学は1999年12月に北京市に所在する一部の大学の在学者を対象とする生活調査を実施した。ほかの地域においても調査が実施されるようになった。

　しかしながら、そのなかで高等教育機会の階層的分布の変化を詳しく分析

したのは香港中文大学調査の研究グループ（北京大学の共同研究者を含む）のみである。その知見は次章でレビューする。多くの調査研究は高等教育機会の階層的分布の変化の検証より、学生の生活実態の解明、とくに授業料値上げのシミュレーション分析に重点を置いていた。値上げの可能性が確認されたように、授業料は毎年高騰していた。結果的に、以上の分析から見られるように、国公立大学の学生の授業料負担でさえ非常に重くなっているのが事実である。全国人口の約6割を占める農村部の多くの家庭にとって、大学の教育費は負担の限界をこえたといっても過言ではない。

　一方、1999年以降のさらなる授業料高騰を伴った大規模な募集拡大は、教育機会の階層的分布にどんな影響を及ぼしているかに関して、実証分析はほとんどなされていない。序章で説明した筆者の質問紙調査はこの問題の把握にとって恰好のデータとなる。そこには教育機会の階層的分布に影響を与える二大要素——教育機会の拡大と授業料の高騰——が同時に存在するため、短い期間ではあるが、実証分析の必要性と意義が十分あると考えられる。

第5節　事例研究の位置づけ——エリートセクター考察

　本章では中国高等教育の構造、拡大のパターンおよび授業料徴収の制度化過程を分析した。1999年以降の拡大において、教育機関の新増設、昇格があったものの、既存の国公立大学においても大学の類型やランクを問わず、また専科・本科を問わず、募集定員が大幅に増やされた。この点に関して、閻・卓（2003）は国の統計データや43大学に対する質問紙調査のデータを用いて数量的な分析を行い、①各種の既存の高等教育機関は大学類型やランクを問わず比較的均等に拡大しているが、国立大学より公立大学の拡大規模がやや大きく、他の類型の大学より高等職業大学、総合大学および芸術系大学の拡大規模がやや大きい、②「普通本科院校」の拡大スピードは「普通専科院校」よりやや速いなどの分析結果を提出している[12]。

　個人による事例研究の物理的制限のため、筆者の調査は北京市と山東省に所在し、「普通本科院校」にあたる4エリート大学にとどまった。前章で説明したが、この4大学はエリートセクターとして一定の代表性をもち、いずれ

も授業料上昇を伴った拡大を実施した大学である。

　エリートセクターを考察対象にした理由として、エリート大学はほとんど経済的発展度の高い都市に所在すること、これらの大学の学生は比較的高い授業料、学寮費を負担し、生活支出も大きいことなどが挙げられる。つまり、これらの大学への進学には優れた学業成績が要求されると同時に、家庭の経済力も大きく問われる。そのため、これらの大学の教育機会は家庭所得に制限される可能性が高く、進学したとしても低所得層の出身者が経済的な窮境に陥る可能性が高く、さまざまな問題が顕在化する可能性が高いと推測される。

　また、選定された4大学はいずれも国立大学である。一般公立大学を対象とする実証研究の必要性も認識しているが、対象にしなかったのは学生の募集範囲を配慮したためである。中国では、学生募集にあたって、国立大学は全国の各省（直轄市、自治区）に募集定員を割り当てるのに対して、一般の公立大学は所在省（直轄市、自治区）内で学生を募集している。ただし、行政省（直轄市、自治区）の間で交換的に他の省から一部の学生を募集する公立大学の数が増えている。特に知名度の高い公立大学では学生募集は国立大学に近い形で実施される傾向がある。にもかかわらず、一般の公立大学では省外から募集する学生の割合は依然として低い。

　公立大学の場合、所在省（直轄市、自治区）の出身者が多いため、学生の階層区分は所在省の経済的発展状態と密接に関わる。各行政省（直轄市、自治区）の経済的発展度や教育水準に格差が大きいため、学生の募集範囲は教育機会の階層的分布の考察において、階層の区分基準などに影響を与える可能性が高いと推測される。したがって、考察対象を国立またはある地域の公立大学に統一する必要があると判断した。ただし、知名度の高い公立大学の学生募集は国立大学に近づいていくという傾向を考えると、本研究の4対象大学は依然としてある程度ではエリートセクターを代表できるといえよう。

　繰り返しになるが、本研究の対象大学は中国高等教育のエリートセクターをある程度代表できるに過ぎない。大学の類型からいうと、4対象大学は総合大学2校と理工系中心の大学2校から構成されるため、エリートセクター

の約8割を占める総合大学、理工系中心の大学を代表できるといえても、分析結果がエリートセクターの約2割を占める農林、師範および各種単科大学の実態とどの程度異なるかは、さらなる実証研究により明らかにする必要がある。

　以上の検討を踏まえると、本研究の事例研究の部分は、拡大と機会均等の視点をもった中国高等教育のエリートセクターに対する一つのケーススタディと位置づけられる。次章から事例研究のデータ分析に入る。

〈注〉

1　国が規定する成人高等教育の運営基準を満たしている教育機関は、学歴授与資格を有するが、それ以外の機関は学歴授与資格を有しない。学歴授与資格を有しない教育機関の学生は高等教育独学試験制度などを利用し、国が承認する高等教育修了証明書を取得することができる。

2　個人が独学などを通じて得た知識や技能を国の試験により認定され、高等教育修了証明書を取得する制度は高等教育独学試験制度である。この制度は1981年に北京市で試行され、1983年に全国で実施することが決定された。

3　大学教育修了資格試験制度とは、学歴授与が国から承認されていない民営高等教育機関のうちの、教育水準が一定以上に達する機関に対して、学歴認定のための試験の一部（30％）を該当機関内で実施することを認める制度である。この制度は1993年に北京市で試行され、その後多くの地域に広がっている。

4　テレビ放送大学の登録視聴生制度は1995年からはじまり、2000年から全国で実施されるようになった。入学には試験がなく、教育行政部門の審査を経て登録され、独学と視聴教材を用いた科目の勉強により学習を進める。学生は卒業に必要な条件に満たせば、国が承認する高等教育修了証明書を取得することができる。

5　1958年に、農業、工業の大増産をめざした「大躍進運動」はその高まりを見せたが、1959年後半から次第に後退した。また、1961年1月の中国共産党第9回中央委員会議では「調整・強化・充実・向上」の新方針が採決され、政府の政策に大きな転換が生じた。こういった政治政策の激変は高等教育にも大きな影響を及ぼした。

6　1989年までの大学進学率は小島・鄭（2001）の計算による。計算式では満18歳の学齢人口を分母とし、各年度の高等教育進学者を分子としている。

7　たとえば、1975年に「労働者大学」、「五、七大学」の数は6400校をこえ、1976年には7000校以上であった。

8 2003年に、新型肺炎流行のため、5月に実施されるはずの成人高等教育の入学試験は中止になった。半年後の11月に入学試験は追加で実施されたが、合格者の入学は2004年春季であった。そのため、2003年には成人高等教育の入学者がなかった。それ以降、成人高等教育の試験期は10月に、入学は翌年の春に変更されている。
9 1999年以降募集した普通職業専科の在学者は少ないため、算入していない。
10 1950〜84年の期間を中国高等教育の無償期と主張する研究者もいる。
11 経済協力開発機構（OECD）が公表した『図表でみる教育 OECDインディケータ（2004年版）』では、加盟30カ国の教育支出の公私負担割合の比較がある。これによると、高等教育の場合、私費（授業料・教科書・教材費などの家計負担、民間の寄付金、私立学校の事業収入など）の比率が最も高かったのは韓国で84.1％、最も低かったのはギリシアの0.4％でである。そのなかの10カ国は10％未満であった。加盟国の平均は21.8％であった。日本は、アメリカ（66.0％）に次ぐ56.9％で、50％超は韓米日3カ国だけであった。ただし、アメリカの場合、民間寄付金や大学の事業収入が大きな部分を占める。
12 閻・卓の分析は1998〜2001年の全国普通高等教育機関の統計データと43大学に対する質問紙調査に基づいている。

第2章 大規模な拡大過程における教育機会の階層間格差の変化

はじめに

　本章では事例研究の分析を行う前に、まず各国の高等教育機会の階層的分布およびその変化に関する実証研究をレビューする。続いて4対象大学の拡大経緯を説明する。その上で、質問紙調査のデータを用いて、授業料上昇を伴った大規模な拡大過程における学部生の階層的分布およびその変化を考察する。対象としたのは4つの学年のみであるが、大規模な拡大と授業料の高騰を経験した意味では詳細な分析に値する時期である。

第1節　先行研究のレビュー

1. 他国の場合

　教育社会学において、教育機会に関する実証分析には単純な集計表、多変量解析、パス解析などの手法が用いられている。1970年代以降、RadnerとMiller（1975）、およびManskiとWise（1983）が「確率的行動選択モデル」を用いてアメリカにおける進学選択の実証分析を行った（金子 1987）。また、LeslieとBrinkman（1987）はSPRC（Standardized price-response coefficient）を用いて授業料を100ドル値上げする時の18-24歳人口の高等教育進学率の変化を分析した[1]。Kane（1994）は授業料を1000ドル上げるときのアメリカ白人と黒人の各所得家庭の学生の進学率の変化を考察した[2]。Hilmer（1998）はHSBのデータを用いて、授業料を上げた場合、高所得層と低所得層家庭の進学率の変化を予測した[3]。ヨーロッパでもMullerとKarl（1990）、Brossfield（1990）、GanzeboomとPaul（1996）らにより社会移動や教育機会に関する実証研究が行われている。一方、発展途上国のタイやチリなどの国においても、

大学授業料の上昇と教育機会の階層的分布の変化との関わりを考察する研究が見られる[4]。つまり、教育機会の単なる変化だけではなく、授業料の値上げが高等教育機会の階層的分布に及ぼす影響も世界各国で重要な検討課題とされている。

日本では菊池(1978)、市川ほか(1982)、金子(前掲)、銭(1989)、近藤(2001a)など、多くの研究者がそれぞれの分析手法を用いて、所得階層別の大学在学率の変化を推計している。金子(前掲)の確率的選択モデルでは、大学進学の「便益」と「実効コスト」との比較を通じて、相対便益の大きい人が進学を選びやすく、所得水準の高い個人ほど進学を選択する確率が高いという。さらに、より多くの人が進学を選択するようになったとき、教育機会の均等をもたらすかどうかについて、「個人の進学選択の構造、あるいは所得分配の形状が変わらなくても、一般的な所得上昇による進学率の拡大によって、進学率の格差は単調に減少するのではなく、むしろ一旦上昇し、しかるのちに減少にむかう」と結論づけている。それに対する近藤(1990)の批判も見られる[5]。

また、金子(前掲)は1966〜84年の日本の大学在学率の所得階層的分布を実証的に分析した。それによれば「1960年代から1970年代はじめまでは格差が縮小し、1970年代中ごろにかけて急拡大し、その後また急速に縮小する」という理論的予測に反した結果となっている。その後の銭(前掲)、近藤(前掲)らの考察からは、1980年代には大学進学機会の階層間格差の縮小傾向が確認されている。一方、1990年代に格差が広がり(近藤 前掲)、また2000年以降再び格差が縮小する(古田 2004)との指摘も見られる。

しかし、1970年代半ば以降の日本の大学の一貫した授業料値上げと思い合わせると、このような変化の解釈は難しい[6]。よって、特定の社会、特定時期の教育機会の階層間格差の変化は、限界性のある理論による解釈だけではなく、大量の実証研究の蓄積によって解明する必要があると思われる。

2. 中国の場合

中国では授業料の値上げを伴った機会拡大が大学在学者の社会的分布にい

第2章 大規模な拡大過程における教育機会の階層間格差の変化 67

かなる変化をもたらしたかについて、全国規模の学生調査はいまだ行われていないため、不明である。教育研究機関により実施された実証的研究もさほど多くはない。最も注目されるのは先に触れた香港中文大学が1998年の4月から6月にかけて実施した調査である。この調査は北京、南京、西安3都市の14大学（または学院）[7]を対象とし、1994～97年入学者の13511名の学部生から回答を得ている。そのデータに基づいて数多くの報告書や論文が公表されている。そのなかで、教育機会の階層的分布およびその変化に関する主な分析結果は以下のとおりである。

陳・閔 (1999) は各学年のジニ係数の計算をとおして低学年ほどジニ係数が大きい、すなわち低所得層の在学率が低下し、高所得層の在学率が増大すると指摘している。一方、趙 (2001) は統計上区分されている都市部と農村部の家庭所得分布を一本化し、全世代5分位所得階層を作成した。趙は同じ区切りから割り出された大学生の構成と全世代5分位所得階層と比較して、低所得と高所得層は中所得層より多くの教育機会を享有し、低所得層の在学率は増大し、高所得層の在学率は低下しているとの分析結果を用いて、陳・閔（前掲）に反論した。それと同時に、趙は学生の家庭所得に関する回答の信頼性に疑問を持ち出した。

丁 (2000) は授業料負担の大きい低学年では、所得の最も低い層の学生の在学率は低下していない、父親教育レベルのジニ係数を計算しても、低学歴の父親をもつ学生の在学率は低下していないと結論づけた。また陸・鐘(2002)の分析によると、学生募集を一本化し授業料徴収を全面的に実施した1997年には、低所得層の在学率はむしろ増えた。さらに、大学類型別に見ると、農林や師範系大学では低所得層の在学率は減り中高所得層の在学率は増えたのに対して、総合大学と理工系大学では逆に低所得層の在学率は増え、中高所得層の在学率は減ったという。

こうして、同じ調査データに基づいたいくつかの研究分析では、教育機会の階層的分布がどう変化したかについての結果が一致していない。

そのほか、北京市にある数大学の学生のみを対象とした陳(1998)や王(1999)の分析[8]によると、低所得層の在学率は低下する傾向にあるという。

中国では、都市と農村の家庭所得分布のデータは、異なる研究機関により異なる方法で収集、算出されている[9]。同じ基準に基づいた全世代または学生の親世代の家庭所得分布のデータが不在であるため、都市部出身者と農村部出身者を含む大学在学者の家庭所得の区切りには、信頼性の高い区切りラインが存在しない。以上の学生の階層的分布の変化に関する結論が一致しないのも、家庭所得の区切りに関するおのおのの判断、分析手法の相違および分析対象の相違によると考えられる。たとえば、陸、鐘は所得を区切る際、全国平均を大きく上回るはずの都市部家庭の所得分布の区切りラインを標本学生の家庭所得区切りに用いたため、彼らの計算した低所得層の在学率に過大評価があると推測される。筆者の分析も同じ家庭所得問題に直面する。

第2節　対象大学における拡大の経緯

筆者が調査した4エリート大学においても、在学者は1998年までは漸次拡大され、1999年以降急速に拡大されている。この拡大は普通本科・専科に限らず、大学院生、成人学生および留学生の全般に及んでいる。表2-1は1994、98および2003年に、4エリート大学の普通本科・専科と大学院の正規在学者数を示している。

最も大きな増員を見せたC大学は2000年に普通本科・専科のみで在学者が約8000人の1単科大学と約5000人の1単科大学を統合した。B大学も1999年に普通本科・専科在学者約1000人の1単科大学を統合した。A大学は2000年に普通本科・専科在学者約2000人の単科大学を統合した。また天安門事件の影響で1994、98年のA大学とB大学の学部教育では五つの学年が在学したが、1999年から再び四つの学年に回復した。この2大学において、1994、98年時点で四つの学年が在学する場合の在学者数は（　）内の数字になると推定される。しかし、これらの特殊要素を思い合わせても、4対象大学の普通本科・専科と大学院の在学者は確実に増加してきたといえよう。

いずれの対象大学においても普通専科の募集定員は非常に少ないため、事例研究は本科在学者、つまり学部生を調査対象とした。なお、大学院の募集定員も大きく増加してきたが、その拡大が学部生の進路選択に及ぼす影響は

表2-1　1994年以降の対象大学における普通本科・専科および大学院正規在学者数の推移

(人)

大学	年度	1994年	1998年	2003年
A大学	普通本科・専科学生	7526 (6000)	9658 (7700)	14212
	大学院生	3161	6000	12075
B大学	普通本科・専科学生	10769 (8300)	11507 (9000)	13772
	大学院生	3246	5972	13233
C大学	普通本科・専科学生	8010	10000	35000
	大学院生	1000	2000	10500
D大学	普通本科・専科学生	3847	5500	10400
	大学院生	359	900	3000

注1) 成人学生と留学生の人数の変化はこの表に含まれていない。
　　また、4大学はいずれも普通専科ではなく、普通本科を中心とした学生募集である。
注2) B大学は1999年に1単科大学(普通本科・専科在学者約1000人)を、A大学は2000年に1単科大学(普通本科・専科在学者約2000人)を統合した。C大学は2000年に2単科大学(普通本科・専科の在学者合計約13000人)を統合したため、在学者が急増した。
注3) 天安門事件の影響でA大学とB大学では、1989-93年の入学者は「1年間軍事訓練教育＋4年間学部教育」の5年制本科教育を受けた。そのため、この2大学では1994、1998年に普通本科の5学年が在学していたが、1999年以降再び4学年に回復した。( )内の数字は4学年が在学する場合の推測人数である。
注4) 斜体の数字は推測値である。
出典) データは北京市や山東省の統計年鑑および各大学のHPによる。

第5章で改めて触れる。

　次節では、質問紙調査のデータを用いて大規模な拡大過程における学部生の階層的分布およびその変化を分析する。

第3節　教育機会の階層的分布およびその変化に関する分析結果

　そもそも親の教育や経済力などは、子どもの大学進学に対して異なる働きをもつ可能性がある。序章で述べたように、本研究は家庭経済力にかかわらず、出身地(都市部か農村部か)、親の学歴、職業などの指標も取り入れ、複数の階層的変数による教育機会の分析を試みる。さらに、捉えがたい家庭経済力をより厳密に把握するために、家庭所得のほかに暮らし向き、すなわち学生の目に見えやすい家庭における不動産や耐久消費財の所有有無のスコア[10]という変数を取り入れ、新たな試みを行う。また拡大と授業料の高騰によって、農村家庭と低所得層家庭の在学率の低下が発生しているか否かの解明を、重要と認識している。

そして本節では、まず各階層的変数の間の属性相関を見てみる (1.)。続いて在学者 (教育機会) の階層的分布 (2.)、さらにその変化 (3.) を各階層的変数の視点から把握する。

1. 諸変数間の属性相関

相関分析 (クラマーのVの値) では、学生の出身地 (都市部か農村部)、家庭経済力 (家庭所得による三階層区分または暮らし向き5分位)、親の最終学歴、親の職業といった変数は学生の学年とはいずれも相関関係をもたなかった (表略)。さらに、どの大学においても各学年の有効回収率はわずかな差しかない。こうした条件の下で、時系的に教育機会の階層的分布の変化を見る場合、すなわち、全サンプルの階層的分布の学年別比較をする場合、学生の社会的構成の学校間の差を無視しても差し支えはないはずである。

上述した階層的変数は在籍する学年とは相関関係をもたないが、お互いに緊密に関わっている (表2-2)。たとえば、暮らし向き5分位は出身地と.571、父親の職業と.418、父親の最終学歴と.371の統計的に有意 ($P<.01$) な相関をもっている。また、出身地は父親の職業 (.607)、最終学歴 (.381) とも密接に関わっている。さらに父親の職業はその最終学歴(.437)と密接に関連する。

なお、暮らし向き5分位の代わりに、家庭所得の三階層区分を用いても同じような相関関係が確認された。また父親ではなく、母親の最終学歴と職業を用いる場合、相関係数はやや大きくなった (表略)。

表2-2 諸変数間の相関係数

(N=1341)

	出身地	暮らし向き5分位	父親の最終学歴
暮らし向き5分位	.571**		
父親の最終学歴	.381**	.371**	
父親の職業	.607**	.418**	.437**

係数はクラマーのVの値を用いている。$P<.01$
注) 出身地は「農村部」と「都市部」に分けた。暮らし向き5分位は不動産、耐久消費財などの11項目のスコアを用いて計算した。父親の最終学歴は「小学校以下」、「中学校」、「高校レベル」、「専科以上」に4分類した。父親の職業は「ホワイトカラー」、「ブルーカラー」、「自営業」、「農 (林牧漁) 業」、「無職、失業」に分類した。

2. 教育機会の階層的分布

① 出身地から見た教育機会の階層的分布

本調査の結果では、都市部出身の学生の割合は77.7%にものぼるのに対して、農村部出身の学生の割合は22.3%にとどまっている(**表2-3**)。

1996年に実施されたある調査によると、教育部直轄の国立大学では農村出身の学生の割合は29%であり、一般公立大学でも農村出身者の割合は40%にとどまるという(袁 2002)。つまり、筆者が調査したエリート大学の農村出身者の割合はより低いものである。この差が調査時期の相違によるものであるか調査対象の相違によるものであるかについての解釈は難しい。

資料の制限で、大学生相当年齢層の農村・都市出身構成比と比較できないが、サンプルの農村・都市出身構成比を全国人口の農村・都市出身構成比と比較すると、62.3%の農村人口から4対象大学の22.3%の学生のみを輩出し、37.7%の都市部人口から4対象大学の77.7%もの学生を輩出している(表2-3)。さらに、[i 層の選抜度指数＝学生分布の i 層在学率／該当人口分布の i 層百分比]として計算すると、農村部の選抜度指数は"1"を大きく下回った0.4であるのに対して、都市部のそれは2.1であり、農村の5.3倍にもなる。

先行研究がたびたび指摘したとおり、高等教育機会における都市部と農村部の格差は依然として深刻な状態にある。都市部の人は明らかに多くの教育機会を獲得している。

中国では都市部と農村部の間に、長期にわたって戸籍、所得、基礎教育のレベル、就職、医療保険、年金などの面において厳然とした格差が存在している。表2-2においても、家庭経済力を表す暮らし向きと最も密接な関連を

表2-3 都市・農村出身者の分布と選抜度指数

比較 出身地	本調査(%)	全国人口(%)	選抜度指数
農村部	22.3	62.3	0.4
都市部	77.7	37.7	2.1

注) 全国人口の農村・都市構成比は2001年のものを用いている。農村と違って、都市部では一人っ子政策が厳しく実施されている。推計では、大学生相当年齢人口の農村・都市構成比と全国人口の構成比と比べると、農村部の比率がやや大きく、都市部の比率がやや小さくなる。

もつのは出身地である。このような二元構造は直接的にまたは間接的に子どもの大学進学に影響を及ぼし、農村部と都市部の間に高等教育機会の莫大な格差を引き起こしていると推測される。

② 経済的指標から見た教育機会の階層的分布

上に述べたように、中国では同じ基準に基づいた全世代または大学生をもつ家庭の所得分布のナショナルデータが存在しない。学生の所得階層的分布を捉える試みとして、筆者は2001、02年度『中国統計年鑑』を参照して、1人当たり年間所得を基準とした家庭所得分布のデータを都市・農村別に整理し、それぞれの区切りラインを本調査のサンプルに取り入れた。

割り出した結果は表2-4のとおりである。統計年鑑の所得分布と比べ、本調査の結果は都市部においても農村部においても、低所得家庭と高所得家庭出身者の比率が全世代家庭所得分布の20％を上回り、中所得家庭出身者の比率が全世代家庭所得分布の60％を大きく下回っている。つまり、筆者が調査したエリート大学においては、低所得層と高所得層が比較的多くの教育機会を獲得し、中所得層の獲得する教育機会は相対的に小さいという意外な結果となっている。

家庭所得調査に関しては、そもそも学生がどの程度家庭所得を正確に把握し回答できるかの問題がある。この問題は学生調査に限らず、他の家計調査

表2-4　1人当たり年間所得による都市・農村別家庭所得分布

(％)

所得階層 比較	都市部			農村部		
	低所得家庭	中所得家庭	高所得家庭	低所得家庭	中所得家庭	高所得家庭
統計年鑑	20.0	60.0	20.0	20.0	60.0	20.0
本調査	25.1	34.8	40.1	33.8	44.0	22.2

注1）都市部では、1人当たり年間所得4436元未満の家庭を「低所得家庭」、1人当たり年間所得4436～9238元の家庭を「中所得家庭」、1人当たり年間所得9239元以上の家庭を「高所得家庭」としている。農村部では、1人当たり年間所得1200元未満の家庭を「低所得家庭」、1人当たり年間所得1201～3500元の家庭を「中所得家庭」、1人当たり年間所得3501元以上の家庭を「高所得家庭」としている。
注2）本調査の分布は都市部出身者と農村部出身者を分けてから、各家庭の1人当たり年間所得を計算し、注1の区切りラインを取り入れ、割り出した数値である。
出典）用いた統計年鑑のデータは2001、02年度『中国統計年鑑』を参照し整理したものである。

においても、さらに外国の同様な調査においてもよく指摘される。たとえば、日本でも菊池（前掲）らは「学生生活調査」の家庭所得の回答は実際より低いバイアスをもつと指摘している。上述した中国の趙（前掲）も香港中文大学の学生調査データに同様な疑いをもっていた。

さらに、本研究において調査該当項目の質問として、「ご両親の平均月収（臨時収入や副収入を含めて）は合わせてどのぐらいですか」をたずねている。国の統計に算入される実物収入を強調して意識的に計算してもらわなかったことも、過小評価、とりわけ農村出身者の家庭収入の過小評価につながる可能性がある。

いずれにせよ、対象者の少なくとも一部が家庭所得を実際より低く回答しているまたは捉えている可能性がある。そのため、都市部出身者と農村部出身者を分けて考察しても、各所得階層がそれぞれどのぐらいの教育機会を占めているかを厳密に把握することが難しい。とはいえ、学年別の比較を通じて各所得階層の在学率の変化を考察することは必ずしも不可能とはいえない。次項では、両親の月収による三階層区分、さらに暮らし向き5分位の学年別比較を通じて、学生の経済的階層分布の変化を追ってみる。

③ 両親の最終学歴から見た教育機会の階層的分布

親の学歴は家庭の文化的蓄積の指標であり、親の職業、家庭経済力と緊密に関連する一方、独自に子どもの教育に影響を及ぼす可能性が高い。

表2-5が示すように、サンプル両親の最終学歴の分布は「小学校以下」

表2-5　サンプル両親の最終学歴の分布と選抜度指数

最終学歴＼比較	サンプルの両親（％）	親世代（％）	選抜度指数
小学校以下	14.9	67.5	0.2
中学校	23.6	24.0	0.98
高校	32.0	7.3	4.4
専科以上	29.5	1.2	24.6

注）親世代は40－50歳、つまり1953－1963年生まれのコーホートとしている。筆者はこのコーホートの小、中、高、専科以上の卒業率を参照し、最終学歴の分布を計算した。
出典）該当コーホートの各教育段階の卒業率は『中国教育の発展と矛盾』（小島・鄭2001）の12、15頁図表による。

14.9％、「中学校」23.6％、「高校」32.0％、「専科以上」29.5％である。親世代の最終学歴分布と比較してみると、サンプル両親の最終学歴が「小学校以下」である比率は親世代の67.5％を大きく下回り、「中学校」である比率は親世代の24.0％に相当し、「高校」である比率は親世代の7.3％を大きく上回り、「専科以上」である比率は親世代の1.2％をはるかに上回っている。

各学歴層の子どもの選抜度指数を計算してみると、「小学校以下」と「中学校」層は0.2、0.98で"1"未満であるのに対して、「高校」層は4.4で、何らかの高等教育を受けた「専科以上」層は24.6と大きい。さらに計算すると、「高校」学歴層の子どもの選抜度指数は「小学校以下」層の22倍、「中学校」層の4.5倍に相当し、また「専科以上」学歴層の子どもの選抜度指数は「小学校以下」層の123.0倍、「中学校」層の25.1倍、「高校」層の5.6倍もあることが分かる。

つまり、高等教育機会の獲得において、「小学校以下」層の出身者は明らかに不利な立場にあり、高校以上学歴層の出身者は非常に有利な立場にある。とりわけ、何らかの高等教育を受けた層の子どもは大学進学において圧倒的な優位を占める。中国においても、高等教育機会の獲得に対する親の学歴の影響は甚だしく大きいと推測される。

④ 両親の職業から見た教育機会の階層的分布

筆者は両親の職業を「ホワイトカラー」、「自営業」、「ブルーカラー」、「農（林牧漁）業」および「無職・失業」に分類した。**表2-6**が示すように、サンプ

表2-6　サンプル両親の職業的分布と選抜度指数

職業＼比較	サンプルの両親（％）	全国労働人口（％）	選抜度指数
ホワイトカラー	46.0	14.1	3.3
自営業	8.1	4.2	1.9
ブルーカラー	16.7	34.6	0.5
農（林牧漁）業	22.0	44.0	0.5
無職・失業者	9.2	3.1	3.0
無職・失業かつ低所得家庭をもつ者	1.5	3.1	0.5

注）親世代の職業的分布のデータは不在である。全国労働人口は16～60歳の就労者を指す。
出典）全国労働人口の職業的分布は『当代中国社会階層研究報告』（陸編著 2002）による。

ル両親の職業的分布はホワイトカラー層46.0％、自営業者8.1％、ブルーカラー層16.7％、農（林牧漁）業従事者22.0％、無職・失業者9.2％となっている。また全国労働人口の職業的分布と比べると、ホワイトカラー層、自営業者、無職・失業者の比率は比較的大きく、ブルーカラー層、農（林牧漁）業従事者の比率は比較的小さい。

　ほかの実証研究[11]でも、国の統計の3.1％よりはるかに高い無職・失業率が見られるように、本調査においても両親の無職・失業率は9.2％であり、国の統計をはるかに上回っている。詳しく見ると、その中の85.5％は都市部の住居者である。またサンプルの父親と母親を分けてみたら、父親の無職・失業率は4.3％であり、母親のそれは14.5％であった。

　暮らし向き5分位とクロス集計して無職・失業者の家庭経済力を見ると、暮らし向き5分位の第Ⅰ層（暮らし向きスコアが最も小さい）にあたるのはわずか1.5％、「第Ⅰ層＋第Ⅱ層」にあたるのは3.9％である。また、家庭月収が500元未満にあたる無職・失業者はわずか1.5％で、1000元未満に広がると、3.2％になる。

　つまり、サンプル両親の無職・失業率は国の統計と比べ高く見えるが、実際にはその家庭経済力は「中」以上であるケースが多い。共働きが一般的である都市部では、両親の片方が無職・失業者であっても、もう片方、特に父親の働きにより家計を一定のレベルに支えられている可能性がある。なお、都市部では「無職・失業」とはいっても、「内部早期退職」年金や失業手当など、一定の社会的保障があり、必ずしも無所得ではない。

　「無職・失業」は低所得層につながりやすいと思われるが、家庭経済力を取り入れてみれば、「無職・失業」かつ低所得家庭である比率は1.5％に過ぎない。その選抜度指数は"1"未満の0.5となる。

　ホワイトカラー層の子どもの選抜度指数は"1"を上回った3.3で、自営業者のそれも"1"を上回った1.9である。それに対して、ブルーカラー層、農（林牧漁）業従事者の子どもの選抜度指数は"1"未満の0.5しかない。ホワイトカラー層の子どもの選抜度指数はブルーカラー層、農（林牧漁）業従事者の子どもの6.6倍もある。自営業者の子どもの選抜度指数もブルーカラー

層、農（林牧漁）業従事者の子どもの3.8倍である。

3. 教育機会の階層的分布の変化
① 経済的変数から見た教育機会の階層的分布の変化

各所得階層の占める教育機会の厳密な把握が困難であることは前項で明らかにしたが、学年別の比較を通じて各所得階層の在学率の変化を考察することは必ずしも不可能ではない。また両親の月収は学生の学年と相関関係をもたないため、学年を問わずに同じ所得区切りを階層区分に用いても差し支えがないはずである。上述した家庭所得に対する過小評価は学生の在籍する学年と無関係であるとすれば、以下の方法で各所得階層の在学率の変化を把握することができると考えられる。

まず都市・農村の出身を問わず、両親の月収によりすべてのサンプルを三つの階層に区切り、学年別に階層的分布の変化を見てみる。2001、02年度の都市部家庭所得分布と農村部家庭所得分布を十分に配慮した上で、筆者はサンプルを低所得家庭（両親の月収が500元未満）、中所得家庭（両親の月収が500〜2999元）、高所得家庭（両親の月収が3000元以上）という三つの所得階層に区分した。そして、1999年入学者（4年生）と2002年入学者（1年生）の教育機会の階層的分布（**表2-7**）を比べると、低所得層の在学率は13.1％から17.3％に増え、中所得層の在学率は67.9％から60.2％に減り、高所得層の在学率は19.1％から21.5％に増えていることが分かった。

また、2000年入学者の授業料は大学によって3割または5割値上げされた

表2-7　両親の月収による三階層区分×学年

(％)

所得階層＼学年	1999年入学者	2002年入学者	増減
高所得家庭	19.1	22.5	3.5
中所得家庭	67.9	60.2	-7.7
低所得家庭	13.1	17.3	4.2

注）両親の月収による所得階層区分は次のとおりである。両親の月収が500元未満である家庭を低所得家庭、両親の月収が500〜2999元である家庭を中所得家庭、両親の月収が3000元以上である家庭を高所得家庭としている。

ため、2000年入学者と1999年入学者の所得階層の分布も比較した（**表2-8**）。中高所得層出身者の比率はわずかに減少したのに対して、低所得層出身者の比率は減ることなく、わずかに増えたという結果となっている[12]。

ただし、上の分析には家庭所得に対する過小評価はどの学年の学生にとっても同じ程度のものであるか、という解明しがたい問題が残っている。

サンプルの家庭経済力をより厳密に測るため、筆者は学生の目に見える、回答しやすい不動産、耐久消費財などの家庭所有状況を尋ね、暮らし向きスコアをつけ、さらに5分位にし、学年別に各分位の在学率を計算してみた。**表2-9**が示すように、第Ⅰ層の在学率と第Ⅴ層の在学率はわずかに増加し、「中の下」にあたる第Ⅱ層の在学率は減ったとはいえ、全体としては大きく変化していない。さらに、1999年入学者と2000年入学者の暮らし向き5分位を比較しても、大した変化が見られなかった（表略）。

暮らし向きの第Ⅰ層を「低所得層」、(第Ⅱ層＋第Ⅲ層＋第Ⅳ層)を「中所得層」、第Ⅴ層を「高所得層」とすれば、暮らし向きから見た教育機会の階層的分布の変化は、上の両親月収による三階層区分から見た教育機会の階層的分布の

表2-8　1999年と2000年入学者の所得階層的分布の比較

(%)

所得階層＼学年	1999年入学者	2000年入学者	増減
高所得家庭	19.1	18.6	-0.5
中所得家庭	67.8	66.2	-1.6
低所得家庭	13.1	15.2	2.1

表2-9　暮らし向き×学年

(%)

暮らし向き＼学年	1999年入学者	2002年入学者	増減
Ⅴ	18.4	20.4	2.0
Ⅳ	13.0	13.6	0.6
Ⅲ	30.3	28.1	-2.2
Ⅱ	22.7	17.8	-4.9
Ⅰ	15.6	20.1	4.5

注）第Ⅴ層は家庭経済力の最も高い層、第Ⅰ層は家庭経済力の最も低い層である。

変化 (表2-7) と近いかたちになる。すなわち、低所得層と高所得層の在学率はわずかに増え、中所得層の在学率は減っている。

要するに、どの経済的変数を用いても、在学率の階層的分布には大きな変化が生じなかった、とりわけ低所得層の在学率は低下しなかったことがうかがえる。

② 非経済的階層変数から見た教育機会の階層的分布の変化

学生の親世代の関連データが不在または不十分のため、厳密な分析はできなかったが、前項において、出身地、サンプル両親の最終学歴、職業といった三つの非経済的変数からも教育機会の階層的分布を考察した。ここでは選抜度指数が"1"を上回る層を利益層、"1"を下回る層を不利益層とし、各利益層、不利益層の占める在学率の学年別比較を通じて、教育機会の階層的分布の変化を捉えてみる。親の学歴と職業は父親を基準として比較しているが、母親基準の比較も試みた。以下では母親基準の比較結果については違いがはっきり見られた点に限って言及する。

1999年入学者と2002年入学者の利益層と不利益層の分布を比較した結果は**表2-10**に示されている。

表2-10 非経済的階層×学年

(%)

階層	学年別	1999年入学者	2002年入学者	増減
出身地	都市	79.7	76.6	-3.1
	都市部選抜度指数	2.6	2.0	-0.6
	農村	20.3	23.4	3.1
	農村部選抜度指数	0.3	0.4	0.1
父親の学歴	小学校以下	10.3	8.3	-4.2
	中学校	22.2	20.0	
	高校	30.7	35.0	4.2
	専科以上	36.7	36.7	
父親の職業	ホワイトカラー	56.8	51.6	-6.8
	自営業	11.1	9.5	
	ブルーカラー	10.2	14.7	
	農(林牧漁)業	17.6	19.3	6.8
	無職・失業者	4.3	4.9	

注)母親の諸変数から見る場合、最終学歴が「中学校以下」である母親をもつ学生の在学率に約10%の減少が見られる。母親の職業から見たところ、わずかな変化しかない。

出身地から見ると、利益層にあたる都市部出身者の在学率は79.7%から76.6%に減り、不利益層にあたる農村出身者の在学率は20.3%から23.4%に増えた。都市部人口漸増、農村部人口減少という全国人口分布の動きに配慮して、二つの学年の都市部・農村部の選抜度指数をそれぞれ比較しても、都市部の選抜度指数はやや小さくなり、農村部の選抜度指数はやや大きくなるという同様の結果になっている。

父親の最終学歴の変化を見ると、不利益層にあたる「中学校以下」層の占める比率は4.2%減り、利益層にあたる「高校以上」層の占める比率は4.2%増えた。ただし、利益層にあたる「専科以上」層の比率は一貫して大きくほぼ変化していない。一方、母親の最終学歴から見る場合、「中学校以下」母親をもつ学生の比率は約10%減り、「高校以上」母親をもつ学生の比率は約10%増えた。親世代が経験した各教育段階の就学率の変化[13]の影響を排除しても、親の、特に母親の教育の影響力は大きく見える。

父親の職業的分布を見ると、利益層にあたるホワイトカラー層と自営業者層の占める比率は6.8%減り、不利益層にあたるブルーカラー層、農(林牧漁)業従事者などの占める比率は6.8%増えた。

さらに、三つの非経済的階層変数から、1999年入学者と2000年入学者の階層的分布を比較したが、大きな変化は見られなかった(表略)。

第4節　結果のまとめと考察

1．分析結果のまとめ

① 教育機会の階層的分布

関連データの欠如のため、家庭経済力による教育機会の階層的分布を正確に把握することは非常に難しい。しかし、家庭経済力は出身地、親の最終学歴及び職業と密接に関連するため、非経済的変数から見た教育機会の階層的分布は、ある意味で家庭経済力を用いた分析を補足することができる。もちろん各非経済的変数は子どもの教育に独自な影響を及ぼしているはずである。

単純に利益層と不利益層の選抜度指数を比較したところ、都市部の選抜度指数は農村部の5.3倍、「高校以上」学歴層の選抜度指数は「中学校以下」層

の17.2倍、ホワイトカラー層と自営業者層の選抜度指数は他の職業層の5.9倍となっている。つまり、エリート大学の在学者の多くは相対的によい家庭的背景をもつ。よい家庭的背景とは、具体的には、都市部出身、親の高校以上の教育経験およびホワイトカラーまたは自営業の職業である。無論これらの指標に関わりのある裕福な家庭経済力も重要である。また子どもの大学進学に対して、親の教育の影響は格別に大きいことがうかがえる。

② **教育機会の階層的分布の変化**

　対象大学における教育機会の階層的分布には大きな格差が存在しているが、授業料高騰を伴った急速な機会拡大過程において、この格差はほぼ拡大していないといえる。また、全体的にいうと学生の階層的分布には大きな変化が見られなかったが、扱う変数によって結果の違いがやや見られる。いくつかの階層的変数から見た在学率の変化は以下のようにまとめることができる。

　第一に、出身地、親の職業から見た結果、利益層の在学率はやや小さくなり、不利益層の在学率はやや大きくなった。

　第二に、両親の月収による三階層区分及び暮らし向き5分位の学年別比較から見ると、低所得層と高所得層の在学率はわずかに増え、中所得層の在学率はわずかに減った。

　第三に、親の学歴から見た場合、利益層の在学率は増え、不利益層の在学率は減った。しかも、親が何らかの高等教育を受けた層の占める在学率は一貫して大きい。

　要するに、予想される低所得層、農村家庭の在学率の低下は検出されず、また親の職業から見ても不利益層の在学率の低下は発生していない。ただし、親の学歴から見ると、不利益層の在学率はやや減っている。この点について、さらなる検討が必要とされるが、「高校以上」学歴層の子どもは高等教育機会の獲得において絶対的な優位を占めるだけではなく、有利になりつつある可能性があると推測される。

　また、親の教育以外の階層的変数から見たように、不利益層の在学率は確かにわずかな増加しか見せなかった。ただし、これは数年間だけの変化であ

③ その他

　以上は４対象大学の標本をトータルに分析した結果である。しかし、エリート大学といっても、学生の階層的分布には学校差が見られる。トップ100大学における上位2校のA、B大学の学生は中下位2校のC、D大学の学生と比べ、相対的によい家庭的背景をもつことが計算により分かった[14]。

　サンプル数の関係で、大学別に在学率の階層的分布の変化を追うことは難しいが、筆者は所在省（直轄市）による授業料負担の違いを配慮し、大学所在省（直轄市）別に教育機会の階層的分布の変化を追ってみた。結果として、山東省に所在する2大学では大した変化が見られなかったが、北京市に所在する2大学ではとりわけ父親の学歴による変化が比較的大きかった[15]。

　また、国立大学はいずれも全国から学生を募集しているが、一般的に所在省（直轄市、自治区）に割り当てる定員が比較的多い。本調査においては、とりわけ山東省出身の標本が多く、全体の約3割を占めている。そのため、山東省出身者と他の省（直轄市、自治区）の出身者を分けて、教育機会の階層的分布の変化をそれぞれ追ってみた。解釈は難しいが、山東省出身者に限ってやや大きな変化が見られ、農村出身者層、農業従事者層、低学歴者層、いわゆる不利益層の在学率が上昇した[16]。

　サンプルの専攻分布を考えると、専攻別に在学率の階層的分布の変化を追うことは不可能であるが、文科系と理工系別に大雑把に変化を見てみた。結果として、まず理工系では変化が非常に小さかった。一方、文科系では比較的変化が大きかった。特に低所得層と高所得層の在学率はともに6%前後（2002年入学者対1999年入学者）増え、中所得層の在学率は大きく減った（表略）。この点は総合、理工系大学と文科系単科大学の間の授業料基準の違いに関わるのではないかと推測されるが、厳密な解釈は難しい。

2．なぜ低所得層、農村家庭の在学率は低下しなかったのか

　金子（前掲）の理論的分析では、各所得階層の進学率の格差は一旦上昇し、

しかる後に減少に向かうという。また学費の上昇は低所得層の進学にとって明らかに不利な要素である。なぜ機会拡大、授業料の高騰があったにもかかわらず、調査対象とした4エリート大学において低所得層、農村家庭の在学率は低下しなかったのか。その原因は主に以下の4点であると考えられる。

① **多岐にわたる教育費調達と日常支出の切りつめ**

　山東省のある調査では、約6割の農村出身の大学生は入学する前に親戚や知り合いに借り入れをしているという（劉・賈 1999）。本調査の結果でも、ほとんどの学生は親からの仕送りを受けているが、親戚や知り合いの援助、地元の政府や企業からの援助など多岐にわたる教育費調達が確かに存在している（**表2-11**）。しかも、低所得層出身者ほど親戚や知り合いから援助される比率が大きく、アルバイト従事率が大きく、日常支出が低く抑えられている（表2-11）。都市・農村別に見ても、同じような結果である（表略）。こうした多岐にわたる教育費調達と日常支出の切りつめは、とりわけ低所得層、農村家庭の在学率の維持に寄与すると考えられる。なお、学生の教育費負担や家計圧迫度などに関する詳しい分析も必要だと思われるが、このテーマの分析は第3章で行う。

表2-11　暮らし向き5分位×教育費調達など

調達など 暮らし向き	両親仕送り 受給率（%）	親戚援助 受給率（%）	地元援助 受給率（%）	アルバイト 従事率（%）	日常支出 （元／月）
V	98.8	8.8	1.6	17.7	659.1
IV	100.0	10.6	1.7	19.1	594.6
III	98.1	13.8	2.9	36.1	473.0
II	95.3	15.8	1.1	48.7	380.7
I	88.2	16.7	1.8	56.6	350.7
平均	96.3	13.4	1.8	36.4	483.8

注）地元援助とは、出身地域の政府・企業などから支給される援助のことである。

② **学生援助の抑制効果**

　学生援助に関する初歩的な分析結果では、授業料免除と困難手当の受給者はほとんど低所得層出身者で、学資貸付の利用者は中所得層と低所得層出身

者中心である（表略）。出身地別に見ても、授業料免除と困難手当の受給は農村出身者にとって明らかに有利である（表略）。

つまり、低所得層、農村家庭の在学率の低下に対して、財政などによる学生援助は一定程度の抑制効果を果たしていると推測できる。したがって、対象大学における学生援助の状況や効果に対する詳細な分析が必要だと思われる。その分析は第4章で行う。

③ 高校の低授業料負担

本調査では対象者の高校時代の授業料負担額を尋ねた。対象者のほぼ全員が普通高校の出身であることもあるが、**表2-12**が示すように、約8割の学生の高校の授業料は年間で1000元未満であった。

つまり、大学の授業料は据え置き、高校の授業料は値上げするという2001年以降の状況[17]と異なり、1990年代後半においては大学の授業料は高騰したのに対して、高校、特に普通高校の授業料は比較的低く設定されていた。

この点は優秀な低所得層、農村部出身者が大学受験へ辿り着けるかどうかと関わる。しかも、約半数の学生は出身の高校では何らかの学生支援があったと回答している（王 2005）。1990年代後半の普通高校の低い授業料負担と学生支援の存在は、低所得層、農村出身者の大学受験機会の獲得に寄与したと推測される。

表2-12 高校の授業料負担

年間授業料	サンプル数	パーセント
500元未満	228	17.2
500-999元	502	37.9
1000-1499元	294	22.2
1500-1999元	126	9.5
2000-2499元	95	7.2
2500-2999元	26	2.0
3000-3999元	34	2.5
4000元以上	19	1.5
合計	1324	100.0

④ 進学行動の変化からの推測

　中学校卒業生を対象とする中等職業専門学校[18]の授業料は1990年代初頭から大幅に引き上げられ、普通高校の授業料をはるかに上回った。また、1990年代後半から中等職業専門学校の授業料は普通高校と比べ高額になったものの、就職は厳しくなった。そのため、都市部戸籍への切り替え、幹部身分の取得および就職の保障などの面で、かつては農村出身の子どもにとって非常に魅力的だったこのタイプの学校は、1990年代後半から徐々に人気を失ってしまった。そのため、低所得層出身の優秀な子どもの多く、殊に農村出身の優秀な子どもの多くは徐々に従来の中学校卒業後、中等職業専門学校進学という脱農村、社会的上昇移動の「近道」を離れ、高校さらに大学進学の道を選ぶようになったようである[19]。

　また、農林や師範系大学の授業料徴収、優遇政策の削減は低所得層出身者の総合大学、理工系大学進学を助長したという指摘（陸・鐘 前掲）もある。つまり、1997年以降、低所得層出身の高校生は総合大学と理工系大学を一層積極的に選択するようになった可能性がある。

　1990年代後半に現れたこうした中卒者と高卒者の進学行動の変化を踏まえ、大学受験者、さらに総合大学と理工系大学の受験者には農村、低所得層出身者の人数が増えた可能性が高い。これも4対象大学における低所得層、農村家庭の安定した在学率と関わるのではないかと推測される。ただし、この点の検証には中卒者と高卒者の進路選択に関する数量的研究が必要とされる。

本章の限界

　ナショナルデータの欠如は教育機会の階層的分布およびその変化に関する実証分析の厳密さを大きく制約しているといわざるを得ない。対象大学における教育機会の階層的分布を考察するには、厳密にいうと学部生年齢層のナショナルデータおよび親世代のナショナルデータが不可欠である。このデータが不在または不十分のため、代用可能なデータを本章の分析のなかで多く使用した。また、親世代の学歴分布、全国労働人口の職業分布などのデータに関しては、男女別のデータが入手できないため、選抜度指数を算出すると

ころではサンプルの両親全員を一つの母集団として比較することしかできなかった。

先行研究によると（張 1999）、1980年以降子どもの教育達成や社会的達成に対する親の政治的身分の影響はほとんど見られなくなったという。しかし、筆者が共産党員層と非共産党員層の選抜度を比較したところ、やはり共産党員層の優位が明らかであった[20]。さらに、学年別に二つの層の在学率を比較したところ、わずかな変化しか見られなかった。ただし、親の政治的身分を階層変数として扱う研究が少なく解釈しかねる点があるため、本章では重要な変数としなかった。また、後の各章の多変量解析のモデル構築にあたっても、親の政治的身分を説明変数として投入してみたが、いずれも統計的に有意ではなかった。

〈注〉

1 LeslieとBrinkman（1987）は1967～82年の間に行われた25件の高等教育需給研究に対してメタ分析を行った。25件の高等教育需給研究のSPRCの平均値はマイナス0.7であった。これは、授業料を100ドル値上げすると、18～24歳人口の高等教育アクセス率が0.7％下がることを意味する。

2 Kaneの分析では、授業料を1000ドル上げると、黒人の低所得家庭の進学率は8.5％減り、白人の低所得家庭のそれも4.6％減る。一方、白人の高所得家庭の進学率にはほぼ影響を及ぼさない。

3 Himlerによると、学生の進学選択は家庭所得と関わり、授業料を値上げした場合、高所得層の子どもはカレッジへ進学する可能性が高くなり、低所得層の子どもは高等教育を諦める可能性が高くなるという。

4 Chutikul（1986）の研究によると、タイでは大学授業料の上昇は学生の大学選択にとってさほど重要な意味をもたなかった。また、Brunnerら（1992）によると、チリでは1980年代から無償制を廃止し、学生養成コストの6割相当の授業料を徴収するようになったが、授業料の徴収は学生の社会的分布にほぼ影響を与えなかった。その原因は低所得層出身者の約8割が給付奨学金や教育ローンの支援を得られたことにあるという。

5 近藤は金子の確率的モデルに対して、「経験的データから推定されるパラメータを操作し、それをシミュレーションと呼ぶことには疑問がある。ロジット回帰によって推定される変数効果は、いわば限界効果であり、将来を予測するものではない。また、属性の違いによって特定変数の効果にどんな差が表れるか

を評価する試みは、ロジスティック曲線上での位置の違いを無視しており、正確ではない」と批判している。

6　1980年代の大学募集定員抑制政策、1990年代の所得格差の拡大と少子化による受験競争の緩和、1998年以降の日本育英奨学金の拡充などの社会的背景または制度の変革は、教育機会の社会的分布に対して何らの影響を与える可能性がある。

7　14校の大学（学院）は師範系大学（学院）3校、総合大学4校、理工系重視の大学（学院）5校、農林大学、地質大学（学院）それぞれ1校を含む。1996年の中国大学評価の順位によると、4校の総合大学のうちの2校が第1層（1～20位）で、他の2校が第2層（21～100位）にあたる。理工系重視の5校のうち3校が第1層、2校が第3層（101位～）にあたる。師範系の3校はいずれも第2層で、農林、地質系の2校は第3層にあたる。

8　陳暁宇が北京市に所在する数大学において都市部出身の1992～96年の進学者を対象とした調査分析、王潔が香港中文大学のデータから北京市に所在する3大学のサンプルを抽出した検証分析などが見られる。

9　都市部家庭の所得データは国家統計局都市部社会経済調査隊が企画し、各省（直轄市、自治区）の都市部社会経済調査隊により実施された調査の結果である。農村家庭の所得データは国家統計局農村部経済調査隊が企画実施した調査の結果である。二つの調査の標本抽出法や内容には異なる点が多い。

10　筆者は車、持ち家、パソコン、テレビ、空調、洗濯機、冷蔵庫、電話、ビデオカメラ、ビデオデッキ、テープレコーダー、オートバイおよび自転車の所有を尋ねた。そして、家庭経済力と関連の低いオートバイと自転車を除外し、他の11項目の合計スコアを経済的指標の暮らし向きとした。

11　1999年から2001年にかけて、深圳市、合肥市、漢川市、鎮寧県の4市（県）では就労者の社会階層的分布に関する調査が行われた。どの市（県）においても無職・失業・半失業者の比率は9％台であった。陸編著（2002）による。

12　ここの結果は、2000年の大幅な授業料値上げの情報が、どの時点でどの程度受験生およびその親に把握されたのかに左右されると考えられる。

13　親世代が経験した各教育段階の就学率を見ると、小学校段階は90％台に安定し、中学校段階は年当たり約1.6％ずつ上昇し、高校段階は年当たり0.5％ずつ上昇し、高等教育段階は1.2％の横ばいであった。1年生と4年生の親の平均年齢に4歳の差があると仮定すると、このような中学校、高校就学率の上昇は、最終学歴が高校である親の学歴比較（1999年入学者と2002年入学者の親の比較）に約2.0％増の影響を与え、最終学歴が中学校である親の学歴比較（1999年入学者と2002年入学者の親の比較）に約6.4％増の影響を与えるはずである。

14　各大学における学生の階層的分布は以下のようである。

階層	大学	A大学	B大学	C大学	D大学	検定
出身地	都市部	9.7	16.2	30.4	32.8	$x^2 = 67.309$ ***
	農村部	90.3	83.8	69.6	67.2	
暮らし向きスコア		6.9	6.8	5.8	5.3	$F = 40.732$ ***
両親の教育年数の平均		11.5	11.0	10.0	9.4	$F = 33.161$ ***
父親の職業	ホワイトカラー	74.4	62.9	45.2	39.1	$x^2 = 79.992$ ***
	自営業	7.9	7.7	12.3	9.8	
	ブルーカラー	13.4	13.6	15.0	17.5	
	農(林牧漁)業	9.2	11.9	23.7	29.6	
	無職・失業者	5.2	3.9	3.8	4.0	

*** $P < .001$

15 大学所在地別の学生の階層的分布の変化は以下の表のとおりである。

山東省所在2大学における階層的分布の変化 (％)

階層	学年	1999年入学者	2002年入学者	増減
出身地	都市部	73.8	70.3	-3.5
	農村部	26.2	29.7	3.5
家庭所得	高所得層	9.3	9.7	0.4
	中所得層	74.9	69.0	-5.9
	低所得層	15.8	21.3	5.5
父親の学歴	中学校以下	32.7	33.8	1.1
	高校	38.0	40.6	-1.1
	専科以上	29.3	25.6	
父親の職業	ホワイトカラー	47.9	43.6	-8.3
	自営業	15.2	11.2	
	ブルーカラー	10.5	16.4	8.3
	農(林牧漁)業	23.4	24.7	
	無職・失業者	3.0	4.1	

注)学年別に見た父職の分布は不安定で、変化の把握は困難である。

北京市所在2大学における階層的分布の変化 (％)

階層	学年	1999年入学者	2002年入学者	増減
出身地	都市部	85.2	83.4	-3.5
	農村部	14.8	16.6	3.5
家庭所得	高所得層	28.2	25.6	-2.6
	中所得層	61.3	62.8	1.5
	低所得層	10.5	11.6	1.1
父親の学歴	中学校以下	32.6	23.5	-9.1
	高校	23.8	24.7	9.1
	専科以上	43.6	51.8	
父親の職業	ホワイトカラー	66.3	60.5	-4.1
	自営業	7.2	8.9	
	ブルーカラー	9.9	12.8	4.1
	農(林牧漁)業	12.2	13.4	
	無職・失業者	4.4	4.5	

16　山東省出身者と「その他」の学生の階層的分布の変化は以下の表のとおりである。

山東省出身者における階層的分布の変化
(％)

階層	学年	1999年入学者	2002年入学者	増減
出身地	都市部	71.7	65.5	-6.2
	農村部	28.3	34.5	6.2
家庭所得	高所得層	8.3	8.9	0.6
	中所得層	74.2	65.3	-8.9
	低所得層	17.5	25.8	8.3
父親の学歴	中学校以下	31.7	36.9	5.2
	高校	44.2	36.9	-5.2
	専科以上	24.1	26.2	
父親の職業	ホワイトカラー	50.0	42.8	-9.8
	自営業	11.7	9.1	
	ブルーカラー	10.0	11.8	9.8
	農（林牧漁）業	25.0	32.7	
	無職・失業者	3.4	3.6	

山東省以外出身者における階層的分布の変化
(％)

階層	学年	1999年入学者	2002年入学者	増減
出身地	都市部	83.4	82.5	-0.9
	農村部	16.6	17.5	0.9
家庭所得	高所得層	24.2	23.6	-0.6
	中所得層	64.8	63.9	-0.9
	低所得層	11.0	12.5	1.5
父親の学歴	中学校以下	32.6	27.3	-5.3
	高校	23.8	30.6	5.3
	専科以上	43.6	42.1	
父親の職業	ホワイトカラー	60.7	56.2	5.1
	自営業	10.6	10.0	
	ブルーカラー	11.0	15.7	-5.1
	農（林牧漁）業	13.7	14.3	
	無職・失業者	4.0	3.8	

17　王（2005）の分析では、高校生の授業料負担には顕著な地域差が見られる。経済発展の遅れた一部の地域は、高校生から高い授業料を徴収している。また、2000年以降の高校授業料の急上昇と不正徴収は大きく注目されている。

18　中国では中学校卒業生を募集する「中専」と高校卒業生を募集する「中専」の2タイプの中等職業専門学校がある。近年、高校卒業生を対象とする中等職業専門学校は職業専科大学への昇格が盛んになり、中等職業専門学校の大半は中学

校卒業生を募集対象としている。
19 　この点に関して、具体的な実証結果は見あたらない。ただし、筆者は山東省、福建省、江蘇省の数人の農村中学校の教員および他の関係者からいずれもこのような変化の存在を確認することができた。
20 　下記の表が示すように、35歳以上人口の共産党員の比率は11.0％であるのに対して、サンプルの両親の共産党員の比率は34.1％である。35歳以上人口の「その他」の比率は89.0％であるのに対して、サンプルの両親の「その他」の比率は65.9％である。共産党員層の選抜度指数は"1"を上回った3.1であるのに対して、「その他」の層、つまり非共産党員層の選抜度指数は"1"未満の0.7である。

サンプル両親の政治的身分の分布と選抜度指数

政治的身分＼比較	サンプルの両親（％）	35歳以上人口（％）	選抜度指数
共産党員	34.1	11.0	3.1
その他	65.9	89.0	0.7

注1）親世代は40～50歳コーホートとする。このコーホートの党派所属のデータは入手できないため、筆者は「中国共産党員の構成、改善される」(2000年6月27日『人民日報』)により、35歳以上の共産党員の人数を求め、2000年度『中国統計年鑑』により35歳以上人口の数を求め、35歳以上人口に占める共産党員の比率を計算した。
注2）両親の政治的身分の「その他」は「無所属」と「八大民主党派」を含む。35歳以上人口に占める「八つの野党派」党員の比率はきわめて低く1.0％未満である。

第3章　大学教育費の私的負担の状況

はじめに

　中国国公立大学の授業料負担は高いレベルにあるにもかかわらず、また授業料などの上昇は負担能力の低い層の進学にとって不利な要素であるにもかかわらず、前章の分析では、経済的変数から見ても大学在学率の階層的分布には大きな変化が見られず、とりわけ低所得層の在学率の低下は検証されなかった。そのため、各所得階層、特に低所得層の教育費負担がどのような状態にあるか、所得階層間の教育支出や家計負担にはどのような違いがあるか、などに対して考察する必要があると思われる。また、大学教育費の私的負担の状況は高等教育機会の享有状態、または学生生活の質的側面の一部ともいえる。

　大学教育費の私的負担の定義について、狭義には授業料をはじめとする学納金を指すが、書籍代など学習に要する費用を含める理解もある。また、より広義には大学生活を送るための生活費などを含んでかかる費用のすべてを指すこともある（小林ほか　2002）。家計の教育費負担に着目する本章ではそれを広義に捉える。

　本章の内容は以下のとおりである。まず私的教育費負担と関わりのある高等教育の費用負担方式を見てみる（第1節）。続いて大学教育費の私的負担に関する先行研究をレビューし、実証分析の際に、注意を要する点などを明らかにする（第2節）。さらに対象大学における授業料と学寮費徴収の変容や基準を説明し（第3節）、大学教育費の私的負担に対する家庭的背景の規定力を予測する（第4節）。事例分析では、主に学部生の授業料、学寮費、日常生活支出[1]およびそれらを含んだ私的教育費負担（年間支出総額）の実態および規

定要因、授業料と私的教育費負担が家計を圧迫する度合い、授業料徴収に対する学生の態度、およびそれらに対する家庭的背景、特に家庭所得の影響の分析を行う（第5節）。最後に結果をまとめ、予測に検討を加え、授業料の価格決定や学寮の役割を論じる（第6節）。

第1節　高等教育の費用負担方式

1. 世界各国における高等教育の費用負担方式

誰が大学の支出を負担すべきかという問題への回答は、一種の社会的選択または選好といえる（矢野 1994）。高等教育は無償か私費負担か公私共同負担かという選択は、そもそも個々の社会的文脈や価値観と関わるものである。中国の高等教育が無償から利用者が養成費用の一部を負担することへ転換したのも、このような社会的文脈や価値観の変化があったためだと考えられる。

OECDの30カ国の国公立大学の現状を見ると、養成費用の一部として授業料を徴収するのは18カ国で、過半数をこえている。フランス、ベルギー、デンマーク、スイスのように授業料はとらないが、登録料という名目で若干の納付金を要求する国もあり、また原則無償でもドイツやハンガリーのように一部の学生は有償となっている国もある（石井 2003）。

つまり、フランス、スイス、デンマークなどの国では、国公立高等教育機関の支出はほとんど財政から調達され、原則として学生個人に授業料を要求しない方式をとっている。すなわち、学生ないし家計は日常生活の部分のみ負担し、授業料の負担はない。授業料負担の有無に注目するなら、このような負担方式を無償制または公費制と称することができよう。無論学生の生活費まで国が負担するという徹底した無償制をとる国もある。中国では過去にあった。一部の発展途上国（特にアフリカの国）ではいまだにそうである。無償制への批判は、高等教育を利用しない者にとって不公平であるという点に集中している。一般的に大学利用者は高所得層が多く、大学進学の少ない中低所得層はその分の税金を負担し、中低所得層から高所得層への所得移転が生じる可能性があり、低所得層にとって非常に不公平だと批判されている（小林ほか　前掲）。

一方、アメリカや日本のように、早い段階から高等教育の養成費用の一部を学生に負担させる国も存在する。しかも、現在このような方向へ切り替える国が着実に増えている。たとえば、1980年代または90年代から、中国、イギリス、オーストリア、オランダ、オーストラリア、ロシア、チリなどの国の国公立大学は、相次いで授業料徴収を導入した。

　養成費用の全額ないしほぼ全額を学生が負担する私立大学は、徹底した私費負担方式といえるが、多くの国では一般的に国公私立を問わず、政府と家計が(場合によっては大学も)共同で負担する。いわゆる公私共同負担方式を選択している。ただし、国公立大学の支出は財政が大きな部分を負担するのに対して、私立大学の支出は主に学生の納付金に依存する。

　また、高等教育機関を国公立中心にするか、私立中心にするかも一種の社会的選択といえる。現在、中国は欧米諸国と同じ、国公立中心の高等教育システムであるのに対して、日本、韓国、フィリピン、インドネシア、ブラジルなどの国では国公立大学が少なく、私立大学中心のシステムとなっている (Johnstone 2001)。

　大学が支出する養成費用の共同負担は受益者負担原理に依拠するという。無論高等教育の受益者は社会と利用者個人の両方である。社会全体にとって、大学は学術、科学、文化の創造と伝達を行う役割を果たしている。一方、利用者は高等教育を受けることによって、資格や専門知識を身につけ、個人の生涯所得を大きく増加させられる。

　日本では「近年の受益者負担論も教育の効果のうちで個人に帰属する部分を明確にし、その分は個人に負担させよと論ずるものである」(塚田 1998)という指摘が見られるが、実際に社会側と利用者側が高等教育から、それぞれどれぐらいの利益を受けるかについては、厳密な数量的把握はきわめて難しい。したがって、公私共同負担方式の場合、私的負担の適正額の決定が重要である。そこには教育理念、大学財政、教育価格の計量および政治が複雑に働きかける。また、私的負担の増加が家計の大きな割合を占め、または家計の負担能力をこえるようになると、高等教育需要の停滞・減少や中低所得層の教育機会の縮小など、新たな問題を引き起こす可能性がある。

ボーエン（Bowen 1980）はその著書 The Costs of Higher Education で、高等教育の費用を決定する要因を大きく次の二つに分けている。「一つは社会全体の力関係から決定付けられる側面であり、いま一つは、個々の大学の裁量で決まってくる側面である」という。「前者の社会的決定要因は、長期間にわたる教育費の変化を規定する」、後者の大学の裁量は「教育費を短期的な視野から検討する場合に有効である」という（矢野 前掲、1頁）。ボーエンの著書が、1930年代から1970年代にわたった長期の時系列分析とアメリカの個々の大学の支出パターンの分析から構成されているのは、この二つの規定要因説に基づいたためである。二つの決定要因説は中国高等教育にとっても示唆するところのあるものである。

また、高等教育に対する政府支出の増減も非常に重要な点である。政府が積極的に高等教育支出を増やさなければまたは増やすことができなければ、大学側は裁量権を生かし募集定員や私的負担額を増すことによって、学校の財政を支える選択がある。単純にいうと、政府の支出が大きいと、私的負担が小さい。政府の支出が伸び悩みや縮小すると、私的負担が上昇する。中国国公立大学の授業料上昇も財政投入の伸び悩みと表裏一体である。また上述した高等教育の費用負担方式も根本的には高等教育への財政投入の多寡にかかわる。

2. 中国高等教育における私的負担の増加と家計への影響

財政や大学自らの資金調達が中国の大学支出の大半を支えるとはいえ、授業料などを含む家計の教育費負担はやはり急速に肥大化している（表1-4）。ただし、大学生をもつ世代の家計調査のナショナルデータが存在しないため、こうした高等教育の私的負担が家計を圧迫する度合いの量的把握は困難である。

1999年からの大幅な募集定員増政策の目的の一つは社会・経済的需要を刺激し、国民消費を増大させることであると指摘されている。つまり、国が供給を作ることによって、新たな需要を創出するまたは潜在的な需要を満たすということであった。しかし、余裕のある高所得層の消費支出を増加させる

ことができたとしても、そもそも余裕のない中低所得層は教育費を負担できなくなる、または教育費支出の増大により他の消費支出をカットせざるを得なくなるだろう。家計負担が限界に至ると、子どもは大学進学をあきらめるか、両親に頼らない教育費調達を求めるかの選択に直面してしまう。

一方、中国政府は、経済的理由で大学へ進学できない状況を発生させないように、政策的指導をしている。たとえば、経済的に困難な合格者に対して授業料を払わなくても入学できるというグリーン・チャンネル(中国語では「緑色通道」)が設立された。学資貸付制度の拡充にも着手している。

第2節　先行研究のレビュー

大学教育費の私的負担に関する研究は日本、アメリカなどの国では数多くなされている。たとえば、Hearn(1988)の大学授業料データHEGISと学生データHSBを用いた選抜度の高い大学への進学の分析では、大学の授業料は親の教育と所得が高いほど高く、社会・経済的要因と属性的要因は高授業料の大学への進学に対して独立的に影響を与えるが、経済的というより社会的なものであるという。銭(1989)は学生生活調査と全国消費実態調査を利用し、日本では「大学生のいる家庭の家計はかなり教育負担に圧迫され、他の類型世帯の生活消費パターンとかけ離れている」ことや家庭教育負担が家計を特に低所得層の家計を圧迫していることなどの分析結果を出した。田中(1994)は日本の個別大学の学生生活調査のデータ分析を通じて、国立大学生の二極分化を指摘し、「自宅生比率が上昇しつつある都市圏大学へ進学できるかどうかは、高額の仕送りを負担できるほどの所得と入学可能な偏差値をもてるかどうかにかかっており、もてない家計は地元の大学へ進学せざるを得ない状況になりつつある」と結論づけている。

一方中国では、大学教育費の私的負担に関心を寄せる研究が多くなされるようになったのは、1980年代の半ば以降である。授業料、学寮費を徴収すべきかどうかの議論から、私費、委託養成学生と一般学生の徴収額に差額が存在することの妥当性、さらなる授業料値上げの可能性、学生の教育費支出の規定要因分析などまで、幅広い検討と研究が行われた。

1990年代後半になされた実証研究は、私的負担額の規定要因や授業料の更なる値上げの検討を中心テーマとしていた。香港中文大学が実施した調査データに基づいて、陸・鐘 (2002) は、①授業料、学寮費の支出額も日常生活支出額も出身省（直轄市、自治区）の経済的発展度、家庭年収と正の相関をもつ、②学業成績が優れた学生の授業料と学寮費負担は比較的小さい、③仮に大学授業料を30％上げると、90.6％の学生は依然として進学を選択するが、3倍に値上げすると30％の学生のみ進学を選択する、④授業料の値上げ幅が大きいほど、学生の高等教育へのアクセスに対する家庭所得の影響が大きくなる、⑤高等教育を受けた親をもつ学生ほど、都市部出身の学生ほど、男子ほど、優秀な学生ほど、授業料の値上げに影響されずに進学を選択する可能性が高い、など多くの知見を見出した。

また、1999年12月に北京市に所在する17大学を対象とした大学生活調査[2]の実証分析 (馬 2000、李・関 2000) では、①学生の支出する教育費の約8割は家計により負担されているが、支出額の大きさは在籍する大学の類型、学年、専攻および家庭所得に左右される、②家庭所得は学生の教育負担総額、日常生活支出に影響を与えるが、授業料と学寮費支出には影響を与えない、③3000元の年間授業料を徴収する場合、学生の高等教育へのアクセスに対する家庭所得の影響は有意ではないが、4000元に値上げすると、家庭所得の影響は顕著になり、6000元まで値上げすると家庭所得の影響はわずかな変化しか見せないが、6000元をこえると、家庭所得の影響はいっそう拡大するなどの結果が得られている。

2000年の末から2001年の初めにかけて、25大学で実施されたある教育現状調査[3]の一部の質問の回答を利用した唐 (2001) の分析によると、①77.7％の学生は現在の授業料が高すぎると思っている、②両親は大学教育費の私的負担の最大の負担者であり、社会各方面からの寄付金などの援助は少ない、③学生の日常生活支出は比較的抑えられている、④東部沿海地域に所在する大学と中西部地域に所在する大学との間には、学生の経済的収支のはっきりした違いが見られるという。

以上三つの調査の実施された年度が近いにもかかわらず、調査対象者の授

業料負担のパターンには大きな違いが見られる。1997年には、農林・師範系大学を含んですべての普通国公立大学で授業料を徴収しはじめたが、それまで授業料負担なしで入学した農林・師範系大学の在学者や私費または委託養成で入学した一般大学の学生の授業料徴収額は入学時のままであった（中国語ではこのような授業料徴収方式を「新人新办法、老人老办法」という）。つまり、陸・鐘が用いたデータでは、1994～96年の入学者の授業料徴収は古いパターンで、1997年の入学者のみが全員授業料徴収の対象者であった。一方、馬、李・閔が用いたデータには、1996年入学者のみ授業料徴収が古いパターンで、1997～99年の入学者はすべて授業料徴収の対象者となっている。また、唐の用いたデータは1997～2000年の入学者であるため、全員が授業料徴収の対象者であり、国家計画と市場調節に区別された学生募集も一本化された。対象者全員が授業料徴収の対象であるという点では、筆者の調査データは唐の利用したデータと同じである。

　陸・鐘および馬、李・閔が分析した調査対象者の授業料負担の有無および基準の違いは、負担額と成績、家庭的背景、大学の類型および学年との関連を顕在化させた可能性がある。また彼らは私的負担額の規定要因や授業料の更なる値上げのシミュレーション分析にあたって重回帰分析、ロジスティック回帰分析を取り入れたが、変数の操作に問題が残っている。たとえば、馬、李・閔の私的教育費支出規定要因の分析は、調査対象校の学生募集には全国募集と北京市募集の違いや国公立大学と民営大学における学生の住居実態の違い（国公立大学では学寮制であるが、民営大学の場合、民宿や自宅通学が多い）があるにもかかわらず、十分に配慮をかけなかった。また、重要なのは、諸先行研究では授業料負担タイプ別にまたは入学年度別に、授業料負担などの規定要因分析や授業料のさらなる値上げのシミュレーション分析が詳しく行われなかったことである。

　一方、唐の授業料、学寮費および日常生活支出に対する分析は地域間格差、大学類型による格差に焦点を当てたもので、家庭的背景による格差に注目を寄せなかった。唐は授業料負担が高すぎると批判したが、家計がどの程度圧迫されているかの分析は行われていない。また、唐は学生の日常生活支出は

比較的抑えられていると主張したが、大学所在地の住民の消費支出との比較や所得階層別の比較をまったくせず、平均値による解釈にとどまっている。

　調査時期と対象の違いがあり、いうまでもなく本章では先行研究に残された研究課題をすべて検証することはできない。しかし、先行研究のレビューを通じて、事例分析にあたって以下の点に留意する必要があると認識することができた。本章の主な目的は大学教育費の私的負担およびそれと家庭的背景との関連を分析することであるが、大学の所在地や学年などの要素に十分な配慮をかけるべきであり、また学生の日常生活支出を大学所在地の住民の消費支出と比較する必要がある。加えて、本章では授業料などが家計を圧迫する度合いや学生の授業料徴収に対する態度の分析も行う。

第3節　対象大学における授業料と学寮費の徴収

　序章で説明したが、本調査の対象とした4エリート大学は、A大学とB大学が北京市に、C大学は山東省の済南市に、D大学は同省の青島市に、それぞれ所在している。2002年、北京市の1人当たりGDP（27746元）は31省（直轄市、自治区）のなかで2位、山東省のそれ（10552元）も9位にあたるため、国公立大学の授業料徴収の「属地原則」に照らし合わせ、2省（直轄市）の大学授業料の徴収額は全国では相対的に高いわけである。表1-3からもこの点を確認することができる。

　1989年以降の4大学における授業料基準の推移を見ると（**図3-1**）、大学所在地の経済的発展度が同様または近く、行政所属（設置者）も同様のため、A大学とB大学、またC大学とD大学の授業料は一貫してほぼ同じような基準であることが分かる。ただし、実際には同じ行政省（直轄市）に所在しても、具体的な所在都市、行政所属、専攻設置などによって授業料徴収額が異なることが多い。また所在都市と設置者が同じであっても、外国語大学や職業大学の多くは総合大学、理工系中心の大学より授業料基準が高い。

　さらに、北京市に所在する2大学と山東省に所在する2大学の授業料負担の差額は、1997年までは小さいものであったが、その後、つまり「属地原則」が制定された後、拡大している（図3-1）。

元

```
6000
5000
4000
3000
2000
1000
   0
       1989年   1993年   1997年   2000年   2002年
```

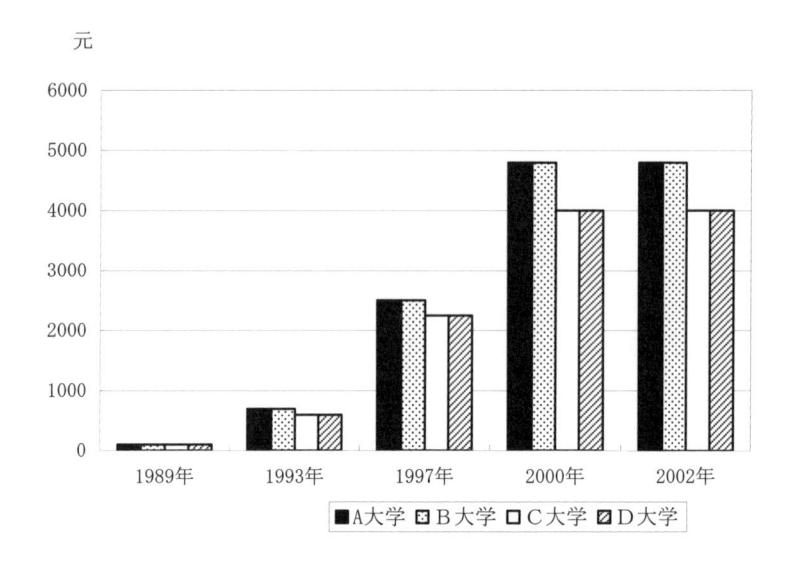

■A大学 ▨B大学 □C大学 ▨D大学

図3-1　対象大学における授業料基準の推移

　4大学の授業料徴収額は所在省（直轄市）の物価局が公布した授業料徴収規定に依拠するが、各専攻分野の具体的な授業料基準額は大学によって定められている。2000年以降、各大学の授業料徴収基準にほぼ変化が見られないため、2002年入学者の授業料基準を例にし、4大学の授業料徴収現状を**表3-1**にまとめている。

　表3-1から分かるが、授業料の専攻間格差はA、B大学では小さいのに対して、C、D大学ではやや大きい。全体的にいうと、A、B大学の授業料基準は高いが、C、D大学でも一部の専攻の授業料基準はA、B大学と同じレ

表3-1　対象大学における2002年度の授業料徴収基準

大学	授業料徴収基準
A大学	4800－5200元。
B大学	4800元。外国語、芸術などの人気専攻の徴収額の値上げがある。
C大学	理工系3800元、文史系3600元、外国語系4160元（英語のみ5000元）、医学系4000元、芸術系6200元（音楽6800元）、体育系4800元。人気のある専攻は基準の10％前後を値上げできる。
D大学	理工系3800元、文史系3600元、外国語系5000元。人気のある専攻は基準の10％前後を値上げできる。

注）C、D大学の「文史系」は中国語学、社会学、歴史学、哲学、政治学、法学、経済学などを含む。

ベルまたはより高いレベルに設定されている。事実上、多くの地域で、授業料の専攻間格差は人気のある専攻であるかどうかに大きく左右されている。この点からも、中国高等教育には市場原理が浸透していることがうかがえる。

また、4大学における学寮の年間利用料は1990年代初期の数十元から現在の数百元へと上がってきた（表略）。学寮費基準の時系的推移と地域間格差は授業料のそれに似ている。

第4節　大学教育費の私的負担と家庭的背景との関連の予測

本調査の「大学を選択する理由」の分析では、学生が大学を選択する際に最も重視したのは「大学の知名度」、「自分の成績」であり、「授業料の基準」はさほど重視されなかった[4]（王 2005）。そのため、授業料は対象者の大学選択を左右する可能性が低いと考えられる。それにもかかわらず、大学の知名度、所在地などを媒介として、授業料の徴収額と家庭的背景との関連の存在は否定しがたい。また、学生援助の一環として、授業料を免除されることがあるため、低所得層ほど授業料が免除されるならば、実際の授業料負担額は家庭所得と関連することもありうる。

一般的に学寮の提供は、学生の私的教育負担を抑制する役割を果たす。4事例大学はいずれもほぼ全員に学寮を提供している。築年数などによって学寮費が異なることはあるが、基本的には学生の都合による自由選択ができず大学の配属にしたがうため、学寮費負担は家庭的背景と関連する可能性が低いと考えられる。関連があるとすれば、ランクの高い2大学は経済的発展度の高い北京市に所在し、学生も相対的によい家庭的背景をもつから、学寮費の負担額が大学の所在地（ランク）を媒介として家庭的背景と関連するという可能性であろう。

陸・鐘、馬、李・関らによって検証されたように、家庭的背景と密接に関連しうるのは日常生活支出である。大学所在地と出身地域の物価の違いや両親から離れた寮生活は、従来の消費習慣を変化させる可能性もあるが、一般的には学生の消費習慣や消費レベルは出身家庭に大きく影響される。高所得層出身者ほど日常生活支出が大きいという先行研究の分析結果は検証される

であろうが、重要なのは大学所在地の住民と比べ、各所得階層の学生の日常生活支出がどのレベルにあるかである。学生にとってやりくりできるのは日常生活支出のみであるため、低所得層出身者の日常生活の切り詰めの度合いを捉える必要がある。

また、以上三つの支出を合計した年間支出総額は、家庭的背景との間に何らかの関連をもつと予測される。これらの予測は次節で一つずつ検証する。

第5節　分析結果

1. 大学教育費の私的負担の実態

4大学における入学年度別の大学教育費の私的負担額の平均値は**表3-2**に示されている。

2000年の大幅な授業料値上げははっきりとしている。A、B大学の値上げ率は約50%で、値上げの幅も約1600元であったのに対して、C、D大学の値

表3-2　大学教育費の私的負担額

大学	学年＼私的負担	①年間授業料 平均負担額	①/④	②年間学寮費 平均負担額	②/④	③年間日常生活支出 平均支出額	③/④	①+②+③=④年間支出総額
A大学	2002年入学者	4673.9	36.2%	750.1	5.8%	7481.8	58.0%	12906.2
	2001年入学者	4748.1	35.8%	1215.9	9.2%	7291.1	55.0%	13255.6
	2000年入学者	4907.6	37.4%	979.1	7.5%	7225.8	55.1%	13112.9
	1999年入学者	3358.9	29.6%	602.7	5.3%	7372.6	65.1%	11334.5
	平均	4435.0	35.0%	897.2	7.1%	7336.2	57.9%	12668.4
B大学	2002年入学者	4919.1	36.4%	1223.4	9.1%	7354.3	54.5%	13497.3
	2001年入学者	4898.3	39.2%	655.3	5.2%	6951.7	55.6%	12505.7
	2000年入学者	4840.2	38.8%	645.1	5.2%	6980.0	56.0%	12465.3
	1999年入学者	3268.3	31.6%	508.3	4.9%	6561.1	63.5%	10338.1
	平均	4424.3	36.5%	750.7	6.2%	6943.7	57.3%	12119.1
C大学	2002年入学者	3995.6	43.4%	561.8	6.1%	4652.9	50.5%	9210.8
	2001年入学者	4222.0	46.9%	548.7	6.1%	4238.4	47.0%	9009.1
	2000年入学者	4079.0	44.9%	801.3	8.8%	4197.0	46.2%	9077.3
	1999年入学者	2961.4	36.7%	514.8	6.4%	4585.9	56.9%	8062.5
	平均	3791.6	43.0%	604.4	6.8%	4428.3	50.2%	8824.8
D大学	2002年入学者	4192.6	45.8%	612.4	6.7%	4345.6	47.5%	9151.1
	2001年入学者	3840.5	43.8%	672.3	7.7%	4246.8	48.5%	8760.1
	2000年入学者	3973.2	43.1%	754.8	8.2%	4495.8	48.7%	9224.3
	1999年入学者	2911.2	35.0%	537.1	6.5%	4865.7	58.5%	8314.4
	平均	3729.3	42.1%	639.9	7.2%	4487.5	50.7%	8857.2

注) 学寮費は寮の築年数などによって負担額の違いがある。たとえば、A大学の2001年入学者、B大学の2002年入学者は新築寮を利用しているため、負担額が高い。

上げ率は約30％で、1000元程度の値上げであった。北京市に所在する2大学の学生の授業料負担額は平均で約4400元で、山東省に所在する2大学の学生の平均の3700元より約20％も高い。学生の年間授業料負担額はたいてい年間支出総額の30〜46％を占めている。

年間約1200元ほどの高い学寮費を負担する学年は新築寮の利用者にあたる。学寮費負担にも地域差、大学差および学年差が見られるが、負担額は授業料や日常生活支出と比べ比較的小さく、年間支出総額の5〜9％を占めるのみである。現在の授業料負担は高すぎるとよく批判されているが、学寮の提供により学生の住居費負担が低く抑えられていることも事実である。

北京市に所在する2大学の学生の日常生活支出は年間で7000元前後であるのに対して、山東省に所在する2大学の学生のそれは4400元台にとどまる。はっきりした地域差が見受けられるが、同地域にある大学間の差や学年差は大したものではない。また、日常生活支出が年間支出総額に占める比率は最も大きく、その46〜65％にのぼる。

さらに、以上3つの合計である年間支出総額から以下の点をうかがうことができる。①1999年入学者の年間支出総額は授業料と学寮費が相対的に低いため、どの大学においても比較的低い。②北京市に所在するA、B大学の学生の年間支出総額は平均では約12500元で、山東省に所在するC、D大学の学生の約8800元を大きく上回っている。これは授業料、学寮費および日常生活支出のいずれもが、経済的発展度の比較的高い北京市にある2大学のほうが大きいためである。

2. 大学教育費の私的負担と家庭的背景

前項で分かったように、学生の私的教育支出額には大学所在地の差、学年の差がある。よって学生の私的教育費支出と家庭的背景との関連を分析する際に、これらの要素に留意する必要がある。

そして、4大学における私的教育費負担の実態と先行研究のレビューを踏まえ、筆者は年間授業料負担額、年間学寮費、年間日常生活支出および年間支出総額の規定要因を分析する重回帰モデルを構築した。従属変数は上述し

た四つの連続量で、独立変数は性別、出身地、家庭所得、親の教育と職業、在籍する大学、学年および専攻に絞った。家庭の経済力を代表する変数については、家庭所得と暮らし向きのどちらを取り入れても、結果的にほとんど差がなかったため、家庭所得にした。また、親の教育、職業について、両親の教育と職業をともに投入するまたは片方を投入するのではなく、「両親の教育年数の平均値」、「両親とも、または一方が専門・管理職を1、両親とも非専門・管理職を0」のように工夫して、変数の一本化を図った。他の独立変数はいずれもダミー変数にした。

年間授業料負担額の規定要因分析は**表3-3**のとおりである。モデル1では授業料負担額は性別、出身地、親の教育年数と関連し、家庭所得や親の職業と関連しないことが分かる。在籍する大学と学年を統制すると（モデル2、モ

表3-3　授業料負担額の規定要因

	モデル1	モデル2	モデル3	モデル4
性別	-.074**	-.089**	-.041*	-.019
出身地	.076*	.050+	.062+	.059*
家庭所得	.049	.023	.046	.041
親の教育	.090*	.058	-.001	.013
親の職業	.004	-.017	.038	.038
A大学		.234***	.223***	.242***
B大学		.250***	.263***	.281***
C大学		.023	.024	.028
2002年入学者			.525***	.522***
2001年入学者			.511***	.489***
2000年入学者			.517***	.509***
工学				-.111***
理学				-.123***
経済学				-.075*
法学				-.065*
医学				.003
調整済みR^2	.035	.098	.376	.387
F値	10.394***	18.403***	71.638***	51.834***

*** $P<.001$　** $P<.01$　* $P<.05$　+ $<.10$
注1）独立変数の規定は以下のとおりである。
　性別……男性1、女性0　　出身地……都市部1、農村部0
　親の教育……両親の教育年数の平均値
　親の職業……両親とも、または一方が専門・管理職1、両親とも非専門・管理職0
　大学……D大学を基準とする　　学年……1999年入学者を基準とする。
　専攻……法学と経済学以外の文科系を基準とする。
注2）回帰係数は標準化されている。

デル3)、親の教育との関連が消えるが、性別の影響は依然として見られる。さらに、専攻変数を統制すると、性別による授業料負担額の差がなくなり、出身地の影響が有意になる。

　要するに、授業料負担額を大きく規定するのは学年や大学の所在地で、家庭的背景の影響はないわけではないが、比較的小さいものである。とりわけ家庭所得の影響はまったく見られない。

　さらに大学所在地別に授業料負担額の規定要因を見ると（**表3-4**）、北京市に所在する2大学では授業料負担額は出身地と関連するが、家庭所得とはまったく関連しない。この2大学における出身地による授業料負担額の差は、農村出身の学生が授業料免除を多く受けるためではないかと推測される。

　一方、山東省に所在する2大学では授業料負担額は家庭所得と有意な関連を見せたが、専攻変数を統制することによりこの関連が消えた。つまり、C、D大学の授業料負担額には専攻を媒介とした家庭所得の影響が見られる。前で説明したが、A大学とB大学では専攻間の授業料基準の差が小さく、C大学とD大学ではこの差がやや大きく、人気のある専攻の値上げもある。よっ

表3-4　大学所在地から見る授業料負担額の規定要因

	北京市にある2大学		山東省にある2大学	
	モデル1	モデル2	モデル1	モデル2
性別	-.016	-.034	-.058	-.019
出身地	.075*	.072*	.051	.020
家庭所得	.029	.034	.082*	.056
親の教育	.015	.010	-.041	.001
親の職業	.066	.065	.013	.014
2002年入学者	.532***	.542***	.579***	.605***
2001年入学者	.541***	.559***	.524***	.493***
2000年入学者	.561***	.559***	.523***	.491***
工学		.106		-.331***
理学		.034		-.235***
経済学		.042		-.176**
法学		.023		-.164**
医学		.029		.026
調整済みR^2	.338	.340	.306	.411
F値	44.184***	26.896***	35.874***	34.881***

***P＜.001　**P＜.01　*P＜.05
注）各独立変数の規定は表3-3同様。回帰係数は標準化されている。

て、C大学とD大学における授業料負担額に対する家庭所得の間接的な影響は、授業料基準の専攻間格差によるもので、高所得層出身者ほど高授業料の専攻に多く就学している可能性があると考えられる。

表3-3と同様の分析モデルを用いて、学寮費負担額の規定要因分析を行ったが、負担額は学年、所在省(直轄市)と関連するものの、家庭的背景とはまったく関連しないことが示されている(表略)。

一方、年間日常生活支出は在籍する大学などを統制しても、家庭所得に最も強く規定される(**表3-5**)。また、年間支出総額のほうは大学の所在地にも強く影響されるが、家庭所得はそれに次ぐ大きな規定要因となっている(表3-5)。しかも、両者とも出身地と直接的に関連している。つまり、高所得層出身者ほど、都市部出身者ほど、日常生活支出が多く、年間支出総額も大きい。もちろん家庭所得による年間支出総額の違いは、日常生活支出の所得階層差の影響を大きく受けているはずである。

家庭所得の視点からこれまでの重回帰分析の結果をまとめると、A、B大学では授業料と学寮費の負担額はともに家庭所得に関連しないが、C、D大学では授業料負担額は家庭所得と間接的に関連し、学寮費は家庭所得と関連

表3-5　年間日常生活支出と年間支出総額の規定要因

	年間日常生活支出		年間支出総額	
	モデル1	モデル2	モデル1	モデル2
性別	-.016	-.029	-.034	-.039
出身地	.126***	.089**	.129***	.087***
家庭所得	.394***	.365***	.353***	.328***
親の教育	.077*	.038	.108**	.033
親の職業	.036	.012	.024	.016
A大学		.279***		.369***
B大学		.248***		.328***
C大学		-.050		-.040
2002年入学者		.026		.228***
2001年入学者		-.009		.189***
2000年入学者		.005		.205***
調整済みR^2	.269	.369	.250	.458
F値	94.771***	68.737***	85.661***	98.302***

*** $P<.001$　** $P<.01$　* $P<.05$
注) 独立変数の規定は表3-3同様。回帰係数は標準化されている。

表3-6 学生の日常生活支出と所在地の都市部住民の日常生活支出

(元／年)

大学所在地	比較 所得階層	学生の1人当たり 日常生活支出	所在地の都市部住民の 1人当たり日常生活支出
北京市にある2大学	低所得家庭	4850.5	8724.1
	中所得家庭	6653.7	
	高所得家庭	9292.7	
	平均	7103.2	
山東省にある2大学	低所得家庭	3257.3	6012.1
	中所得家庭	4493.1	
	高所得家庭	6070.6	
	平均	4461.2	

注1) 所在地都市部住民の支出は年間消費支出から住居、家庭耐久消費財の支出を引いたもので、主に洋服代、食費、交通費、医療費、娯楽消費などを含む。いずれも2002年度のデータであるが、山東省の場合、所在地2都市の数値が近いため、平均値を用いた。
注2) 所得層の区分は第2章の家庭所得による三階層の区分と同じである。

しない。また、日常生活支出およびその影響を受ける年間支出総額はいずれも家庭所得に強く規定され、出身地との正の関連も明らかである。

さらに、学生の日常生活の消費レベルを明らかにするため、大学所在地の都市部住民の日常生活の支出と比較してみた（**表3-6**）。都市部住民の日常消費支出から住宅、家庭耐久財の消費支出を引いたため、ある程度比較が可能だと考えられる。表3-6からどの所在地においても、高所得層出身者の年間日常生活支出は比較的大きいが、学生1人当たりの年間日常生活支出は所在地の都市部住民のそれを大きく下回っていることが分かる。また、低所得層出身者の日常生活支出は学生の平均値をさらに大きく下回っている。

大雑把な比較にとどまるが、高所得層出身者の日常支出は大きいにもかかわらず、中低所得層出身者の日常生活は過度な消費が見られるどころか、相当切り詰められていることがうかがえる。特に低所得層出身者の日常生活支出は所在地の都市部住民の平均支出の55％前後しかないほど、きわめて低いレベルにある。

3. 家計の圧迫度

第2章の考察の部分で触れたが、学生の教育費調達は多岐にわたるもので、

低所得層出身者ほど、教育費の調達を家庭外部の親戚、知り合い、地元の政府や企業、学生援助、および就労所得に依存する度合いが大きい（表2-11）。それにもかかわらず、学生の私的教育支出は主として親により負担されている。所得階層別の家計負担のあり方はいかなるものであろうか。本項では以下の式を用いて、年間授業料負担額と年間支出総額が各所得階層の家計を圧迫する度合いの分析を試みた。

① 授業料の家計圧迫度＝年間授業料負担額／家庭年収×100％
② 支出総額の家計圧迫度＝（年間授業料負担額＋年間学寮費＋年間日常生活支出）／家庭年収×100％

　上の計算式はいくつかの仮定を前提としている。つまり、上の計算式には家庭年収のすべてが学生の大学教育支出に使用されること、貯蓄を利用しないこと、大学在学中の子どもが1人だけであること、両親の収入のみで外部からの援助を受けないこと、学生のアルバイト収入もないこと、を仮定している。実際には調査対象者のうち一人っ子は7割のみであり、家庭年収のすべてが該当学生の教育支出に回されることはありえず、さらに多くの家庭は子どもの大学教育のために長年の貯蓄をくずしている。さらに、事実上家庭または学生はさまざまな援助を受けていて、一部の学生はアルバイトにも従事している。しかし、厳密に基準を作成することは不可能であり、大まかに把握するしかない。この指標による考察もある程度の意義があると思われる。
　計算式の①と②により算出した所得階層別家計圧迫度を見ると（表3-7）、授業料負担額の家計圧迫度は平均で17.4％であるが、低所得層のそれは115.3％と大きい。また、年間支出総額の家計圧迫度は平均で45.1％であるのに対して、低所得層のそれは258.4％にのぼる。中所得層の私的教育費負担額による家計圧迫度も57.8％に達する。
　家庭収入について低く回答するバイアスがあると前章で指摘したとはいえ、中所得層の家計でさえ大学教育費に大きく圧迫されていることがうかがえる。ましてや低所得層は大学教育費をまったく捻出できない状態であろう。さらに、授業料と学寮費負担の低い1999年入学者を除けば、他の学年の家

表3-7　所得階層別の家計圧迫度

所得階層	授業料負担額の家計圧迫度	年間支出総額の家計圧迫度
低所得家庭	115.3%	258.4%
中所得家庭	18.4%	57.8%
高所得家庭	5.6%	23.2%
平　均	17.4%	45.1%

計圧迫度はいっそう大きくなるに違いない。

　学生はさまざまな援助を受けていて、そのなかの多くもアルバイト収入をもつため、上記の仮説上の家計圧迫度は実際より大きいはずである。しかし、調査対象者の約15％をも占める低所得層出身者は、知り合いや地元政府の援助、大学経由の援助、さらに就労活動などを同時に多項目を利用できなければ、学業を続けることは不可能に近いだろう。

　当然であるが、低所得層の親の仕送りは多くの場合、子どもの切り詰めた日常生活支出に満たないものである。また、二つの家計圧迫度を従属変数とする規定要因分析でも、家庭所得は顕著な負の影響（$P<.001$）を見せた（表略）。

　本調査のなかでは扱わなかったが、ほとんどの国公立大学では入学後の授業料、学寮費滞納問題が起きている。山東省済南市に所在する一部の大学での調査によると、各大学の授業料の滞納率は2～10％である。貴州省や河南省では授業料滞納率が30％に達する大学もある。低所得層家庭の家計負担は限界に達しているため、大学側はそれを理由にして退学をさせることが事実上できない。加えて故意による授業料滞納も続出し、滞納率が膨らんでしまう。つまり、家計の重い負担は何らかの形で大学財政にも反映している。

4. 授業料徴収に対する学生の態度

　本調査では現在の授業料徴収に対する学生の態度もうかがった。「満足」12.7％、「やや満足」50.8％、「やや不満」27.0％、「不満」9.5％となっている。つまり、63.5％の学生が肯定的な態度をもつが、何らかの不満をもつ学生も36.5％いる。

表3-8　授業料徴収満足度の規定要因分析1

変数	係数
授業料負担額	−.196***
性別	.034
出身地	.028
家庭所得	.170***
親の教育	.028
親の職業	.042
A大学	.107**
B大学	.254***
C大学	.041
2002年入学者	.077*
2001年入学者	.088*
2000年入学者	−.061
調整済みR2	.371
F値	16.879***

***P＜.001　**P＜.01　*P＜.05
従属変数:「満足」4、「やや満足」3、「やや不満」2、「不満」1というように学生の満足度にスコアをつけた。
独立変数:授業料負担額以外の変数の規定は表3-3同様。

　どのような学生の満足度が高いか。授業料徴収に対する満足度は授業料負担額や家庭的背景と関連するか。授業料負担額に見られた地域差、学年差と関わりがあるのか。それらを明らかにするために、授業料徴収に対する満足度の規定要因分析を行う。従属変数は現在の授業料徴収に対する満足度スコア、独立変数は授業料負担額、性別、家庭的要因および在籍する大学、学年である。**表3-8**はその分析結果である。

　表3-8から以下の結果が読み取れる。①授業料の負担額が高い者ほど、満足度が低い。②家庭所得が高い者ほど満足度が高い。③北京市に所在する2大学の学生の満足度が相対的に高い。④2001年と2002年に入学した学生の満足度がやや高い。しかし、一見して分析結果の①と③、④との間に矛盾点があるように見える。つまり、授業料基準の比較的高い北京市にある2大学の学生の満足度が高いという結果③も、授業料基準の比較的高い2001年と2002年の入学者の満足度が高いという結果④も、授業料負担額が高いほど、学生の満足度が低いという結果①と矛盾するように見える。この点に関しては、授業料徴収に対する学生の満足度は同じ所在地の他大学の授業料負担額や同じ知名度の他大学の授業料負担額などに影響される可能性[5]が結果の③につながり、連年値上げされた授業料の2001、2002年の据え置きが結果の④につながるのではないかと推測される。

　授業料徴収満足度に対する家庭的背景の影響をより詳しく見るために、さらに大学所在地別および学年別に授業料徴収満足度の規定要因分析を行った。独立変数と従属変数の基準は表3-8同様であるが、従属変数を選択的に

表3-9　授業料徴収満足度の規定要因分析2

	北京市にある2大学	山東省にある2大学
授業料負担額	-.136***	-.243***
性別	.083*	-.022
出身地	-.015	.056
家庭所得	.159***	.210***
親の教育	.068	-.041
親の職業	.045	.047
2002年入学者	.010	.148**
2001年入学者	-.001	.175**
2000年入学者	-.175**	.057
調整済みR²	.341	.341
F値	9.380***	7.332***

***P＜.001　**P＜.01　*P＜.05

設定した。

　大学所在地別の授業料徴収満足度の規定要因分析の結果（**表3-9**）では、所在地を問わず、表3-8の分析結果の①と②がいずれも裏づけられている。しかし、満足度の学年差は所在地による違いが見られる。つまり、山東省にある2大学では2001と2002年入学者の満足度は相対的に高く、表3-8の結果④と一致するが、北京市にある2大学では、2001と2002年入学者の満足度が特別に高いというより、2000年入学者の満足度が顕著に低い[6]。

表3-10　授業料徴収満足度の規定要因分析3

	1999と2000年入学者	2001と2002年入学者
授業料負担額	-.281***	-.135**
性別	.046	.013
出身地	-.003	.064
家庭所得	.157***	.176***
親の教育	.040	.013
親の職業	.063	.027
A大学	.155**	.066*
B大学	.263***	.256***
C大学	.054	.022
調整済みR²	.408	.332
F値	14.254***	8.479***

***P＜.001　**P＜.01　*P＜.05

上の2学年と下の2学年別の授業料徴収満足度の分析結果は**表3-10**のとおりである。学年を問わず、表3-8の分析結果の①、②、③がいずれも裏づけられている。

さらに、学年別に授業料徴収満足度の重回帰分析を行ったところ、1999、2001と2002年の入学者に関して、表3-8の分析結果の①、②、③は裏付けられているが、2000年入学者のみ家庭所得と関係なく、授業料負担額が高いほど満足度が低いことが分かった（表略）。つまり、2000年入学者の満足度が低いという結果は、学生の家庭的背景とかかわらずに存在するものであるといえる。2000年の大幅な値上げは該当学年の学生の不満を幅広く招いたと推測される。

第6節 結 び

1. 分析結果のまとめと予測の検討

大学教育費の私的負担のあり方、各種の支出額と家庭的背景との関連、所得階層別の家計圧迫度、および学生の授業料徴収に対する満足度と家庭的背景との関連に関する事例分析の結果は以下のようにまとめることができる。

第一に、平均値からいうと、北京市に所在する2大学の学生の私的教育費負担は、授業料、学寮費、日常生活支出を問わず、いずれも山東省に所在する2大学の学生のそれより大きい。2000年の値上げの幅も北京市にある2大学のほうが大きかった。

第二に、学生の年間支出総額の最も大きな部分は日常生活支出で、その次は授業料である。学寮費の占める比率は非常に小さい。国公立大学のほぼ全寮制の実施と低額の学寮費負担は学生の教育費負担を低く抑える役割を果たしているといえる。

第三に、北京市に所在する2大学では授業料負担は家庭所得とまったく関連しないが、山東省に所在する2大学では授業料の負担額は家庭所得と間接的に有意な正の相関を見せる。この結果は大学内部の専攻間の授業料基準の格差に疑問をもたせる。一方、学寮費の負担額は予測したとおり、家庭所得とはまったく関連しない。日常生活支出が家庭所得や出身地と顕著に関わる

という結果は、先行研究の結果や筆者の予測と一致する。年間支出総額も日常生活支出に影響され、家庭所得や出身地などの家庭的背景と密接に関わっている。また、中低所得層出身者の日常生活には過度な消費が見られなかった。低所得層出身者の日常生活には相当な切りつめがあることが、大学所在地の住民の日常消費支出との比較から推測できる。

第四に、授業料負担額や年間支出総額の家計圧迫度からいうと、低所得層出身者は多様な援助および就労所得を利用しなければ、学業を続けることはほぼ不可能であることが分かった。中所得層の家計もかなり圧迫されている。

第五に、授業料徴収額に対する満足度は大学所在地や学年の影響を大きく受ける一方、授業料負担額が高い者ほど満足度が低く、家庭所得が高い者ほど満足度が高い。逆にいうと、家庭所得が低い者ほど授業料に対する不満が大きい。

2. 私的負担の視点から見た授業料の価格決定と学寮の役割

1996年の費用徴収暫定規定および2000年の費用徴収に関する通達には、いずれも授業料などの費用徴収は家計の負担能力を配慮すべきであるとの内容があった。しかし、これは大学所在地住民の家計負担力を示しているのか、もしそうならどの所得層の家計負担力であるか、はっきりした解釈がされていない。結局、教育部がまず授業料徴収額の養成コストに占めるパーセンテージおよび各年度の指導方針を定め、次に大学所在省（直轄市、自治区）の各物価局が当地の授業料基準範囲を公布することになっている。そのため、結果的に大学所在地の経済レベルまたは物価要素は授業料決定の決め手となっている。1997年以降のA、B大学とC、D大学の授業料の差の拡大もそれが原因だと考えられる。

ほとんど所在省内で学生を募集する公立大学の場合、物価局の公布価格は一部の層の住民の家計負担力に対しては配慮をかけたかもしれないが、全国から学生を募集する大学では、「属地原則」の授業料決定は必ずしも学生の家計負担には十分な配慮をかけているとは限らない。授業料の価格決定に大学所在地の重みが大きくなったことと授業料高騰の相乗効果で、北京市や上

海市のような経済的発展度の高い都市に所在する大学の学生の私的教育支出はいっそう高くなっている。

　本調査の北京市に所在する2大学の学生の階層的分布にはわずかな変化しかなかったが（第2章参照）、これはこの2大学の学生援助などと関わるのではないかと推測される。北京市に所在する一部の大学では、低所得層出身者の在学率が低下しているとの調査結果も見られる（陳 1998、王 1999）。教育費負担からいうと、地方の中低所得層出身者の家計にとって、北京市や上海市のような大都市に所在し、授業料、学寮費および日常生活支出のいずれもが高い大学への進学は、相当な負担になるに違いない。そのため、北京市や上海市のような大都市には多くの大学が集中しているにもかかわらず、中低所得層は経済的理由で地方の大学を選ぶ、そう選ばざるを得ない可能性が懸念される。

　また、現行の授業料決定基準は公立大学の行政省間の学生交換募集にも支障をもたらしている。授業料負担の低い省の一部の大学では、授業料負担の高い省との学生交換募集は本省の家計と財政に損失を与えるとし、他省出身者に高い授業料を徴収するような抵抗策を打ち出している[7]。

　これらの問題点を踏まえ、授業料の価格決定には、大学所在地をメイン要素にするだけではなく、学生の階層的分布や家計負担力への配慮を加える必要もあると思われる。過去のイギリスのように、学生の経済状況に応じた授業料負担額の徴収は合理的であろうが[8]、家庭所得の不透明さがあるため、中国では制度としての実施は難しいかもしれない。しかし、各大学で学生の家庭経済力と実際の養成コストをおおむね把握し、授業料の適正価格の基準の検討および基準を公開することは可能であろう。

　授業料滞納の拡大を防ぐためにも、現在の授業料基準がどうやって決まったのか、授業料免除の基準は何であるか、などに関して行政や大学側による十分な説明が必要とされる。こうして授業料の価格決定のプロセスなどを明らかにし、十分な経済力を有する家庭は授業料を負担しなければならないと厳しく規定する必要がある。一方、余裕のない低所得層家庭に対して授業料免除の幅をいっそう拡大する必要もある。授業料の正常な徴収と財政援助に

よる低所得層の教育機会の確保をいかに並行にして推進していくかが重要な政策的課題である。また、本調査の分析結果では、大学内部の授業料基準の専攻間格差の見直しの必要性も浮上してきたといえる。

　学寮はその提供や管理に問題が多く、国公立大学の内部改革課題の一環となっているが、学寮の低額提供は学生の私的教育支出を抑え、特に中低所得層の教育機会の確保に役割を果たすと推測される。そのため、授業料は比較的高く設定することができたかもしれない。しかし、問題は家庭所得制限なしの全寮制にある。家計負担力の特別に高い層には、学寮を提供しなくてもかまわないだろう。学寮を利用しながら、学校外でアパートを借りる学生も珍しい存在ではない。したがって、形式上の全寮制にこだわらず、学寮を学生援助の一環として機能させる必要があると思われる。そうすると、中低所得層の教育機会の確保という学寮の役割を保つことができると同時に、大学側は学寮の新設に追われず、財政支出を減らすこともできる。機会拡大だからといって、学寮をどんどん新設するのではなく、中低所得層の負担軽減、機会確保のためというように、学寮の提供目的を修正すれば、現在ある寮のみでも十分に効果を果たすことができると推測される。

〈注〉
1　学生の日常生活支出は主に食費、洋服代、交通費、本代、文房具代、通信費、医療費、娯楽支出などを指す。住居費の支出は含まれていない。
2　この調査は1999年12月に実施された。対象大学は北京市に所在する普通の本科・専科大学、高等職業大学および民営大学の計17大学である。質問紙配布数は4000で、有効回収数は3721であった。有効回答の内訳は、普通本科893、普通専科947、高等職業大学923、民営大学958である。
3　唐が利用したデータは2000年の末から2001年の初めにかけて全国の25国公立大学から収集されている。サンプル数は1670である。そのうち、総合大学541人、理工系中心の大学505人、師範系325人、文科系152人、農学医学系147人である。
4　本調査が尋ねた「大学進学選択の際に最も重視した項目」の回答の分布は以下のようである。「大学の知名度」38.0％、「興味のある専攻があるかどうか」25.7％、「自分の成績」21.9％、「家族の意見」5.5％、「人気のある専攻であるかどうか」3.2％、「大学所在地の経済的発展度」2.8％、「授業料負担」2.0％、「親の住居地から遠く離れるかどうか」0.9％。

5 A、B大学は北京市に所在する他の国公立大学と比べ、知名度が高いわりには授業料がやや安いほうである。一方、山東省に所在するC、D大学は同省内の他の公立大学と比べ、知名度も授業料負担も比較的高い。

6 北京市にある2大学の2000年入学者の満足度が最も低い原因は、同学年の授業料の約50％値上げにあると推測される。山東省にある2大学の2000年入学者の満足度もやや低いが、北京市の2大学ほど顕著ではない。

7 たとえば、授業料負担の低い貴州省の一部の大学では、省外出身者から省内出身者より50％も高い金額の授業料を徴収しはじめた。

8 小林ほか（前掲）によると、イギリスの国公立大学では保護者所得によって、授業料負担額に差を設けている。2001年では、実際に授業料を払わなければならない学生は約半数程度と見込まれている。ただし、その後、イギリスの授業料徴収制度は大きく変化している。

第4章　学生援助受給の実態と階層的配分の状況

はじめに

　教育費の私的負担増が家計に及ぼす影響は家庭所得によって異なるが、援助に対する需要も学生の家庭所得によって異なる。一方、高等教育機会均等の要請から見ると、授業料の値上げと同時に、中低所得層出身者への直接的な援助を拡充する必要がある。

　第2章では、低所得層、農村家庭の在学率は低下していないという分析結果に対して、学生援助の効果を原因の一つとして挙げたが、基礎分析にとどまっている。本章では学生援助受給の実態、とりわけその階層的配分の状況を詳細に分析した上で、援助に対する学生の満足度を参考にし、学生援助の効果や現行援助制度の問題点を指摘する。

　本章の構成は次のとおりである。第1節は学生援助の枠組みや目的を整理し、各国における学生援助の変容を概観する。第2節は中国普通国公立大学における学生援助の概要を述べる。続く第3節は学生援助に関する実証研究をレビューし、本章の仮説を提示する。第4節は対象大学における学生援助の規定を説明する。第5節は質問紙調査のデータを用いて、学生援助受給のあり方およびその階層的配分を分析し、仮説の検討をした後、学生の援助に対する満足度を分析する。最後に知見をまとめ、学生援助の効果や問題点を考察する。

第1節　学生援助の枠組みと各国における学生援助の変容

1. 学生援助の枠組みおよび目的など

　学生援助は狭義に捉えれば、財政または大学を通じた学生に対する直接的

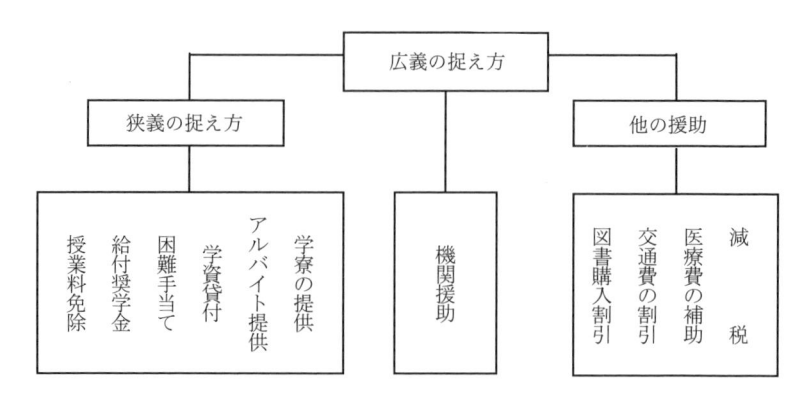

```
                    ┌─────────────┐
                    │ 広義の捉え方 │
                    └──────┬──────┘
           ┌───────────────┼───────────────┐
    ┌──────┴──────┐                  ┌─────┴─────┐
    │ 狭義の捉え方 │                  │  他の援助  │
    └──────┬──────┘                  └─────┬─────┘
```

図4-1　学生援助の捉え方

（狭義の捉え方：授業料免除／給付奨学金／困難手当／学資貸付／アルバイト提供／学寮の提供）
（機関援助）
（他の援助：図書購入割引／交通費の割引／医療費の補助／減税）

な援助といえる。たとえば、授業料免除、給付奨学金[1]、困難手当、学資貸付または教育ローン、学寮の提供などがそれである。本章の実証的分析ではこのように学生援助を狭義に捉える。しかし、広義に考えると、高等教育機関への財政投入も事実上学生の負担を軽減していて、一種の間接的な援助となる。さらに、図書購入、交通費、通信費などの学割、医療費の補助、親に対する減税など、学生またはその家庭の日常生活に対するさまざまな優遇制度も存在している（**図4-1**）。

　援助の財源提供からいうと、政府、大学教育機関、各種の社会団体および個人が挙げられる。大雑把には公財政と民間に分けることができるが、公財政と民間が共同して提供する場合もある。援助のルートは大学経由と非大学経由に区別することができる。

　また支給対象からいうと、ほぼ全員を対象とする援助と一部の者のみを対象とする援助がある。支給の基準や目的は多様であり、返済義務の有無も非常に重要な点である。

　すべての在学者を対象とする援助の目的は、すべての学生およびその家庭の経済的負担を軽減することであろうが、多くの場合、一部の学生を対象としている。その目的はどのような学生に援助を提供するかの基準とつながる。「大きく分ければ、経済的必要性に応じるニードベースと学生のなんらかの特性によるメリットベースがある。ニードベースは、教育の機会均等を実現

するために伝統的に用いられてきた基準であり、家計所得が一般的であるが、それ以外に資産や負債なども含められることがある。メリットベースでは、学業成績が最も一般的に用いられる基準であるが、それ以外にも、スポーツや芸術などがあげられる」(小林ほか 2002、7頁)。ニードベースは「奨学」、メリットベースは「育英」とほぼ対応している。ほかに、女子、障害者、マイノリティなど特定の学生を対象とする援助もある。

　学生援助に関して、量の充実だけではなく、ニードベース(奨学)とメリットベース(育英)の量的配分、返済義務の有無および援助方式による社会的効果の違いなどが常に問題とされている。無論階層の視点からの学生援助全体および各援助方式の受給実態に対して検証することも、学生援助制度ないし援助効果の評価において非常に重要な課題である。

　ほかに、学生援助と授業料徴収を政策的に組み合わせることによって、取れるところから取り、取れない者に回すことができるというロビンフッド的再配分[2]の主張が見られる (小林ほか 前掲)。

2. 各国における学生援助の変容

　学生援助を論じる場合、常に学納金または授業料との関連に配慮する必要がある。小林(2002)によれば、授業料と奨学金の組み合わせは四つのタイプに設定することができる(表4-1)。タイプⅠは低授業料／低奨学金で、国公立大学中心のヨーロッパではこのシステムをとってきた。日本の国公立大学やアメリカの公立大学もこの類型に分類されている。このタイプでは公財政の投入が大きく、授業料負担が低いため奨学制度はあまり発達していない。タイプⅡは低授業料／高奨学金で、授業料負担が低いだけではなく、生活費

表4-1　授業料と奨学金政策の4タイプ

4つのタイプ	授業料	奨学金	事例国
タイプⅠ	低	低	かつてのヨーロッパ国や日本の国公立大学
タイプⅡ	低	高	かつてのイギリス、スウェーデン、中国および現在のアフリカ諸国
タイプⅢ	高	低	日本や韓国の私立大学
タイプⅣ	高	高	アメリカの多くの私立大学

注) 小林 (2002) の図1による整理。

などの私的教育支出も奨学金によりカバーされている。かつてのイギリス、スウェーデンおよび中国の高等教育はこのタイプに当てはまる。タイプⅢは高授業料／低奨学金で、最も私的負担の大きいシステムである。日本や韓国の私立大学はこのタイプに分類できる。タイプⅣはアメリカの一部の私立大学で発展してきた高授業料／高奨学金システムであるが、最近では一部の公立大学にも導入されている。

　多くの国では、授業料徴収の開始または値上げに伴い、学生援助は大きく変容している。たとえば、アメリカでは、大学教育の機会を均等化するために連邦政府が関与することをはじめて表明したのは1965年の高等教育法である。この法では、高等教育への公的助成は、高等教育機関への直接援助ではなく、学生への直接援助方式を採用した。また、教育機会均等の要請から、伝統的には連邦学生援助は経済的必要度に応じたニードベースの奨学金が根幹をなしてきた。しかし、1980年代以降の授業料上昇を伴ってアメリカの大学では、とりわけ私立4年制大学では、高授業料／高奨学金の戦略が展開され、着実に広がっている。この高授業料／高奨学金の戦略における奨学金は、学生の経済的必要に応じたニードベース奨学金ではなく、学生の特性に応じたメリットベース奨学金である場合が多いため、学生獲得のための手段へと変化しているとの批判がある[3]（小林ほか　前掲）。メリットベース奨学金の増加は低所得層にとって不利で、教育機会の均等に大きな影響を与えるといわれている。

　私学の割合が大きく、1970年代の半ば以降授業料の値上げを繰り返した日本では、最大の支援機関の日本育英会も2004年に日本学生支援機構に改組された。文部省が1999年にまとめた「育英奨学事業に関する実態調査」によると、日本育英会が支給する金額が総額の84.7％に当たり、学校独自の奨学金はわずかである。日本私立大学協会附置の私学高等教育研究所が2002年12月に発表した「学費・奨学金に対する現状認識と展望」を見ても、学内の奨学金や関連団体の奨学金制度をまったくもっていないという私立大学が4校に1校もあった。1999年に日本育英会の第二種奨学金（有利子）が「きぼう21プラン」に衣替えし、選考基準が大幅に緩和され、採用数、支給

金額ともに拡大したため、貸与については大部分を日本育英会に任せ、自分のところでは給付型の奨学金を整備しようという大学も少なくない（米澤ほか 2005）。しかし、実際の受給分析を行った小林ら（前掲）によると、国公私立を問わず、日本の大学は高授業料／低奨学金のシステムであり、学生援助制度はあまり充実していないという。

　イギリスでは、保護者所得によって授業料の負担額に差が設けられていると同時に、生活費に関しても給付奨学金とローンでほとんどカバーされている。近年、学生援助は給付奨学金からローンへの移行が見られる。給付奨学金は1998年に一旦廃止されたが、その後また創設された[4]。

　中国では、1952年の大学再編成により、私立大学が消滅し、すべての大学で授業料・雑費・学寮費の全額免除及び生活費として全員への「人民助学金」支給が実施されるようになった（大塚 1996）。1960、70年代には「人民助学金」の支給基準に若干変化があったものの、大きな変化はなかった。従来の学生援助制度を根本から変化させたのは1983年の改革である。同年に、教育部と財政部が「人民助学金」改革試案を打ち出し、「人民助学金」の支給割合、給付額を減らし、新たに「人民奨学金」[5]を設立した。その後、わずか10数年の間に、国公立大学の学生援助は大きく変貌してきた（張 1999）。低負担の学寮や医療費補助はいまだにほぼ全員に提供されているが、数多くの援助は一部の特性のある学生のみを支給対象としている。

　また、1990年以降の授業料値上げの繰り返しにより、中国国公立大学の授業料負担は「低授業料」から「高授業料」へ移行してきたといえる。しかし、学生援助は「高援助」であるか、「低援助」であるかに関して、まだ定説がない。現在、学生援助の需要に関する研究も、受給実態に関する検証・評価研究も大きく注目されている。

第2節　中国普通国公立大学における学生援助の概要

　現在、中国の普通国公立大学において、大学経由[6]で学生に提供される援助は主に各種の給付奨学金、授業料免除、生活困難な学生を援助する特別手当、学資貸付、学校提供のアルバイト、食料費補助、医療費補助、低負担の

学寮などがある。ほぼ全員を対象とする学寮の提供は前章で分析したため、本章では省略する。また食料費補助や医療費補助などは、状況が複雑で、関連データも欠けているため、ここでは考察対象としない。

1983年に設立された奨学金は20年間にかけて種類が増やされ、主として「優秀学生奨学金」[7]、「専攻奨学金」[8]、「定向奨学金」[9]があるが、中央政府[10]、地方政府、民間団体、個人が設立した奨学金も多くある。本章ではこのような多様で、返済義務のない奨学金を給付奨学金と名づける。給付奨学金の選考には学業成績が非常に重要な条件とされ、「優秀学生奨学金」はそのメインである。ただし、国家奨学金、社会団体および個人により提供される奨学金の多くには学生の家庭経済事情への配慮も同時に見られる。援助の質からいうと、給付奨学金は基本的には「育英」を目的とする。そのなかの一部は「育英兼奨学」、「育英兼需要」を目的とする。

1995年に制定された授業料免除制度規定では、経済的に困難な孤児、障害者、少数民族子女、単親家族の子女、および両親がともに失業した学生の授業料が優先的に免除される。全額免除、半額免除とその他の免除の区別がある。また、数はごく少ないが、特別優秀な学生を対象とした授業料免除もある。生活困難な学生を援助する特別手当は従来からある。「助学金」、一時困難手当、一時生活手当など名目がさまざまで、定期援助と一時援助の区別もある。本研究ではこれらを合わせて特別困難手当と名づける。1986年から1987年にかけて制度化された学資貸付も経済的に困難な学生に提供される援助で、一部には政府による利子補給がある[11]。ただし、授業料免除、特別困難手当および学資貸付といったニード的援助の申込者は非常に多いため、選考に成績を問われることもある。この三つのニード的援助の目的は「奨学」といえる。

大学が本科・専科学生に提供できるアルバイトの数は非常に限られている（段 2003）ため、本章では学校提供のアルバイトの機会については独自の考察項目とせず[12]、上述した給付奨学金、授業料免除、特別困難手当および学資貸付の分析に焦点を当てる。ただし、多変量解析の部分ではアルバイトするかどうかを独立変数に取り入れ、アルバイト従事と援助受給との関連につ

第4章 学生援助受給の実態と階層的配分の状況 121

```
                グラント
                  │
                  │
   給付奨学金      │      特別困難手当
            授業料免除
                  │
  メリット ───────┼─────── ニード
                  │
                  │学資貸付
                  │
                  │
                ローン
```

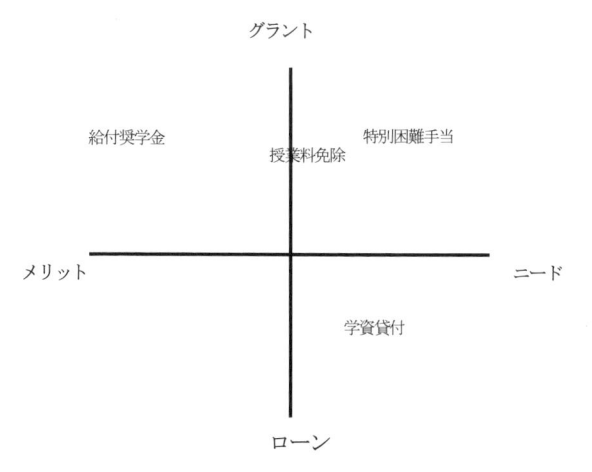

図4-2 4項目の学生援助の属性

いて分析を試みる。

考察対象とする4項目の学生援助の属性については、**図4-2**のように示すことができる。

また、教育部の規定では、授業料免除と特別困難手当の受給率および受給額は各省（直轄市、自治区）または大学が定める。給付奨学金と学資貸付に関しては、一応の基準があるものの[13]、受給率と受給額の学内自主調整が可能である。

第3節 先行研究のレビューと本章の仮説

学生援助の受給と効果に関する実証研究はアメリカや日本などの国では多くなされているが、結論は必ずしも一致していない。Hansen(1983)、Kane(1994)の研究では、学生援助の充実は低所得層の進学率にあまり影響を及ぼさないという。しかし、Jackson (1988)、St. John & Noell (1989)の分析によると、どの方式の学生援助も進学率の上昇に寄与し、同時に2種類以上の援助を提供すると、より効果的であるという。また、McPherson & Schapiro (1991)の分析によると、学生援助を100ドル増やすことは、授業料を100ドル下げることとほぼ同じ効果をもち、白人学生の進学率を0.7％上昇させる可能性があるという。Kane (1995)はHSBの分析から、ニードベースの給付奨学金を多

く支出する州ほど高等教育進学率が高いこと、低所得層ほど、授業料とニードベース奨学金の影響が大きいことなどを見出している。一方、Oberg (1997)の分析は奨学金のタイプによって効果が異なることを示している。

日本では、銭(1989)が学生生活調査や家計調査などの集計データを用いて、中所得層の進学機会に奨学金が影響しているとの分析結果を出した。また、小林(1994)は高校生将来調査と学生生活調査の個票データを用いて、奨学金受給の決定要因と受給確率をロジット分析で推計し、奨学金の受給は、所得と学業成績の両方を基準にして決定されているという結果を得ている。さらに奨学金の使い道に関して、小林(2002)は学生生活調査のデータを用いて、奨学金受給者は娯楽嗜好費が少なく、修学費や課外活動費が高い場合もあるので、奨学金は娯楽に使われていないと結論づけている。一方、伊藤と鈴木(2003)は、奨学金の受給者は、書籍購入費への支出は少なく、食費、日常費、電話代、海外旅行へ支出しているという分析結果を出している。

中国における学生援助に関する主な研究結果は以下のように挙げられる。農村出身の学生は学業成績により選考される奨学金の受給において不利な立場にある（張 前掲、397頁）[14]、各援助方式の占める割合や投入額が合理的ではない（張 前掲、396頁）[15]、所得階層別の給付奨学金の平均受給額には統計的に有意な差がない、低所得層出身者は学資貸付を利用する意欲が比較的高く、特別困難手当の平均受給額がやや高い（王 1999、20頁、28-30頁）[16]、家庭所得は学生の給付奨学金受給額、公共資源利用額とは統計的に有意な関連をもたないが、特別困難手当とは顕著な関連をもつ（陸・鐘 2002、225-231頁）[17]、男子より女子、都市出身者より農村出身者、高所得層出身者より低所得層出身者、親の教育レベルの高い者より親の教育レベルの低い者が、より多くの学生援助を利用している（段 前掲、49-50頁）[18]。

また、先行研究において議論の焦点となっているのは主に2点である。一つは無償援助の部分が大きすぎる、学資貸付を拡大すべきだという現行援助パターンに対する批判である（張、段）。もう一つは、低所得層や農村出身者が給付奨学金の受給において、不利な立場にあるかどうかという点である（張、王、陸・鐘、段）。前者について、学資貸付制度の改良、貸付利用者と利

用額の増大が近年注目されている。一方、後者のメリット的な給付奨学金の階層的分布の実態は必ずしも明らかになっていない。調査対象によって結論が異なる可能性もあるとはいえ、先行研究の多くは、給付奨学金受給者のみを分析対象とし、階層変数を単純に指定した受給率の比較（たとえば、張は父職により学生を都市出身者と農村出身者に分けた）または平均受給額の比較（王、陸・鐘）にとどまり、性別、家庭的背景および大学関連要素を取り入れた多変量解析を用いて、奨学金の受給の有無および受給額の規定要因分析を行っていないためだと考えられる。とりわけ受給の有無の規定要因分析はきわめて重要な意味をもつと思われる。また、学生援助全体および授業料免除、特別困難手当、学資貸付それぞれの階層的配分に関する数量的分析も乏しく、分析手法に同様の問題点が見られる。

　上述した先行研究の知見と4対象大学における教育機会の社会的分布の若干の変化を踏まえ、筆者は対象大学における学生援助の階層的配分にかかわる以下三つの仮説を提示する。①総合的（四方式総合）に見ると、学生援助の受給は家庭所得、出身地と関連する。農村、低所得層出身者はより多くの援助を受給している。この仮説の検証は四方式総合の受給有無と受給額の規定要因分析[19]を通じて行う。②一部の給付奨学金の選考に家庭所得への配慮は見られるが、総じて学業成績と緊密にリンクする給付奨学金の受給は家庭的背景と何らかの関わりをもつ。その理由は一般的に階層の隠れた規定力により、家庭の文化資本や経済力の違いは学業成績の違いを生み出すことにある。給付奨学金の受給有無と受給額の規定要因分析を通じてこの仮説を検証する。③優れた学業成績により、授業料を免除される特別なケースはあるものの、授業料免除、特別困難手当および学資貸付といったニード的援助の受給はいずれも家庭所得と関連する可能性が高い。この仮説の検証はこれらの援助の受給の有無と受給額の規定要因分析を通じて行う。

第4節　対象大学における学生援助の規定

　4対象大学の学生援助規定にはそれぞれ特徴が見られる（表4-2）。
　社会団体や個人により給付奨学金が多く提供される上位校のA大学、B大

表4-2　対象大学における学生援助規定の概要

A大学	大学、政府、社会団体および個人が設立した奨学金は約100種類あり、新入生奨学金もある。授業料免除は全額免除と半額免除があり、2000年以降の入学者に対して1年生だけ免除申請が可能。「臨時困難補助」、「助学金」および「西部開発助学工程」は本研究の特別困難手当にあたる。学資貸付は大学の「学生ローン」、「国家助学ローン」と「一般商業性助学ローン」がある。
B大学	大学、政府、社会団体および個人が設立した奨学金は約100種類あり、新入生奨学金もある。特別に指定された専攻の奨学金受給率が高い（「定向奨学金」）。授業料免除は全額免除と半額免除あり、1年次だけ免除申請が可能。1、2年生向けの「助学金」と全学年向けの「臨時困難補助」、「特別生活補助費」は本研究の特別困難手当にあたる。学資貸付は大学の「学生ローン」、「国家助学ローン」と「一般商業性助学ローン」がある。
C大学	大学、政府、社会団体および個人が設立した奨学金は数十種類あり、新入生奨学金もある。授業料免除は全額免除と一部免除があり、免除申請に学年の制限がない。「臨時困難補助」と「助学金」は本研究の特別困難手当にあたる。学資貸付は大学の「学生ローン」、「国家助学ローン」と「一般商業性助学ローン」がある。
D大学	大学、政府、社会団体および個人が設立した奨学金は数十種類、新入生奨学金もある。に指定された理工系専攻の3、4年生全員に奨学金提供（「専攻奨学金」）。授業料免除は全額免除と一部免除があり、免除申請に学年の制限がない。「臨時困難補助」と「助学金」は本研究の特別困難手当にあたる。学資貸付は「学生ローン」、「国家助学ローン」と「一般商業性助学ローン」がある。

出典）各大学のホームページと関係書類による。

学はC大学、D大学と比べ給付奨学金の種類が多い。B大学では給付奨学金受給率の高い専攻（「定向奨学金」の受給）があり、D大学では3、4年生全員に奨学金が支給される専攻（「専攻奨学金」の受給）がある。4大学のいずれも入学成績が格別に優秀な新入生向けの給付奨学金を設けているが、受給者は少人数に限られている。

またA大学とB大学では授業料免除に学年の制限があるのに対して、C大学とD大学では学年の制限がない。低い比率であるが、どの大学においても中央政府が提供する国家奨学金の受給者がいる。彼らは奨学金を受給すると同時に、授業料の全額が免除されるため、結果としてどの大学のどの学年においても授業料免除を受ける学生がいるはずである[20]。

特別困難手当の名目は大学によって異なるところがあるが、一時受給の「臨時困難補助」と定期受給の「助学金」はいずれもある。B大学では「助学金」の受給に学年制限がある。

学資貸付は規定においては大学間の差が見られず、いずれも「学生ローン」、「国家助学ローン」と「一般商業性助学ローン」が設けられている。

本章では主に階層的配分の視点から学生援助の受給を分析するが、以上の規定内容からは、学生援助の受給に大学差、学年差、さらに専攻差が存在していることが見受けられる。

第5節　分析結果

質問紙調査の分析結果は以下四つの部分から構成される。①学生援助受給のあり方を明らかにするため、受給率、受給者の平均受給額、各援助方式の受給総額が援助総額に占めるシェアおよび学生1人当たりの援助方式利用数を考察する。②ロジスティック回帰と重回帰分析を用いて四方式総合および各援助方式の受給規定要因分析を行う。③受給規定要因分析の結果に照らし三つの仮説に検討を加える。④援助に対する学生の満足度とその規定要因を分析する。

1. 学生援助受給のあり方

表4-3は四つの援助方式の受給率、受給者の平均受給額、各援助方式の受給総額及びそれぞれの受給総額が援助総額に占めるシェアなどを示している。

給付奨学金の受給率は36.1％に達し、受給者の月平均受給額は142.3元になる。授業料免除の受給率は4.5％で、受給者の月平均免除額は205.9元になる。特別困難手当受給率は6.6％で、受給者の月平均受給額は約101.7元になる。学資貸付受給率は10.6％で、受給者の月平均貸付額は218.3元になる。

表4-3　受給率、受給額および各援助方式の受給総額が援助総額に占めるシェア

援助方式 受給のあり方	給付奨学金	授業料免除	特別困難手当	学資貸付
受給率（％）	36.1	4.5	6.6	10.6
受給者の受給額（元／月）	142.3	205.9	101.7	218.3
受給総額（元／月）	68888.0	12407.2	9001.0	31030.1
援助総額に占めるシェア（％）	56.8	10.2	7.4	25.6
グラントのみの場合	76.3	13.7	10.0	
ニードのみの場合		23.7	17.2	59.1

注）受給総額＝受給者数＊受給者の平均受給額＝受給者数／学生数＊受給者の平均受給額＊学生数＝受給率＊受給者の平均受給額＊学生数
　　援助総額＝授業料免除総額＋特別困難援助受給総額＋給付奨学金受給総額＋学資貸付受給総額
　　援助総額に占めるシェア＝該当方式の受給総額／援助総額

方式別の毎月の受給総額は、給付奨学金68888.0元、授業料免除12407.2元、特別困難手当9001.0元、学資貸付31030.1元である。四つの援助方式だけを見れば、援助総額の56.8％は給付奨学金に、10.2％は授業料免除に、7.4％は特別困難手当に、25.6％は学資貸付に配分されている。

　学資貸付を除いた三つのグラントの援助は援助総額の約7割を占めるとはいえ、そのうち学業成績と密接にリンクする給付奨学金が76.3％を占めてしまい、ニードベースのグラントにあたる授業料免除と特別困難手当の占める割合は非常に小さい。

　さらに、授業料免除、特別困難手当および学資貸付といったニード的援助だけを見ると、総額の59.1％は返済義務つきの貸付である。つまり、ニードベースは貸付中心になっている。

　学生1人当たりの援助方式利用数を見る（表4-4）と、約46.0％の学生は何らかの援助を受給していて、何の援助も受給していないのはわずか54.0％である。そのうち、1種類の援助を受給している者が最も多く37.0％で、2種類の援助を受給している者は6.6％で、3または4種類の援助を受給している者は非常に少なく、合わせて2.4％である。また、所得階層別に見ると、低所得層の利用数は比較的多いとはいえ、そのなかの31.3％は低所得層でありながら何の援助も受給していない。

　もちろん援助の複数受給がどういう組み合わせであるかという問題がある。この点は各援助方式の受給有無規定要因分析を通じて明らかにする。

表4-4　学生1人当たりの援助利用数　　　　　　　　　（％）

援助利用数	ゼロ	一つ	二つ	三つ＆四つ
比　　率	54.0	37.0	6.6	2.4
所得階層別				
高所得家庭	63.1	36.1	0.8	0.0
中所得家庭	55.6	38.2	4.8	1.4
低所得家庭	31.3	36.8	21.4	10.5
x^2	168.3＊＊＊			

＊＊＊ $P<.001$
注）所得階層の区分基準は表2-7同様。

2. 学生援助受給の規定要因分析

　四方式総合および各援助方式の受給規定要因分析について、いずれも受給有無の判別分析はロジスティック回帰を用いて、受給者の受給額の規定要因は重回帰分析を用いる[21]。そしてモデル構築を試みた結果、独立変数はいずれの分析も性別、家庭的背景変数（出身地、家庭所得、親の教育と職業）、大学関連変数（在籍する大学、学年）およびアルバイトへの従事とすることにしたが、援助方式別のロジスティック回帰に限って、他の三つの援助方式の受給ダミーを加える。なお、学業成績は給付奨学金の受給分析において重要な変数であるが、各大学における成績評価基準の多様性、調査時点では前学期の成績がまだ確定されていないことなどの理由で、質問項目に加えられなかったため、変数として投入することはできない。

① 四方式総合の受給規定要因

表4-5　四方式総合受給有無の規定要因

	モデル1	モデル2	モデル3	モデル4
性別	-.180	-.217	-.294*	-.280*
出身地	-.617***	-.601***	-.743***	-.708***
家庭所得	-.093*	-.095*	-.108*	-.095*
親の教育	-.035	-.027	.004	.004
親の職業	.074	.058	-.090	-.073
A大学		-.612***	-.726***	-.729***
B大学		-.019	-.097	-.083
C大学		-.488**	-.584***	-.571**
2002年入学者			-1.852***	-1.785***
2001年入学者			-.490**	-.448**
2000年入学者			-.324	-.283
アルバイト従事				.238
定数	.992***	1.194***	1.823***	1.615***
-2 log L	1715.702	1693.684	1567.649	1561.673
Cox & Snell R^2	.036	.053	.142	.144

***$P<.001$　**$P<.01$　*$P<.05$

注1）従属変数は受給あり1、受給なし0
　独立変数：性別……男子1、女子0　　出身……都市部1、農村0
　親の教育……両親の教育年数の平均値
　親の職業……両親とも、または一方が専門・管理職1、両親とも非専門・管理職0
　大学ダミー……D大学を基準とする。　学年ダミー……1999年入学者を基準とする。
　アルバイト従事……している1、していない0
注2）係数値は非標準化偏回帰係数である。

四方式総合の受給有無の規定要因分析のモデル1（**表4-5**）を見ると、都市部出身者より農村部出身者、低所得家庭出身者ほど援助の受給率が高い。出身地の影響は大学変数を統制すると、若干増大するが、家庭所得の影響はほとんど変化しない。また、A大学、C大学の援助受給率、2002年と2001年入学者の援助受給率が比較的低いことが分かる。

受給者の四方式総合受給額の規定要因分析の結果では（**表4-6**）、両親とも非専門・管理職である者の受給額は比較的大きいが、出身地や家庭所得は受給額にまったく関連しない。また、北京市に所在する2大学の受給者の受給額は比較的大きい。

表4-6　受給者の四方式総合受給額の規定要因

	モデル1	モデル2	モデル3	モデル4
性別	-.012	-.019	-.003	.005
出身地	-.071	-.093	-.085	-.078
家庭所得	-.012	-.057	-.072	-.065
親の教育	-.008	-.062	-.038	.025
親の職業	-.209**	-.218**	.224**	-.221**
A大学		.396***	.389**	.394***
B大学		.235***	.238***	.242***
C大学		.524	.028	.034
2002年入学者			.001	.002
2001年入学者			-.049	-.046
2000年入学者			.092	.097
アルバイト従事				.049
調整済みR^2	.055	.182	.189	.190
F値	5.174**	10.958***	8.571***	7.949***
N	357	357	357	356

*** $P<.001$　** $P<.01$
注）独立変数の規定は表4-5同様。
　　係数値は標準化された偏回帰係数である。

② 給付奨学金受給の規定要因

給付奨学金の受給の有無（**表4-7**）は性別、在籍する大学および学年と関連を見せる。つまり、男子より女子の給付奨学金の受給率が高く、他の3大学

表4-7 給付奨学金受給有無の規定要因

	モデル1	モデル2	モデル3	モデル4
性別	-.178	-.226	-.317*	-.319*
出身地	.231	.285	.234	.313
家庭所得	-.020	-.015	-.020	-.010
親の教育	-.042	-.029	.008	.008
親の職業	.303	.304	.169	.187
A大学		-.994***	-1.193***	-1.220***
B大学		-.283*	-.422*	-.436*
C大学		-.792***	-.931***	-.930***
2002年入学者			-2.401***	-2.411***
2001年入学者			-.495**	-.480**
2000年入学者			-.292	-.290
アルバイト従事				-.066
授業料免除				.193
特別困難手当				.418
学資貸付				.153
定数	.007	.007	.557	.441
-2 log L	1676.267	1634.065	1465.447	1453.144
Cox & Snell R^2	-.311	.039	.158	.161

***P＜.001　**P＜.01　*P＜.05
注) 授業料免除……あり1、なし0　　特別困難手当……あり1、なし0
　　学資貸付……あり1、なし0　　他の独立変数の規定は表4-5同様。
　　係数値は非標準化偏回帰係数である。

と比べ、D大学の給付奨学金の受給率が高く、また2002年と2001年入学者の給付奨学金の受給率は比較的低い。しかし一方で、給付奨学金の受給の有無は家庭的背景とは統計的にまったく関連をもたず、他の三つのニード的援助の受給の有無との間にも有意な関連を見せない。

給付奨学金受給者の受給額の規定要因分析の結果（**表4-8**）によれば、在籍する大学ないし大学の所在省（直轄市）の規定力が最も大きいことが分かる。両親とも非専門・管理職である者の受給額は比較的大きい。また、モデル1では、受給額は家庭所得、親の教育と有意な正の相関をもつが、大学を統制することによりこの関連は消えた。

表4-8 給付奨学金受給額の規定要因

	モデル1	モデル2	モデル3	モデル4
性別	-.039	-.020	-.012	-.005
出身地	.107	.109	.110	.108
家庭所得	.167*	.114	.103	.099
親の教育	.203*	.120	.127	.139
親の職業	-.255**	-.269**	-.267**	-.274**
A大学		.436***	.428***	.434***
B大学		.384***	.387***	.381***
C大学		.296***	.308***	.305***
2002年入学者			-.077	-.078
2001年入学者			-.047	-.058
2000年入学者			.048	.037
アルバイト従事				-.015
調整済みR^2	.062	.233	.234	.236
F値	3.972**	9.484***	7.227***	6.742***
N	224	224	224	223

***P＜.001　　**P＜.01　　*P＜.05
注) 独立変数の規定は表4-5と同様。
　　係数値は標準化された偏回帰係数。

③ 授業料免除、特別困難手当および学資貸付受給の規定要因

　授業料免除、特別困難手当および学資貸付の受給の有無 (**表4-9**) はいずれも家庭的背景と関連をもつ。農村部出身者は都市部出身者より、低所得層出身者であるほど、これらの援助の受給率が高い。成績が優れているだけで、授業料が免除されるケースがあるためか、授業料免除と家庭所得は統計的に有意な関連を見せてはいるが、有意確率は5％にとどまる。また、A大学の授業料免除と学資貸付は他の3大学と比べ、やや受給率が高い。2002年入学者は他の学年と比べ、特別困難手当の受給率が比較的高く、学資貸付の受給率が比較的低い[22]。

　四方式総合と給付奨学金の受給の有無はアルバイトへの従事とはっきりした関連をもたないのに対して、授業料免除、特別困難手当および学資貸付の受給の有無はいずれもアルバイトへの従事と有意な関連をもつ。つまり、これらの援助の受給者はアルバイトに従事する比率が比較的高い。

　さらに、四つの援助方式の受給の有無の相互関連をいうと、学資貸付は授

表4-9 各ニード的援助の受給有無の規定要因

	授業料免除	特別困難手当	学資貸付
性別	.215	-.250	.049
出身地	-1.142**	-.608*	-.774**
家庭所得	-.258*	-.482**	-1.447***
親の教育	.017	-.040	-.027
親の職業	-.438	-.411	-.113
A大学	1.107*	-.809	.795*
B大学	-.583	.529	.074
C大学	.736	-.770*	.434
2002年入学者	.014	1.497***	-1.303***
2001年入学者	-.068	.483	-.253
2000年入学者	-.036	.562	-.192
アルバイト従事	.439*	.734*	.699**
給付奨学金	.171	.429	.124
授業料免除		.469	.723*
特別困難手当	.556		1.566***
学資貸付	.766*	1.603***	
定数	-2.890***	-2.386**	.210
-2 log L	385.282	440.769	580.514
Cox & Snell R^2	.061	.120	.198

***P＜.001 **P＜.01 *P＜.05
注）給付奨学金……あり1、なし0 他の独立変数の規定は表4-7同様。
係数値は非標準化偏回帰係数である。

業料免除、特別困難手当の両方と有意な関連を見せるが、ほかの変数とは一切関連を見せない。すなわち、前に見た援助の複数受給（表4-4）には「授業料免除＋学資貸付」、「特別困難手当＋学資貸付」の組み合わせが比較的多いと考えられる。

　授業料免除額、特別困難手当および学資貸付受給者の受給額の規定要因（**表4-10**）を見ると、まず学資貸付の受給額を従属変数とした回帰分析のF値は統計的に有意ではなく（P＞.05）、モデルの当てはまりが悪いことが分かる。授業料免除額と特別困難手当の受給額も家庭所得と関連しない。一方、北京市にある2大学の授業料免除額と特別困難手当の受給額は比較的大きい。これらの受給額の設定には大学所在地の物価指数や学生の授業料負担額との調整があると考えられる。

表4-10 各ニード的援助の受給額の規定要因

	授業料免除	特別困難手当	学資貸付
性別	-.112	-.054	-.078
出身	.133	-.071	.002
家庭所得	-.116	-.154	-.092
親の教育	.037	-.120	.065
親の職業	-.325*	.151	-.250
A大学	.544***	.273*	.023
B大学	.505***	.458**	-.135
C大学	-.144	-.098	-.336**
2002年入学者	.203	.423*	-.056
2001年入学者	.180	.079	-.021
2000年入学者	.207	.136	.097
アルバイト従事	-.158	.015	-.034
調整済みR^2	.540	.174	.074
F値	6.473***	2.050*	1.711
N	56	60	107

***P＜.001　　**P＜.01　　*P＜.05
注）独立変数の規定は表4-5同様。
　　係数値は標準化された偏回帰係数である。

3. 仮説の検討

　以下では学生援助受給の規定要因分析の結果に照らし、援助受給の階層的配分に関わる三つの仮説に検討を加える。

　まず、四方式総合の受給額は出身地、家庭所得と関連をもたないが、受給の有無は出身地、家庭所得とはっきりした関連をもつため、仮説①の「総合的（四方式総合）に見ると、学生援助の受給は家庭所得、出身地と関連する。農村、低所得層出身者はより多くの援助を受給している」はおおむね成立するといえる。また、受給者のなかで非専門・管理職層の子どもはより多くの金額を受給していることも分かった。

　給付奨学金の受給額は家庭所得や親の教育、職業と間接的または直接的な関連をもつため、「一部の給付奨学金の選考に家庭所得への配慮は見られるが、総じて学業成績と緊密にリンクする給付奨学金の受給は家庭的背景と何らかの関わりをもつ」という仮説②も支持される。しかしながら、給付奨学

表4-11 所得階層別ニード的援助の受給率

(%)

家庭所得＼援助方式	授業料免除	特別困難援助	学資貸付
高所得家庭	1.2	0.7	0.4
中所得家庭	3.4	4.2	7.0
低所得家庭	13.9	24.3	40.1

注)所得階層の区分基準は表2-7同様。

金の受給額に対しては家庭的背景の影響が見られたが、受給の有無に対してはまったく見られなかった。しかも、家庭的背景が受給額に及ぼす影響は、筆者が想定した高い経済力と教育レベルの影響のみによるものではない。親の教育レベル、所得の影響はあくまでも大学を媒介して受給額に影響を与えている。それに対して、両親の職業は給付奨学金の受給額に直接的な影響を与えている。両親が非専門・管理職である者の奨学金受給額は意外なことに比較的大きい。

最後に、仮説③の「優れた学業成績により、授業料免除される特別なケースはあるものの、授業料免除、特別困難手当および学資貸付といったニード的援助の受給は家庭所得と関連する可能性が高い」に関して検討する。受給額は家庭所得と関連を見せなかったが、受給の有無はいずれも出身地、家庭所得と関連をもつため、この仮説もおおむね成立する。ただし、単純集計により階層別の受給率を見たところ、わずかであるが、授業料免除(1.2%)のほか、特別困難手当(0.7%)と学資貸付(0.4%)も高所得層に受給されている(**表4-11**)。

4. 援助に対する学生の満足度とその規定要因

本調査では学生援助に対する学生の満足度も尋ねている。結果として、満足する(「満足」+「まあまあ満足」)学生は58.1%で、不満をもつ(「やや不満」+「不満」)学生は41.9%となっている。

学生援助に対する満足度の規定要因を分析するため、学生の満足度回答を従属変数とし、性別、家庭的背景変数、四つの援助方式の受給の有無を含ん

表4-12　学生援助満足度の規定要因

	モデル1	モデル2	モデル3	モデル4
性別	.047	.033	.027	.036
出身地	.007	-.015	-.015	-.008
家庭所得	.092**	.048	.046	.056
親の教育	.037	-.004	-.009	-.006
親の職業	.023	-.003	-.002	-.002
A大学		.312***	.317***	.340***
B大学		.465***	.458***	.474***
C大学		.231***	.233***	.257***
2002年入学者			-.001	.044
2001年入学者			-.028	-.013
2000年入学者			-.090**	-.084**
授業料免除				.001
給付奨学金				.122***
特別困難手当				.038
学資貸付				.029
調整済みR^2	.015	.150	.155	.168
F値	4.781***	28.891***	22.095***	17.978***

***$P<.001$　　**$P<.01$

注）従属変数：
満足4、やや満足3、やや不満2、不満1とスコアをつけた。
独立変数の規定は表4-7同様。
係数値は標準化された偏回帰係数である。

だ大学関連変数を独立変数として重回帰分析を行った。

　表4-12から分かるように、学生援助に対する学生の満足度の最大の規定要因は在籍する大学で、その次は給付奨学金受給の有無である。家庭所得は在籍する大学を媒介して、満足度と間接的に関連する。つまり、学生の援助に対する満足度は各大学の援助パターンなどに大きく左右される可能性がある一方、各大学の学生の所得階層分布にも間接的に影響される可能性がある。ランクが相対的に低く、低所得層出身者が比較的多く在学するC、D大学では、より多くの援助を提供していないため、満足度は相対的に低いのではないかと推測される。

　また、2000年入学者の学生援助受給には不利な点がまったく見られなかったが、満足度は比較的低い。それはやはりこの学年が大幅な授業料の値上げ

を経験したためではないかと推測される。一方、満足度は授業料免除、特別困難手当および学資貸付といったニード的援助の受給の有無とはまったく関連をもたない。この結果はニード的援助の供給不足を暗示している可能性がある。

第6節　結　び

1. 知見のまとめ

　本章の実証分析の結果は大学財政にとっても重要な意味を有すると思われるが、以下では学生援助の受給実態およびその階層的配分を中心に知見を集約する。

　第一に、標本の46.0％は何らかの学生援助を受けている。一方、低所得層出身者の約3割は何の援助も受けていない。給付奨学金は受給率が他の援助を大きく上回り、受給額も援助総額の5割強を占めている。ニード的援助にも援助総額の4割強が配分されているが、そのなかの半分以上は返済義務つきの学資貸付である。援助の複数受給について、「授業料免除＋学資貸付」、「特別困難手当＋学資貸付」の組み合わせが比較的多い。

　第二に、総合的にみると、4大学の学生援助は低所得層、農村部出身者に集中的に配分されている。とりわけ、ニード的援助は低所得層出身者を中心として支給されている。やや意外であるが、給付奨学金の受給有無は出身階層と関連をもたない。この点について、以下2点の影響があるのではないかと考えられる。①大学入学後、学生の学習意欲に変化が生じ、出身階層の学業成績に対する規定力は曖昧となっている可能性がある。②「優秀学生奨学金」の受給はもっぱら学業成績とリンクするが、一部の奨学金、たとえば中央政府、民間および個人により提供される給付奨学金の選考には家庭的背景への配慮が見られる。このような配慮は不利益層の受給に有利に働く。一方、給付奨学金の受給額は親の職業と関連をもつ。その原因については、さらに検討する余地が残る。

　第三に、給付奨学金の受給の有無はアルバイト従事と関連をもたないのに対して、ニード的援助の受給の有無はアルバイト従事と顕著な関連をもつ。

つまり、ニード的援助の受給者は比較的多くの援助を受給しながらも、学業継続に十分な経済力をもたず、就労所得が必要とされる可能性が高い。

第四に、学生援助に対する満足度は、大学を媒介し家庭所得と正の相関をもつ。これはランクの相対的に低い大学では学生援助の需要がより大きいことを示唆するのではないかと考えられる。また、満足度はニード的援助の受給の有無と関連をもたないという結果もこれらの援助の供給不足を暗示すると思われる。

2. 考察

この事例研究を見る限り、4大学の学生援助は非常に充実にしているとはいえないが、援助を受ける学生は比較的多い。しかも、援助は経済的に必要性の大きい低所得層、農村出身者へ相対的に多く配分されている。したがって、財政などに提供される学生援助は低所得層、農村出身者の在学率の低下およびその層の出身者の就学に対して、それなりの効果を有し、教育機会の均等に寄与すると評価できる。にもかかわらず、まだ以下の問題点があると指摘することができる。

先行研究では各種の援助方式の占める割合や投入額が合理的ではない（張前掲）という指摘がなされた。本章の分析でも「優秀学生奨学金」のみではないが、各種の奨学金を含んだ給付奨学金への投入額は非常に大きいことが分かった。また、ニード的援助の半分以上は返済義務つきの貸付となっている。このような「育英重視」の援助パターンには、各種の援助方式の占める割合や投入額の問題があるといわざるを得ない。給付奨学金の受給有無についての分析において各階層が比較的均等に受給していることがここで明らかにされたとはいえ、やはり給付奨学金の利用額が大きなシェアを占めることにより、低所得層の援助受給は圧迫されている。簡単にいうと、給付奨学金の投入額を減らし、ニード的援助の投入額を増やすことによって、約3割の何の援助も受けていない低所得層出身者は何らかの援助を受けられる可能性がある。

高等教育の大衆化に伴い低所得層出身の苦学生の人数が増えていることか

ら、学生援助も「育英重視」から「奨学重視」へシフトする必要があると思われる。「奨学」、つまり学生の経済的必要性を援助の要とするならば、給付奨学金ではなく、授業料免除、特別困難手当および学資貸付により多くの援助額を注いだほうが、低所得層にとってより有利になる。

また、新入生奨学金には優秀な学生を獲得するという狙いがあろうが、基本的には中国の給付奨学金はアメリカのように、優秀な学生を獲得するために高額の奨学金を約束、支給されるのではなく、大学在学中の勉学を励行することを目的とし、毎年または学期ごとに選考されるのがほとんどである。にもかかわらず、勉学を奨励する意味で給付奨学金のもつ機能、特に給付奨学金の最も大きな部分である「優秀学生奨学金」の勉学を奨励する機能に関する実証的研究は、非常に少ない。張（前掲）は、「優秀学生奨学金」は受給率が高すぎ、勉学を励ます機能をさほど果たしていないと指摘したが、実証的分析による結果ではなかった。筆者の学生援助に対する満足度の分析結果から見る限り、「優秀学生奨学金」を受給したことのない2002年入学者の学生援助に対する満足度は決して低くはない。したがって、家庭所得とまったくリンクせず、単なる学業成績に基づいて選考される「優秀学生奨学金」の勉学を励行する効果に関しても、評価研究が必要とされる。

ニード的援助については、量の補足が最も重要だと思われる。また、より有効な組み合わせパターンの模索や、少なくとも特別困難手当が高所得層に受給されないような、受給選考の合理化の問題などがまだ残っている。

さらに、学生援助の受給にはっきりとした大学差が見られた。しかし、これは上位校の学生ほど家庭的背景に恵まれるという学生の階層的分布の大学差、つまり学生援助需要の大学差とリンクするものではない。学生援助は大学所在地の経済的発展度または授業料負担とリンクする必要があるだろうが、各大学の学生の階層的分布にも配慮する必要があるだろう。

最後に、考察の対象についてであるが、本調査は前にレビューした先行研究と同じ、大学在学者のみを援助受給の考察対象としている。そこには理論的あるいは技術的な限界がある。つまり、これらの大学に進学しなかった者はもし進学できたら学生援助を受給できるかどうかについては不明である[23]。

この問題の解決には基本技術的な問題が依然として大きいが、今後の探索的研究課題とする。

〈注〉
1 日本語の「奨学金」は給付奨学金、学資貸付（ローン）など多様な援助のことを指すが、中国語の「奖学金」は学資貸付と異なり、メリット的な給付援助のみを指している。中国の学生援助を考察する本章では、中国語の「奖学金」をおおむね給付奨学金と訳し、学資貸付とはっきり区別している。
2 ここでの「ロビンフッド的配分」の意味は、定価授業料を払う者は高所得層に多く、援助を受給する者は低所得層に多く、結果として高所得層から低所得層への再配分になることである（小林 2005）。
3 小林らの分析はアメリカの政府奨学金ではなく、大学独自の奨学金を主な考察対象としている。
4 イギリスの授業料負担と学生援助はクリティカルな変化を見せている。給付奨学金は1998年に一旦廃止され、2005年に再び創設された。また、2006年に授業料のすべてをローンにし、卒業後の所得と連動する返済方式にした。
5 1983年の「人民奨学金の試行案」という規定では、給付奨学金にいくつかのランクをつけることが許されており、受給者は在学者の10％〜15％とされていた。
6 大学を経由せず、親戚、出身地の政府・企業により学生個人へ直接的に提供される援助もある。
7 「優秀学生奨学金」は学業品行ともに優れていることを条件とする。選考は学内の同じ専攻の同じ組という枠のなかで、年ごとまたは学期ごとに行われる。
8 「専攻奨学金」は農林、師範、体育、民族、航海などを専攻する学生向けの奨学金であり、「優秀学生奨学金」との重複受給はできない。「優秀学生奨学金」と同様に三つのランクに分かれる。規定では受給者数の割合は1等5％、2等10％、3等85％とするが、現在の受給割合、受給額、選定方法などは大学によって異なる。この奨学金は国家発展のニーズにリンクするタイプのものといえる。
9 「定向奨学金」は卒業後国境、僻地や貧困地域へ就職する学生または石炭、石油、地質、水利などの危険性のある分野へ就職する学生を対象に設けられた奨学金であり、「優秀学生奨学金」、「専攻奨学金」との重複受給はできない。その支給にあたっては、関係する教育・財政部門の審査を受け、同意を得なければならない。規定として年間支給額は1等500元、2等450元、3等400元である。この奨学金も国家発展のニーズに対応している。
10 2002年、中央政府により普通高等教育機関の在学者を援助する「国家奨学金」が設立された。毎年45000人に奨学金を提供する。そのうち、一等賞は10000人

に、年間受給額6000元、二等賞は35000人に、年間受給額4000元が支給される。また、「国家奨学金」受給者の授業料は全額免除される。選考条件には学業優秀、経済的困難、健康などがある。

　ただし、2005年の国家奨学金改革の実施により、2002年の「国家奨学金管理方法」は廃止された。改訂された「国家助学・奨学金の取扱方法」では、「国家奨学金」は全日制普通高等教育機関に在学する成績・品行が優れ、かつ家庭経済状況が困難な正規の本科と専科在学者を選考の対象とし、選定された5万名の優秀な学生に、年間一律4000元の給付奨学金を提供している。受給額が減額されたと同時に、受給者の授業料免除も廃止された。

11　大学が提供する「学生ローン」は無利子で、4メインバンクが提供する「国家助学ローン」は政府による利子の50％補給がある。普通の金融機関が提供する「一般商業性助学ローン」には利子補給がない。ただし近年、学資貸付制度の増・改訂が多く行われている。申請手続きや基準も大きく変化している。詳細は付録1の「中国における学資貸付制度の発足と新たな発展」を参照されたい。

12　本調査において学校提供のアルバイト機会と他のアルバイト機会との区別をつけていないのも理由の一つである。

13　教育部は給付奨学金の受給率を35.0％前後と規定しているが、実際は受給率の大学間格差が大きい。

14　張民選の浙江省の420人の学生を対象とした調査によると、農村出身の学生の奨学金受給率は22.2％で平均の35.0％を大きく下回り、成績により選考される奨学金の獲得において農村出身者が不利な立場にあるという。

15　張民選の12大学を対象とした学生援助の調査によると、「優秀学生奨学金」の受給額は学生援助総額の半分をこえるほど大きく、受給者の割合はどの大学においても40％をこえ、勉学を奨励するというより援助する色が濃いという。

16　王潔は北京にある3大学の2104人の学生を分析対象とした。

17　陸・鐘の分析は香港中文大学が1998年に行った調査のすべてのデータを利用している。

18　段宝霞の分析は河南省の12大学の1426人の学生を対象とした調査に基づいている。

19　学生援助受給有無の分析は無論非常に重要であるが、受給者の受給額の規定要因も以下の理由で分析する必要があると思われる。給付奨学金について、「優秀学生奨学金」、「専攻奨学金」、「定向奨学金」、「国家奨学金」にはいずれもランクによって受給額が分かれる。原則として学業が優秀な者ほど、高額な給付奨学金を受給できる。受給率の低い民間団体や個人から提供される奨学金には、必ずしもランクづけがあるわけではないが、学業が優秀であることは重要な選考条件である。授業料免除額はもともとの基準額と免除割合の両方に関わり、

特別困難手当の受給額も定期的な援助を受けるか一時的な援助を受けるかなどによって異なる。また、学資貸付の受給額は非常に複雑であるが、書類審査の際に、家庭所得が重要な指標となっている。
20 注10で述べたように、新制度では、国家奨学金受給者の授業料は免除されなくなった。
21 受給あり、受給額未記入の標本が数多くあった。各大学の平均値をあてるなど欠損値の処理を試みたが、やはり欠損値として扱ったほうがふさわしいと、最終的に判断した。
22 2002年入学者の学生援助には以下の特徴がある。給付奨学金の最も大きな部分である「優秀学生奨学金」は入学半年後の成績に基づいて第2学期の前半に選考受給されるため、調査時点では同学年はまだ「優秀学生奨学金」を受給していない。また、学資貸付の申請時期は1年生の入学時期にあたること、新入生はまだ利用手続きを十分把握できていないことなどが、1年生の学資貸付の受給率が低い原因であると考えられる。
23 このサンプル・セレクション・バイアスを修正する試みとして、条件つきモデル、トービット・モデルおよびヘックマンのモデルの分析がなされているが、学生援助の効果などの分析には依然として理論的あるいは技術的な問題が残っている（小林ほか、前掲）。

第5章　学部生の進路志向における家庭的背景の影響

第1節　問題の設定

　高等教育の収容力の政策的拡大に伴い、大学卒業生[1]の進路は大きな社会問題として注目されるようになったが、教育部が公表した1996年以降の大学卒業生の進路決定率は比較的高い[2]。専科より本科の学生、つまり学部生の進路決定率は比較的に高い[3]にもかかわらず、大学院進学を希望する学生が激増している。現役学部卒の大学院受験率は、1991年には14％だったが、1995年20％、1999年28％、2000年40％、2002年43％と大きく上昇している（馬　2002）。社会人の受験者が増えていることもあり、大学院の受験競争は、募集定員の増加にもかかわらず厳しい状態が続いている[4]。また、海外留学も一部の現役卒業生の選択肢となっているが、この場合、教育費負担の高い先進国への私費留学が主流である。

　このような進学ブームは大学院学歴の社会的効用に大きく関わっている。たとえば、1990年代後半から、大学・研究機構だけではなく、一部の政府部門、企業の求人も修士以上の学位を要求するようになった。初任給（月収見込み平均）[5]を見た場合、学部卒1501.7元、修士2995.9元、博士2983.9元と大きな格差がある。また、海外留学帰国者の就職や起業に対しては、さまざまな優遇政策が制定されている[6]。さらに、一部の大都市では、市外出身者の市内就職に対して戸籍上の制限があるが、大学院卒者に対してはこのような制限はほとんど設けられていない。

　つまり、10数年間にわたった高等教育の量的拡大によって、学部卒というだけでは以前のような特権的地位が得られなくなったことが、学部生の進路選択に重要な変化、すなわち、より高い学歴を取得するための進学志向を

もたらしたのである。国内・国外にかかわらず、さらなる進学は親に一定の経済的負担をかけるため、学部生の進学選択における家庭的背景の影響の解明が重要な社会学的課題として浮上したといえる。また、国内の多くの大学では一部の大学院入学者から授業料を徴収するようになっており[7]、大学院授業料の試行的徴収、全面徴収も間近に迫っている。このことも負担能力の低い学部生の進路選択に影響を及ぼす可能性があると考えられる。また、学部生の職業選択における家庭的背景の影響の解明も、彼らの進路を考察する際の重要な課題の一つである。

本章ではこうした状況を踏まえ、対象大学における学部生の進路志向の状況と、それに対する家庭的背景の影響を重点的に分析し、中国における高学歴化（学部教育を受けること）と進学また就職の機会との関わりを論じることを目的とする。そして、構成は次のとおりである。第2節では、家庭的背景と学部生の進路に関する先行研究をレビューし、本章の分析枠組みを提示する。続く第3節では、対象大学の学部卒者の進路状況を説明する。第4節では、学部生の進路志向の状況や進路志向における家庭的背景の影響を検証する。最後に第5節では、知見をまとめ、高学歴化と機会均等との関わりを考察する。

第2節　先行研究の知見と本章の分析枠組み

1. 家庭的背景と学部生の進路

高等教育が発達したアメリカでは、家庭的背景と学部生の進路に関する研究は比較的豊富である。Alwin（1974）やDeyら（1998）の分析では、家庭的背景と学生の職業的地位達成との間には関連性がない。一方、PascarellaとTerenzini（1991）の分析では、家庭の社会経済的背景（たとえば、親の教育）は学生の地位達成のプロセスにおいて重要な意味をもち、しかも最終的な職業的地位達成に対して重要な影響を及ぼす。また、大学院進学選択について、家庭的背景の影響を受けないという分析結果（Mare 1980; Stolzenberg 1994）もあれば、家庭所得と親の教育の間接的な影響を受ける（Ethington & Smart 1986）、親の教育の直接的な影響および学業成績や大学の特性を媒介した間接的な影響を受ける（Mullenら 2003）などの分析結果もある。結論が一致しないのは、

研究が行われた時代、調査対象、実証分析の手法などの違いによると考えられる。

尾嶋 (2002) はこれまでの SSM（社会階層と社会移動）研究の成果から、戦後の日本では高等教育機会を中心とした階層間格差は、全体的な機会拡大に伴って縮小することはなかったと指摘している。こうしたなかで「学業成績を媒介として出身階層が教育達成に及ぼす影響の増加」は見られるが、1995年 SSM 調査のデータ分析から、「依然として学業成績を介さずに出身階層が教育達成を直接規定している部分が大きい」ことが確認された（尾嶋 前掲、137頁）。また、近藤 (2000) は 1995年 SSM 調査のデータを分析し、教育と初職に対する出身家庭の影響は総体的に弱まっているものの、現実の教育達成、職業達成は依然として家庭の社会的、経済的な条件に依存すること、教育と階層の関連は学歴差から学校差へと転換することなどを指摘した。

一方、日本では学部生に限定し進学選択、職業的地位達成における出身家庭の影響を考察する研究は非常に少ない。近藤（前掲、239頁）は 1995年 SSM 調査から「大卒に限定すれば学校の別や卒業後の就職に対して出身家庭の違いがほとんど影響を及ぼさなくなっている」という分析結果を出している。また大久保 (1998) は父学歴・母学歴の影響を多く受けた教育アスピレーションが学部卒業生の職業選択・企業選択を限定すると指摘している。学部卒と大学院卒の給与の差が小さいこと、教育・研究環境が整備された大企業では専門・管理職の内部養成がある程度できることなどが、大学院進学と出身家庭との関わりに関する研究が日本で少ない理由と考えられる。

中国では卒業生の就職に関して、ジェンダー、専攻分野および業種に注目した研究が見られるが、これらを家庭的背景との関連から分析した研究はない。一方、学部在学者の進学志向、職業的地位達成志向と家庭的背景との関連は王 (1999)、丁 (2000)、陸・鐘 (2002) ら[8]によって検討されているが、分析方法や変数操作の点で問題が残っている。

王（前掲、26-27頁）は大学院進学志向（海外留学を含む）の有無、希望する就職先の属性および初任給見込みを家庭所得とクロス集計し、①大学院進学意欲も三資企業[9]へ就職する意欲も低所得層出身者より高所得層出身者のほう

が高い、②家庭所得と初任給見込みとの間には正の相関があると結論づけている。同様に丁（前掲、104頁）は、高所得層出身者ほど大学院進学意欲、海外留学意欲が高いと指摘している。2人の研究では家庭所得のみが用いられているが、実際には家庭的背景のうちの出身地、家庭所得、親の教育、親の職業などがそれぞれ異なる意味をもって影響するとも考えられる。しかも、分析は単純なクロス集計にとどまっている。

陸・鐘（前掲、159-162頁）は性別、家庭的背景の諸要素（出身地、家庭所得、両親の学歴など）、学部成績、授業料の負担タイプ[10]などを独立変数とし、大学院進学志向規定要因のロジスティック回帰分析を行った。そして、①農村、小都市出身者より中都市、大都市出身者、②女子より男子、③教育レベルの高い母親をもつ学生、④学業成績のよい学生はそれぞれ高い進学意欲を見せるという知見を出した。彼らは多くの知見を提出したが、在籍する大学の特性、専攻、学年などの変数を統制せず、多重ロジスティック回帰分析を行わなかったため、大学進学や専攻選択の時点での家庭的背景や性別の影響が、大学院進学志向に対していかなる影響をもつか、在籍する学年と大学院進学志向との間に関連があるかなどについては分析できなかった。

2. 再考の必要性と本章の分析枠組み

以上から、中国では学部生の進学志向、職業的地位達成志向は家庭的背景と関連する可能性が高いと推測されるが、関連のあり方については、より厳密に分析する必要があることが示された。また、王、丁、陸・鐘が分析に用いたデータは1998年の調査結果である。その時点の大学院はほとんど授業料が無償で、受験者も比較的少なかった。それに対して、現在は大学院受験者が急増し、大学院授業料の全面徴収も予定されている。したがって、学部生の進路志向における家庭的背景の影響を改めて確認する必要がある。本章は新たなデータを用いて、この課題を再考するものとなる。

具体的には、図5-1の分析枠組みで示した三つの関連のあり方を解明する。これらは学部生の進路志向における家庭的背景の影響に等しいと考えられる。①は学業を続けるか就職するかという志向と家庭的背景との関連であ

第5章 学部生の進路志向における家庭的背景の影響　145

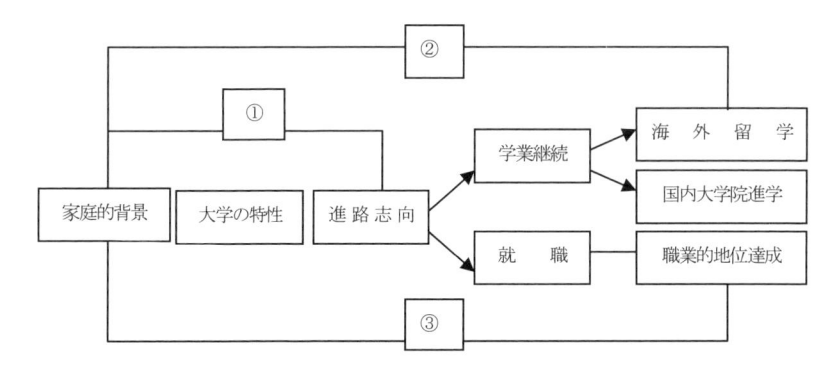

図5-1　分析の枠組み

る。これは、ロジスティック回帰分析を用いた学業継続志向の規定要因分析を通じて検討する（第4節2.）。②は学業継続を希望する者の進学先志向（国内か海外か）と家庭的背景との関連である。海外へ留学しようとする者の多くは教育費負担の高いアメリカ、日本、イギリスなどの国へ留学する[11]ため、この関連のあり方も明らかにする必要がある。ここでは①の分析と同じ手法を用いた海外留学志向の規定要因分析を行う（第4節3.）。③は就職を希望する者の職業的地位達成（初職）志向と家庭的背景との関連である。主に希望する職種や初任給の規定要因分析を行いこの関連のあり方を検討する（第4節4.）。

第3節　対象大学における学部卒業生の進路

　1990年代後半から、中国ではエリート大学における学部生の進路は徐々に多様化しつつある。すなわち、かつてはほぼ全員就職していたが、現在では就職、国内の大学院、第二学位を取得するための進学、海外留学、および進路未定へと進路が多様化している。調査対象の4大学においても、近年、現役学部卒業生における進学者の実際の比率はA大学とB大学で約60％、C大学で30％強、D大学で30％弱あり、それぞれ1990年代初期の約3〜6倍となっている。無論これは国内の大学院募集定員増と関連する。

第4節　分析結果

1. 学部生の進路志向の状況

まず調査対象者の進路志向の内訳を把握する（**表5-1**）。「就職」と回答する者はわずか26.5％で、「国内大学院進学」と回答する者は52.0％に達し、「海外留学」と回答する者も17.0％ある。すなわち、「国内大学院進学」と「海外留学」を合計する学業継続志向率は、69.0％に達する。

大学別に見ると、C大学、D大学に比べ、A大学とB大学の学業継続志向率は相対的に高く、就職志向率は相対的に低い。特に、A大学とB大学の海外留学志向率は20％をこえるほど高い。この点について、上位校の学生は海外の大学から奨学金を受給する可能性が高いこと、家庭的背景に恵まれていることなどが関わっていると考えられる。

表5-1　進路志向の分布

(N = 1341)

	就職	学業継続	(国内大学院進学	+	海外留学)	その他
	26.5	69.0	(52.0	+	17.0)	4.5
A大学	20.0	74.2	(45.9	+	28.4)	5.7
B大学	16.5	78.0	(54.2	+	23.8)	5.5
C大学	33.1	63.9	(53.9	+	10.0)	3.0
D大学	37.7	59.0	(53.2	+	5.8)	3.3

注）わずかな「第二学士学位」進学は「その他」に含まれている。

卒業生にあたる1999年入学者の進路志向を見たところ（表略）、「就職」37.5％、「国内大学院進学」49.2％、「海外留学」13.3％である。「海外留学」を志向する学生の多くは、毎年1月に実施される国内の大学院入学統一試験も受けるため、対象大学の4年生の国内大学院受験率は同年度の全国現役学部卒の大学院受験率の45.0％を大きく上回る可能性がある。

2. 学業継続志向における家庭的背景の影響

ロジスティック回帰による、学業継続志向の規定要因分析では従属変数を「学業継続1、就職0」とし、独立変数は性別、家庭的背景（出身地、家庭所

得、親の教育と職業)のほか、大学のランク(トップ100大学における評価)、在籍する専攻、学年、および学部成績と密接にリンクする給付奨学金の受給有無[12]とした。そして、五つのブロックを投入し、五つのモデルを設定した(表5-2)。

表5-2のモデル1から、男子であること、都市部出身であることおよび親の教育レベルが高いことは子どもの学業継続意欲を有意に高めるが、家庭所得と親の職業は子どもの学業継続意欲と関連がないことが分かる。大学のラ

表5-2 学業継続志向の規定要因

	モデル1	モデル2	モデル3	モデル4	モデル5
性別	.342**	.326*	.371**	.224	.261
出身地	.395*	.348*	.373*	.454**	.438**
家庭所得	.008	-.009	-.002	.010	.001
親の教育	.147***	.140***	.131***	.126***	.127***
親の職業	.293	.262	.317	.324	.3186
上位校		.571***	.585***	.520**	.618***
中位校		.216	.225	.116	.229
2002年入学者			.654***	.662***	.895***
2001年入学者			.467**	.567**	.630***
2000年入学者			.505**	.613**	.663***
工学				.407*	.399*
理学				.813***	.871***
経済学				-.467	-.516
法学				-.391	-.461
医学				-.691	-.840
給付奨学金受給					.558***
定数	-1.319***	-1.476***	-1.871***	-1.978***	-2.342***
Cox & Snell R^2	.084	.094	.105	.131	.140
-2 log L	1459.7	1445.9	1430.7	1394.0	1384.3
N	1114	1110	1101	1065	1063

***$P<.001$ **$P<.01$ *$P<.05$
注1) 従属変数:学業継続1、就職0 (表2の「その他」は排除した)
　独立変数:
　性別……男子1、女子0　　出身地……都市部1、農村0
　親の教育……両親の教育年数の平均値
　親の職業……両親とも、または一方が専門・管理職1、両親とも非専門・管理職0
　大学のランク……下位校を基準とする。　　学年……1999年入学者を基準とする。
　専攻……経済学と法学以外の文科系を基準とする。　　給付奨学金受給……あり1、なし0
注2) 係数値はいずれも非標準化偏回帰係数。以下のロジスティック回帰分析も同様。

ンクを統制したモデル2でも、その影響が若干弱まるものの、性別、出身地および親の教育といった属性的要因は依然として有意である。さらに、学年（モデル3）、専攻（モデル4）および給付奨学金の受給（モデル5）を順次に統制しても、出身地と親の教育は依然として顕著な影響をもつ。男女の差は専攻変数の統制（モデル4）により消え、理学と工学分野の学生は比較的高い学業継続意欲を見せる。

学年別に学業継続志向の規定要因を分析したところ、2002年、2001年および2000年入学者の学業継続志向はいずれも親の教育には関連するが、家庭所得とは関連がない（表略）のに対して、1999年入学者の学業継続志向のみは、家庭所得、親の教育両方とも関連をもつことが分かった（**表5-3**）。また表5-3から、家庭所得と親の教育の規定力は大学ランク、専攻および給付奨学金受給の有無を統制することにより変化するが、一貫して正の有意な影響をもつことが見受けられる。

表5-3　1999年入学者の学業継続志向の規定要因

	モデル1	モデル2	モデル3	モデル4
性別	.535*	.264*	.124	.213
出身地	.448	.435	.530	.587
家庭所得	.250**	.194*	.273*	.320**
親の教育	.159**	.164**	.142*	.171*
親の職業	-.144	-.200	-.107	-.260
上位校		1.672***	1.489***	1.768***
中位校		.749*	.659*	.844*
工学			.052	-.003
理学			.419*	.585
経済学			-.927	-.901
法学			-1.780**	-1.961**
給付奨学金受給				1.071***
定数	-2.370***	-2.970***	-2.718***	-3.831***
Cox & Snell R^2	.131	.206	.245	.276
-2 log L	403.5	372.5	355.3	341.2
N	314	314	312	312

***P＜.001　**P＜.01　*P＜.05
注）1999年入学者には医学専攻のサンプルがない。従属変数と独立変数は表5-2同様。

大学院進学志向は家庭所得と関連をもつという王（前掲）、丁（前掲）の指摘は、陸・鐘（前掲）の分析結果では支持されていなかった。本調査の結果では、他の三つの学年にとって大学院授業料全面徴収の可能性が高いにもかかわらず、彼らの学業継続志向は家庭所得と関連がなく、1999年入学者の学業継続志向だけが家庭所得に強く関連する結果となっている。

父親の教育年数と母親の教育年数をともに投入し学業継続志向の分析を調整したところ、母親の教育は学生の学業継続意欲と正の相関をもつという陸・鐘（前掲）と同様の結果となった。親の教育に関する変数の操作の仕方に相違がある点に議論の余地があるが、いずれにせよ、学業継続志向は親の教育程度と密接な関連をもつといえる。

給付奨学金の受給が学業継続志向と有意な正の相関をもつことも、学業成績が優れる学生ほど大学院進学意欲が高いという陸・鐘の分析結果とおおむね一致するといえよう。

一方、陸・鐘が見出した進学志向における男女の差は確認されたが、理工系分野の高い進学志向とそこへの男子の集中によるものである可能性が高い。

3. 海外留学志向における家庭的背景の影響

海外留学志向の規定要因分析では、従属変数を「海外留学1、国内大学院進学0」とし、学業継続志向の分析と同様に独立変数の規定と投入を行った。結果は**表5-4**に示されている。

海外留学志向において、出身地は顕著な影響をもち、投入する変数が増えてもわずかな変化しか見せない。また家庭所得は一貫して正の顕著な影響をもち、大学のランク（モデル2）、学年（モデル3）、専攻（モデル4）などを統制しても、規定力はわずかに弱まるだけである。よって、丁（前掲）が見出した家庭所得と海外留学志向との正の相関は本研究においても裏づけられる。

学年別に海外留学志向の規定要因を分析したところ、どの学年においても、海外留学志向は親の教育程度と関連せず、家庭所得と有意な関連をもつことが分かった（表略）。学年を問わず高所得層出身者ほど海外へ留学する意欲が高いということができる。

表5-4 海外留学志向の規定要因

	モデル1	モデル2	モデル3	モデル4	モデル5
性別	-.323*	-.373*	-.354*	-.448*	-.443*
出身地	1.414***	1.363***	1.406***	1.407***	1.402**
家庭所得	.202**	.179**	.185**	.187**	.189**
親の教育	.048	.034	.019	.014	.015
親の職業	.245	.142	.218	.226	.212
上位校		1.204***	1.295***	1.244***	1.246***
中位校		.254	.260	.221	.229
2002年入学者			.753**	.779**	.825**
2001年入学者			.173	.275	.302
2000年入学者			.053	.099	.125
工学				.161	.152
理学				.682**	.685**
経済学				.438	.437
法学				.515	.520
医学				-5.002	-5.007
給付奨学金受給					.006
定数	-3.592***	-4.056***	-4.348***	-4.538***	-4.602***
Cox & Snell R^2	.090	.123	.136	.148	.148
-2 log L	924.0	889.2	875.5	862.2	863.8
N	909	890	878	873	872

***P＜.001 **P＜.01 *P＜.05
注1) 従属変数：海外留学1、国内大学院進学0
注2) 独立変数は表5-2同様。

　また、以上の進学志向の規定要因分析から、恵まれた家庭的背景をもつ学生、上位校の学生、1～3年生および理学系の学生は、比較的高い学業継続意欲と海外留学意欲をもつことが分かった。

4. 就職志願者の職業選択と職業的地位達成志向における家庭的背景の影響

　本項ではまず、就職志願者の職業選択を志願先の属性、希望する職種、都市規模および初任給の見込みから把握する。次に、専門・管理職志向や初任給の見込みを従属変数とする規定要因分析を通じて、就職志願者の初職志向における家庭的背景の影響を分析する。

　就職志願先の属性は政府機関、事業単位・社会団体、国営企業、集団企業

表5-5 就職志願者の職業選択

(N=356)

a. 就職する際に、あなたは次のどれを選択する可能性が一番高いですか。

政府機関	事業単位・社会団体	国営企業	集団企業	三資企業	その他	無回答	合計
13.5	22.5	6.5	5.3	43.8	2.8	5.6	100.0

b. 就職する際に、あなたはどのような職種につきたいですか。

管理職	専門職	一般事務職	一般サービス職	肉体労働	その他	無回答	合計
27.2	31.5	19.9	15.2	0.8	1.7	3.7	100.0

c. あなたは次のどのようなところで働きたいですか。

巨大都市	大都市	中都市	小都市	農村地区	無回答	合計
36.8	43.8	16.6	1.7	0.3	0.8	100.0

d. あなたは自分の初任給(月収)をどう見込んでいますか。

1000元未満	1000〜1499元	1500〜1999元	2000〜2999元	3000元以上	無回答	合計
13.5	36.5	14.4	19.4	15.4	0.8	100.0

注)都市人口が200万人以上の都市を「巨大都市」、100〜200万人の都市を「大都市」、20万〜100万人の都市を「中都市」、20万人以下の都市を「小都市」としている。

および三資企業に大きく分類できる。なかでも給与待遇の比較的よい三資企業を希望する者の割合が43.8%と最も高い(**表5-5a**)。希望職種では、58.7%の学生が専門・管理職を選択した(**表5-5b**)。36.8%の学生は人口200万人以上の都市を、43.8%の学生は人口100万〜200万の都市を希望した(**表5-5c**)。また、50.9%の学生は将来の初任月収を1000〜1999元、19.4%の学生は2000〜2999元と見込んでいる(**表5-5d**)。これらの表からエリート大学における就職志願者の初職に対する高い期待をよみとることができる。

ロジスティック回帰分析を用いた専門・管理職志向の規定要因分析の結果を**表5-6**に示している。家庭的背景、大学関連要素以外に、就職志願先の諸要素(志願先の属性、地域志向、都市規模志向)も独立変数として取り入れた。結果として、専門・管理職志向であるかどうかは家庭的背景とまったく関連をもたない。

また、専門・管理職志向の規定要因分析と同じ方法を用いて、三資企業志向の規定要因分析を行ったが(表略)、高所得層出身者は低所得層出身者と比べ三資企業へ就職する意欲が高いという王(前掲)の指摘と異なり、三資企

表5-6 専門・管理職志向の規定要因

	モデル1	モデル2	モデル3	モデル4	モデル5
性別	.241	.233	.135	.145	.124
出身地	.219	.155	.169	.132	.031
家庭所得	.083	.063	.055	.049	.049
親の教育	.088	.077	.076	.076	.079
親の職業	.229	.232	.199	.135	.235
上位校		.634*	.743*	.601*	.521
中位校		.193	.243	.329	.341
2002年入学者			-.218	-.103	-.048
2001年入学者			-.583	-.568	-.516
2000年入学者			-.948*	-.864	-.690
工学				.373	.270
理学				.449	.446
経済学				.908*	1.007*
法学				1.734**	1.564**
医学				6.030	5.608
三資企業志向					-.795**
地域志向					.041
都市規模志向					.286
定数	-.771	-.861	-.431	-.854	-.598
Cox & Snell R^2	.046	.060	.087	.136	.161
-2 log L	383.2	378.8	369.9	353.3	344.4
N	263	249	235	240	219

**P<.01　*P<.05
注1) 従属変数：専門・管理職1、他の職種0
注2) 独立変数：
　　三資企業志向……三資企業1、その他0　　地域志向……東部沿海地域1、中部と西部地域0
　　都市規模志向……人口200万人以上の都市1、その他0
　　他の独立変数の規定は表5-2同様。

業志向であるかどうかは家庭的背景とまったく関連をもたない結果となった。

　重回帰分析を用いた、就職志願者が見込んだ初任給の規定要因分析の結果は表5-7のとおりである。モデル1では王（前掲）が見出した初任給見込みと家庭所得との正の相関が確認されたが、大学のランクを統制すると（モデル2）、この関連は消えた。つまり、初任給と家庭所得との関連は大学ランクを媒介したものである。また、モデル2では親の教育との弱い関連が現れ、就職志願先の諸要素の統制（モデル5）により、親の教育と初任給との間の負の

表5-7 初任給見込みの規定要因

	モデル1	モデル2	モデル3	モデル4	モデル5
性別	-.011	-.054	-.052	-.049	-.085
出身	.116	.046	.048	.029	.058
家庭所得	.159*	.061	.060	.064	.081
親の教育	-.037	-.098+	-.099+	-.089+	-.153**
親の職業	.114	.096	.101	.105	.029
上位校		.582**	.578**	.552**	.482**
中位校		-.017	-.018	-.038	-.039
2002年入学者			.020	.012	.012
2001年入学者			.021	.000	.016
2000年入学者			.027	-.004	.021
工学				-.038	-.007
理学				-.088+	-.083+
経済学				.048	.050
法学				-.114	-.063
医学				.061	.079
三資企業					.108*
職種					.105*
地域					-.025
都市規模					.210**
調整済みR²	.069	.383	.378	.394	.472
F値	6.094**	31.194**	21.705**	15.742**	15.048**
N	341	337	331	330	299

**P＜.01 ＊P＜.05 ＋P＜.10
注) 職種……専門・管理職1、他の職種0
他の独立変数の規定は表5-6同様。

相関が顕著になっている。この点については、親世代との教育レベルの差が大きいだけに、自らの高学歴の収益を高く見込んでいるかあるいは他に原因があるのか、現時点での解釈は難しい。

ほかには、上位校の学生が高い初任給を見込むこと、初任給見込みと就職志願の諸要素（三資企業志向、職種志向および都市規模志向）との相関も見られる[13]。また、三資企業志向者、専門・管理職志向者、および大都市に就職しようとする者の見込んだ初任給は比較的大きい。

第5節 結　び

1．知見のまとめ

　学部生の進路志向の状況と、それに対する家庭的背景の影響に関して、本章で得られた主な知見は下記のとおりである。

　第一に、対象にした4大学の学部生の進学意欲は非常に高い。就職志願者の職業選択にも三資企業志向、専門・管理職志向、大都市志向などの特徴が見られる。しかも、エリートセクター内部においても進路志向に差が見られ、上位校の学部生ほど高い学業継続意欲と海外留学意欲をもち、高い職業的地位達成を志願する。

　第二に、学業継続志向も海外留学志向も、家庭的背景と密接に関連する。学業継続志向は全学年および1～3年生の学年別で見た場合、家庭所得と関連がなく親の教育と関連するが、4年生のみの場合、家庭所得と親の教育の両方と関連する。第2章では家庭的背景の学年別比較に大きな違いが見られなかったことから、卒業に直面すると、学部生の進路志向に家庭所得と関連するかたちの変化が起きるのではないかと推測される。一方、海外留学志向は学年を問わずに家庭所得に強く規定されている。しかも、学業継続志向と海外留学志向のいずれについても家庭的背景との関連の大きさは、大学関連要素を統制することにより変化する。つまり、両者とも家庭的背景との間に直接的かつ顕著な関連が存在する一方で、大学ランクなどを媒介とした間接的な関連も存在するということである。また、専門・管理職志向は家庭的背景と関連が見られなかったが、初任給見込みと家庭的背景との間に大学ランクなどを媒介とした関連が見られる。

　なお、家庭的背景に焦点を当てた本章では十分に検討しなかったが、学部生の進路志向における大学のランク、専攻分野などの影響は高等教育の効用の観点から見ると非常に重要なはずである。

2．三つの関連のあり方

　以上の分析結果に基づき、図5-1に示された三つの関連のあり方は次のよ

うに整理することができる。

　関連①、学業を続けるかどうかにおいて、家庭的背景（出身地、親の教育、場合によって家庭所得）の顕著かつ直接的な影響が見られ、また大学ランクなどを媒介した間接的な影響も見られる。関連②、学業継続を希望する者の海外留学志向においても、家庭的背景（出身地、家庭所得）の顕著かつ直接的な影響も大学ランクなどを媒介した間接的な影響も見られる。関連③、就職志願者の職業的地位達成志向は、初任給見込みからいうと、家庭的背景（家庭所得、親の教育）との間に間接的な関連が見られるが、専門・管理職志向などからいうと、家庭的背景とはまったく関連しないといえる。概して家庭的背景による制約は大きく弱まっている。

3．考　察

　中国高等教育の急速な機会拡大は、学部生の進路選択をクリティカルなものに変化させ、大学院進学意欲を大きく上昇させてきたといえる。特に、エリート大学では学部生の進学意欲は非常に高い。ただし、国内の大学院も大幅に定員を拡大しているものの、実際には大学後教育を受けるか受けないか、どこで受けるかといった進路志向は家庭的背景に強く左右され、有利な立場にある学部生ほど大学後教育を受ける意欲が高い。いわゆる高学歴化による進学意欲の階層間格差の縮小の可能性はここではほぼ見られない。また、こうした進路志向の階層間格差は将来の地位達成の階層間格差へつながりうると推測できる。

　さらに、本研究の分析では、1年生、2年生および3年生では学業継続意欲と家庭所得との関連が見られなかったが、卒業を控えた4年生では進学選択と家庭所得とに強い関連が見られた。このことを踏まえると、予定されている大学院授業料の全面徴収は、大学院進学機会の所得階層差をいっそう強めることにつながるであろう。

　教育年数の長期化により、長期の経済的負担にたえるという意味での進学意欲、進学機会の所得階層間格差が拡大することが懸念されるのである。したがって、大学院生向けの学生援助の充実、高額な授業料を徴収する大学院

に対する指導などが必要である。また、今後大学院授業料が全面徴収される段階では、家庭による負担能力の格差に十分な配慮が必要だと思われる。

　前章の分析結果では、学部段階の学生援助は低所得層の在学率の低下に対して一定の抑制効果を果たす、かつメリット的援助に比べ、ニード的援助は低所得層に集中して配分されている。1990年代に入って所得による高等教育機会の所得階層間格差が広がった日本では、授業料の値上げにもかかわらず、2000年以降格差が縮小している。これについては1990年代後半にはじまった日本育英奨学金の拡充が教育機会の均等化に寄与した可能性が指摘されている (古田 2004)。したがって、財政援助などの政策的対応により、進学意欲の階層間格差も縮小する可能性があると思われる。

　丁 (前掲)、陸・鐘 (前掲) および本研究の第2章の分析では、低所得層の在学率の低下は発生していないが、学部教育における在学率の大きな階層間格差は依然として縮小する傾向が見られない。また本章の分析結果では、就職志願者の初職志向において家庭的背景の影響は大きく弱まっており、一見すると職業的地位達成の階層間格差が縮小するようによみとることができる。しかし、これは就職志願者の中での階層間格差縮小の可能性を意味しているだけである。大学後教育を受ける者の増加に伴い、学部卒者と大学院卒者の間で地位達成の階層間格差がまた顕在化することになるだろう。したがって、大学の入口だけではなく、さらに大学後教育の機会格差問題も考え、高等教育全体の量的拡大が、機会格差縮小の視点から見ていかなるかたちで進められるべきかを大いに検討すべきである。

　最後に本章の分析の限界について述べる。卒業に直面し進路選択をする際に、学生の進路志向が家庭的背景と関連して変化する可能性を指摘したが、それは実証的研究の知見によるのではなく、可能性のある解釈にとどまる。そこには年齢効果などが複雑に絡んでいる可能性もある。今後この点と大学院授業料の全面徴収の影響を、入学から卒業までの学部生の進路志向の変化を追跡的に調査することによって解明することが必要とされる。

〈注〉
1　本章では大学卒業生という場合、普通高等教育機関の専科卒、本科卒(学部卒)および大学院卒のすべてを含む。
2　進路決定率＝(卒業者数－進路未定者数)／卒業者数＊100％。毎年6月に実施される大学卒業生就職実態調査の進路決定率は近年においておおむね50～60％であるが、6月後半から9月にかけて進路決定率の急上昇が見られる。また、教育部が公表した進路決定率は1996年93.7％、1997年97.1％、1998年76.8％、1999年79.3％、2000年82.0％、2001年90.0％、2002年88.0％と比較的高いが、9月の数値と年末の数値が混ざっているため、進路決定率の増減の把握は難しい。
3　たとえば、教育部が公表した2003年の普通本科卒の進路決定率は84％に達するのに対して、専科卒のそれは61％しかない。
4　修士課程の入学者は1995年の約4.0万人から、1999年の約7.2万人に、2003年の約21.7万人に増えている。一方、修士課程の受験者も1995年の約15.5万人から、1999年の約31.9万人に、2003年の約79.9万人に急増している。大学院の受験競争は3、4人の受験者に1人しか合格できないほど激しい。
5　北京大学「高等教育規模拡大と労働力市場研究グループ」が公表した2003年6月の大学卒業生就職実態調査の結果による。この調査は7省(市)にある45大学の18723人の卒業生から有効回答を得ている。その内訳は、専科卒39.3％、本科卒57.0％、大学院卒3.7％である。
6　海外留学生に対する中国政府の政策は「留学をサポートし、帰国を奨励し、来るのも去るのも自由」である。留学帰国者に対して、帰国手続きの簡素化、起業場所や資金の提供、減税、配偶者の就職斡旋、子どもの入園、入学支援などの優遇政策が制定されている。また、帰国者はほとんど戸籍制度に縛られていない。戸籍制限が最も厳しい北京市においても、教育部指定の海外の大学で専科以上の学位を取得すれば、従来の出身地を問われずに北京市に移籍することが可能である。
7　現在の大学院生募集には「国費院生」と「委託養成院生」の区別がある。「国費院生」は大半であるが、授業料を負担する「委託養成院生」の人数も増えている。また、大学院の「乱収費」(やたらに授業料や雑費を徴収すること)もしばしば指摘される。
8　3人とも香港中文大学が1998年に実施した大学生質問紙調査のデータを用いている。王は14大学のなかの北京市に所在する3大学のデータのみを分析したのに対して、丁と陸・鐘は14大学すべてのデータを分析した。
9　三資企業は中外合弁企業、中外合作企業および全額外資企業のことを指す。一般の国公有部門と比べ、三資企業の社員給与は比較的高い。
10　第1章で触れたが、1980年代の半ばから1996年までの大学学生募集には、国

家計画に基づいた一般学生、市場調節に基づいた委託養成学生と私費学生の区別があった。

11　本調査の結果では、225名の留学志向者の希望国のトップ3は、アメリカ（149名、66.2%）、イギリス（23名、10.2%）と日本（16名、7.1%）である。

12　給付奨学金の受給有無も学生の進路志向に影響を与える可能性があるため、変数として取り入れた。

13　給付奨学金の受給有無を表5-6と表5-7の分析モデルに投入してみたが、いずれも有意な関連を見せなかった。

終章　結果のまとめと政策的インプリケーション

　これまでの諸章では、拡大と教育機会問題に関する理論を検討し、中国における高等教育拡大の状況と特徴を考察した上で、4エリート大学における質問紙調査のデータを用いて、大規模な拡大過程における教育機会の社会的分布の量的変化、私的教育費負担、学生援助の受給状況および学部の出口の機会問題を実証的に分析した。

　本研究の締めくくりとして、終章では各章の分析結果と考察の要点をまとめ（第1節）、これらの知見および中国の社会的現状を通じて見えてくる中国高等教育に対する政策的インプリケーションを、拡大の障壁、教育機会の社会的配分およびその変化への予測、学生援助の整備といった面から示し（第2節）、最後に本研究の不足点を見直し今後の課題を明確にする（第3節）。

第1節　各章の主要な知見

　これまでの各章では主として下記の知見を得ている。
　序章では、教育の拡大に関する原因論や「発展段階説」、機会均等の現代的解釈、教育機会問題の重要性と限界、主要な先行研究を概観した上、中国における社会階層と教育機会問題研究の現状および高等教育拡大の社会的背景と経緯を簡潔に整理し、中国高等教育にとっての「機会均等」の意味と定義を検討した。ここでは以下のような知見が見られた。現代中国高等教育の拡大要因は一つの論説で必ずしも解釈しきれないが、機能理論、人的資本論、需要と供給の理論を用いて解釈できる点があること、トロウの「発展段階説」のとおり中国も高等教育の大衆化への移行に伴って多くの問題が生じていること、中国の社会状況に基づいた階層や機会均等の検証研究が不可欠である

こと、中国の高等教育にとってはより多くの者へ大学受験の門を開け、公平な入学試験を通じて人材を選抜し、さらに選抜された者の教育機会を確保することが現実性をもった「機会均等」につながること、などである。また、階層の視点から高等教育機会の量的変化と質的状態を把握するには、常に機会拡大、授業料上昇と学生援助の変容といった要素の変化およびその相互作用のなかでそれを捉える必要があり、分析枠組みを設定し、事例研究の概要と分析手法を説明した。

第1章ではまず中国高等教育の構造的特性、拡大の時期、担い手および授業料徴収の制度化過程と特徴を明らかにした。時期的には、中国高等教育の本格的な拡大は文化大革命終了後にはじまった改革・開放政策と並行的に進行してきたのである。具体的にいうと、1977年から1998年にかけて、中国の高等教育は急速に回復し、大学数も在学者数も一貫して漸次拡大を見せたが、1999年以降、大学数と在学者数はさらに飛躍的に増やされ、マス段階への移行が実現された。また、普通高等教育機関において普通高等教育と成人高等教育はともに拡大された。さらに、普通高等教育においては本科・専科の両方が拡大した。近年、民営高等教育もすさまじいスピードで成長しているが、その多くは普通国公立大学が一部の人員や施設を提供したため、教育機関として成立されたのである。よって、普通国公立セクターは中国高等教育の最も核心的な存在であり、これまでの拡大の最大の担い手である。国公立中心の拡大という意味では、中国高等教育の大衆化は同じ東アジア国の日本や韓国と異なり、むしろ欧米諸国と類似性をもつ。

試行錯誤を繰り返し確立した授業料の徴収システムは中国独自の特徴を見せている。大学授業料の価格決定の最大の決め手は所在地であり、基本的には大学所在地の経済的発展度が高いほど授業料の徴収基準が高い。大学側も授業料の価格決定に対して一定の裁量権を有するが、一般的には人気のある専攻ほど授業料徴収額が高い。総じて大学授業料の価格決定には市場要素が大いに浸透しているということができる。また、大学授業料徴収の現状は実に複雑多様で、地域間、大学間、さらに同大学の専攻間に徴収額のばらつきが見られる。

授業料基準の対GDPおよび収入の比率計算、他国の国公立大学の授業料負担との比較、大学財政の構成と変化の分析などを通じて、中国国公立大学の授業料負担は比較的高いレベルにあること、大学財政に占める授業料や雑費の比率が増大するにつれ、政府負担の比率は次第に減少することなどが分かった。確かに中国高等教育の大衆化は普通教育の拡大を中心に達成できたのである。しかし、この普通教育の拡大は公財政に依存しながらも、家計や大学独自の資金調達などの市場要素に大きく依存している。資金調達の意味では、中国の国公立大学は私立大学に類似するといってもよい。加えて、この章では授業料の上昇を伴った高等教育の拡大過程における教育機会問題の浮上と実証研究の必要性を提起し、本研究の質問紙調査をエリートセクターの拡大と教育機会問題を考察するケーススタディと位置づけた。

　第2～5章では、北京市と山東省にある4エリート大学での質問紙調査のデータを分析し、1999年以降の大規模な高等教育拡大過程における教育機会の社会的分布の変化や質的状態に関して、以下の分析結果を出した。

　第2章では、各階層的変数から在学率の階層的分布の試算および在学率分布の学年別比較から、定員の拡大と授業料の高騰があったにもかかわらず、対象大学における教育機会の階層間格差は依然として大きいが、ほとんど拡大していないことを明らかにした。一方、扱う変数によって、結果の違いがやや見られた。具体的には、①出身地、親の職業から見ると、利益層の在学率がやや小さくなり、不利益層の在学率がやや増えた。②経済的変数から見ると、低所得層と高所得層の在学率がわずかに増え、中所得層の在学率が減った。③親の学歴から見ると、利益層の在学率が増え不利益層の在学率が減ったという結果となっている。

　要するに、予想された低所得層と農村出身者の在学率の低下は発生していない。あえて変化を強調していえば、親の教育レベルが次世代の大学進学機会に与える強い影響が次第に大きくなる可能性がある。また、低所得層、農村出身者の在学率が低下していない理由として、親の仕送り、親戚や知り合いの援助、地元の援助など多岐にわたる教育費調達、低所得層出身者の日常生活支出の切り詰め、大学経由の学生援助の抑制効果、1990年代後半にお

ける普通高校の低授業料負担、および1990年代後半における中卒と高卒の進路行動の変化の影響を挙げた。

第3章の大学教育費の私的負担に関する分析では、学生の授業料、学寮費、日常生活支出およびそれらを含んだ支出総額の実態や規定要因、各所得階層の家計圧迫度および授業料に対する学生の満足度を分析し、以下のことを明らかにした。①北京市に所在する2大学の学生の私的教育費負担は、授業料、学寮費、日常生活支出を問わず、山東省に所在する2大学のそれより大きい。②学生の年間支出総額のなかで最も大きいのは日常生活支出、その次は授業料であり、学寮費の占める比率は非常に小さいものである。学寮の提供により学生の教育費支出はある程度低く抑えられているといえる。③北京市に所在する2大学では学生の授業料負担には所得階層差が見られなかったが、山東省に所在する2大学では授業料負担は家庭所得とやや関連する。これはこの2大学における授業料基準の専攻差に関連する可能性がある。学寮費負担は家庭的背景とまったく関連しない。これに対して、日常生活支出と年間支出総額は家庭所得や出身地に強く規定されている。高所得層出身者ほど、都市部出身者ほど、日常生活費を多く支出し年間支出総額が大きい。また大学所在地の住民の日常生活消費との比較から、中低所得層、とりわけ低所得層出身者の日常生活支出には相当な切り詰めがあることが分かった。④中低所得層の家計は授業料負担、さらに年間支出総額に大きく圧迫されている。特に低所得層家庭の場合、多様な支援と就労所得を利用しなければ子どもの修学に大きな支障が生じると推測される。⑤授業料に対する満足度も家庭所得と関連し、低所得層出身者ほど満足度が低い。

考察の部分では、現行の授業料基準の設定や徴収において大学所在地の経済的発展度が決め手で、家計の負担能力に対する配慮が不十分であるため、北京市や上海市のような大都市には多くの大学が集中しているにもかかわらず、授業料、学寮費、日常生活支出がいずれも高いという経済上の理由で、中低所得層は地方の大学を選ぶ、あるいは選ばざるを得ない懸念を示した。そして、各大学における学生の家庭経済力の把握、実際の養成コストへの配慮、授業料の適正価格の基準検討や基準公開の必要性、さらに余裕のない低

終章　結果のまとめと政策的インプリケーション　163

所得層家庭に対する授業料免除の幅の拡大などを主張した。また、学寮の提供と低額の学寮費は中低所得層の進学機会の確保に寄与するため、授業料は比較的高く設定することができたかもしれない。しかし、所得制限なしの全寮制には問題がある。高所得層にとって学寮の提供は必ずしも必須ではない。さらなる機会拡大が実施されても、学寮の新増設は必ずしも必要ではなく、学寮の役割を中低所得層の負担軽減、機会確保のためというように限定すれば、現有の学寮だけで十分に効果を果たすことができると思われる。

　第4章の学生援助に関する実証分析でも多くのことが明らかになった。①対象大学における学生援助の受給率は46.0%と高いが、低所得層の約3割は何の援助も受けていない。メリット的な給付奨学金は受給率が高く、受給額の援助総額に占めるシェアも50%をこえている。ニード的援助にも援助総額の4割強が配分されているが、その半分以上が返済義務つきの学資貸付である。援助の複数受給について、「授業料免除＋学資貸付」、「特別困難手当＋学資貸付」の組み合わせが比較的多い。②総合的に見ると、4大学の学生援助は低所得層、農村出身者に集中的に配分されている。とりわけニード的援助は低所得層が中心的に受給している。メリット的援助も各階層に比較的均等に受給されている。給付奨学金の受給有無が家庭的背景と関連しないという結果について、大学入学後、出身家庭の学業成績に対する規定力が曖昧になる可能性、一部のメリット的援助の選考に見られる家庭的背景への配慮の影響があると推測される。③給付奨学金受給の有無はアルバイト従事と関連をもたないのに対して、ニード的援助受給の有無はアルバイト従事と顕著な関連をもつ。つまり、ニード的援助の受給者は援助を受給しながらも、学業継続に必要な経済力を十分持たず、就労所得が必要とされる可能性が高い。④学生援助に対する満足度は大学の特性を媒介として家庭所得と関連する。これは相対的にランクの低い大学では援助の需要がより大きいことを示唆する可能性がある。学生の援助に対する満足度がニード的援助受給の有無とまったく関連しないという結果も、これらの援助の供給不足を暗示する可能性がある。

　考察の部分では、まず4大学の学生援助が経済的に必要性の大きい低所得

層、農村家庭に多く配分されるという結果から、学生援助は不利益層の在学率の低下に対してそれなりの抑制効果を有し、教育機会の均等に寄与すると評価した。一方、メリット的援助が援助総額の半分以上を占めるという「育英重視」の援助パターン、さらにメリット的援助の真の効果に疑問を呈し、メリット的援助を縮小しニード的援助を拡充する方向に、資金の配分パターンを是正することの必要性を強調した。要するに、給付奨学金の投入額を減らし、ニード的援助の投入額を増やせば、約3割の援助を受けていない低所得層出身者は何らかの援助を受けられる。ほかには、ニード的援助の選考基準の合理化問題、学生援助の配分に関して各大学の学生の階層的分布への配慮の必要性を指摘した。

　第5章では学生の進路志向の分析を通じて、次の結果を得た。①対象大学の学生は非常に高い大学後進学意欲をもつ。就職志願者の職業選択にも三資企業志向、専門・管理職志向、大都市志向などの特徴が見られた。またエリート大学のなかでも、上位校の学生ほど高い学業継続志向と海外留学志向をもち、高い職業的地位達成を希望する。②学業継続志向も海外留学志向も家庭的背景と密接に関連する。学業継続志向は全学年および1～3年生の学年別で見る場合、家庭所得と関係なく親の教育と関連しているが、4年生のみの分析では家庭所得と親の教育ともに密接に関連する。卒業に直面すると、学生の進路志向に家庭所得と関連するかたちの変化が起きるのではないかと推測される。一方、海外留学志向は学年を問わず家庭所得に強く規定されている。しかも、学業継続志向と海外留学志向のいずれも家庭的背景との間に直接的かつ顕著な関連が存在する一方、大学ランクなどを媒介とした間接的な関連も存在する。さらに、就職志願者の職業的地位達成志向は、初任給見込みからいうと家庭所得、親の教育との間に間接的な関連が見られるが、専門・管理職志向などからいうと家庭的背景とはまったく関連しない。職業的地位達成志向における学年間格差が見られないことを考えると、学部卒の就職に対する家庭的背景の制約は非常に弱まっているといえる。

　国内大学院での授業料の試行徴収および全面徴収の予定、長期の修学に耐えるという意味での進学意欲、進学機会の階層間格差などへの対応として、

大学院授業料の適正価格の検討、高額な授業料を徴収する大学院に対する指導、大学院生を対象とする援助システムの制定などが期待される。また就職志願者の初職志向における家庭的背景の影響が大きく弱まっている結果から、学部教育を受けることは社会的地位達成の機会均等に寄与すると考えられる。しかし一方、大学院学歴を獲得するかしないかによって、地位達成の階層間格差が再生産される可能性も十分ある。要するに、広い視座に立てば、高等教育の拡大は社会不平等の改善にもその再生産にも寄与する。教育機会の格差是正の視点から、大学の入り口、さらに大学院の入り口を含んだ高等教育全般の拡大に関して検討すべき課題が多く残されている。

第2節　議論と政策的インプリケーション

　この節では各章で得た知見や中国高等教育が直面する諸問題を包括的に議論し、本研究の広い視野での政策的インプリケーションを示す。

1. 中国高等教育拡大の障壁

　中国の高等教育は大衆化を実現させたものの、そのさらなる拡大には障壁が立ちはだかっている。基本的な障壁は、無論義務教育および後期中等教育の不整備である。大学募集定員の増加に伴い、普通高校の卒業生の大学合格率は1990年の27.3％から1998年の46.1％、さらに2003年の83.4％に大きく上昇してきた。当然これは大学選抜度の大幅な低下を意味する。

　また、高等教育の粗就学率は、後期中等教育普及率の高い上海市や北京市のような大都市ではすでに50％を上回り先進国と比肩するレベルになっているが、まだ一桁にとどまる内陸省も存在する。今後大都市では高等教育粗就学率の大きな上昇は期待しかねるだろう。一方、地方ではとりわけ後進地域では、義務教育および後期中等教育の整備が何よりも期待されるだろう。

　後進国では前段階の教育が不整備のまま、国作りに必須な人材を育成するために、国が高等教育の拡大に優先的に力を注ぐ例は、実際に少なくない。この場合、たいてい学歴インフレや拡大の限界など多くの問題をはらんでしまう。この点は序章においても触れた。

中国高等教育の現場においても、学生対教員の比率は著しく上昇し、蔵書、教育設備、学寮などの不足が多くの大学で発生し、教育の質的低下が進行している。行政所属の違いなどにより資源確保の状況に大学間格差があるものの、多くの大学は国の投入増加を得られず、物的、人的資源の不足で窮地に立たされている。閻・卓 (2003) の43大学に対する調査によると、すべての調査対象校において1人当たり学寮面積、1人当たり蔵書の数、1人当たり図書購入数および1人当たり教育研究設備投入額などの指標は国の大学設置基準 (1996年の「国家高等教育機関設置基準」) を下回っている。学生対教員の比率は専科大学では年に約26％上昇し、本科大学でも年に約16％上昇している。筆者が調査した4エリート大学でさえ、「図書館の蔵書」に対して約4割の学生が満足できず、「授業以外の時間で勉強する場所」の確保については、約6割の学生が不満を抱えている。

さらに、高等教育と労働市場の接続という点から見ても、急速な拡大により専科・本科学歴の価値が低下している。特に、近年専科卒業生の就職率は6割にまで低下した。第5章で触れた大学院学歴の過熱な追求もこういった学歴インフレと関わるものである。もちろん就職難は複雑な社会心理的背景があり、単なる供給過剰の結果とはいいきれない。

いずれにせよ、中国高等教育のさらなる拡大の必要性、可能性およびパターンなどについて慎重に議論すべき時期に来ている。

2. 高等教育機会の社会的配分およびその変化に関して

序章では中国の社会経済的背景と一般理論に照らし、高等教育機会の社会的分布の格差が拡大する可能性を指摘したが、調査した4エリート大学ではそのような傾向は確認されなかった。また、その結果に対して、第1章の考察の部分では多岐にわたる資金調達、学生援助の抑制効果、高校の低額授業料負担および中高卒の進路選択の変化などの要因を挙げた。第3、4章では、その一部を取り上げ、詳しく分析した。しかし、これはあくまでも一事例研究の結果である。

ここではさらに大学選抜度と授業料負担という二つの軸から中国の高等教

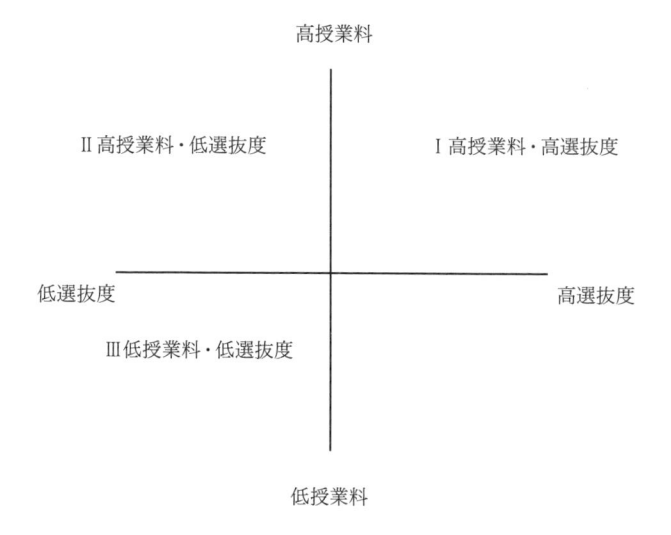

終章　結果のまとめと政策的インプリケーション　167

```
                    高授業料
                       │
    Ⅱ高授業料・低選抜度  │  Ⅰ高授業料・高選抜度
                       │
  ─────────────────────┼─────────────────────
   低選抜度             │             高選抜度
                       │
            Ⅲ低授業料・低選抜度
                       │
                    低授業料
```

図6-1　選抜度と授業料負担による大学の分類

育機関を大雑把に3分類し、各タイプの大学における教育機会の社会的分布およびその変化を推測してみる（図6-1）。

　タイプⅠは「高選抜度・高授業料」の大学である。このタイプの大学のほとんどは経済的発展度の比較的高い都市に所在している。タイプⅡは「低選抜度・高授業料」の大学で、タイプⅠの大学と同様にたいてい経済的発展度の比較的高い都市に所在している。タイプⅢは「低選抜度・低授業料」の大学で、たいてい中小都市や経済発展度の低い地域に所在している。

　三つのタイプの大学の特性および学生の社会的分布を比較してみると、タイプⅠの大学は投入額も大きいが、高い収益も見込まれている。教育機会の階層的分布は社会上位層に大きく偏っている。本研究が実証的に分析した4大学もタイプⅠに当てはまる。前述したとおり、その教育機会は社会経済的環境に恵まれる利益層に依然として優位を占められているものの、拡大と授業料上昇によったさらなる集中は見られなかった。タイプⅡの大学は投入も大きいが、将来の収益は不明なところがある。民営大学、公立大学の一部がこれに当てはまり、経済的利益層に閉鎖的に機会を占められる可能性がある。

この教育機会が中低位層に開くことは今後も大変難しいだろう。タイプⅢの大学は投入額が少ないが、将来の収益の見込みも楽観できない。教育機会の社会的分布については、相対的に各社会的階層に開かれ、中低所得層も多く利用していると推測される。

タイプⅡの大学への就学は次第に一種の消費となる可能性があるだろうが、タイプⅠとタイプⅢでは財政援助などの拡充により、学生の社会的分布の格差を維持さらに縮小させることが必ずしも不可能ではないと思われる。要するに、全体として高等教育機会の社会的分布はいまだ閉鎖的であると認識すべきであるが、その改善は必ずしも期待できないものではない。

先進国の事情をみると、大学在学率の階層差はある時期に縮小しても、違うレベルでの機会享有の階層差がまた問題となるが、現在の中国にとっては在学率の階層差の改善ですら大きな社会課題であるに違いない。一方、国公立中心の教育システムであることにより、高等教育内部においては授業料適正価格の決定や学生援助の拡充などの対策が実行しやすいであろう。これらの対策は選抜結果の保障または教育機会の質的確保施策にあたるが、各社会的階層の進学意欲の向上にも効果を有すると思われる。ただし、成績が優れても経済的な理由で早い段階でドロップアウトせざるを得ない若年層にとっては効果が小さい。

高等教育機会の階層間格差の本格的な縮小には数多くのマクロ的な社会条件が揃うことが不可欠だと思われる。たとえば、地域間、家庭間の貧富格差の縮小、義務教育および後期中等教育の整備、高等教育機関の大都市集中の是正などが必要とされる。

3. 学生援助はポイントか

先進諸国においても、高等教育の拡大に伴い公財政による費用負担の限界が生じている。各国の負担限界は異なるが、第3章で考察したように受益者個人の負担を求めるまたは増やす国は確実に増え、高等教育における私的負担の増加は国際的趨勢となりつつある。しかし周知のように、私的負担を通じた資金調達は不利益層の教育機会を損なうおそれがある。そのため、私的

終章　結果のまとめと政策的インプリケーション　169

負担の増大に伴い補償システムの強化、すなわち学生援助の強化や効率化が期待されている。

　一般的に大学に対する機関援助より学生に対する個別援助のほうが教育機会の格差是正にとってより効果的だと考えられる。ただし、個別援助かつ高受給率であるといっても、その目的が「育英」か「奨学」かによって、援助効果の違いが見られる。「奨学」を目的とするニードベースの拡充は機会の均等に最も寄与する。よって、財政などによる学生援助の拡充は無論重要であるが、受給基準、受給決定時期、返済義務の有無などにより、実際の援助効果が大きく異なることがあるため、合理的かつ効率的な援助制度の整備が必要である。

　中国のエリート大学の場合、援助の受給率はさほど低くはないが、問題は受給の基準や決定時期である。在学者の急速な拡大と授業料上昇の影響で、経済的な困難を抱える学生の人数が確実に増加している、つまりニードベース援助の需要が増大しているのである。それにもかかわらず、学生援助には十分な対処あるいは調整が取り入れられなかった。授業料免除の導入、学資貸与の導入と拡充は行われたが、政策的に十分な対応があったとはいえない。

　本研究の実証分析を見る限り、現行の学生援助は機会の均等にも寄与しているが、パターンとしては機会の均等よりエリート養成に力を注いでいる。その特徴は「ニード的援助よりメリット的援助を重視、かつニード的援助は貸付中心、メリット的援助はほとんど給付」というものである。「奨学」より「育英」重視のこういった援助パターンを、マス段階へ移行した現在では早急に見直す必要がある。

　国の財政状況と基礎教育の整備の遅れから、高等教育機関における学生援助の大規模な量的拡充は難しいと見込まれる。そのためか、近年ニード的援助は貸付中心に拡充されている。同時に債務不履行の問題も生じている。しかし、このようなタイミングであるからこそ、学生援助の目的、対象、種類およびそれぞれの援助効果について見直し、再検証しなければならない。「育英」目的の学生援助が必要とされないことは決してないが、大衆化の進行、苦学生の増加、財政逼迫などの社会的現状を勘案すると、やはり「奨学」目

的の援助を優先的に拡充する必要がある。

　以上の検討および実証分析の結果を踏まえ、中国の学生援助制度は総じて以下の点での改善が必要であると考えられる。①進学時も修学中も援助が必要されることがあるため、援助の申請および受給の決定はほとんど進学後であるという現在の方式は、進学選択に対して十分な役割を果たすことができないと思われる。合格発表と入学までの間に援助の申請と受給決定の手続きが終わらないのであれば、合格者に対して援助制度や援助利用の手続きに関する十分な情報提供をしなければならない[1]。②援助基準の見直しと合理化である。「育英」目的のメリットベースの縮小と「奨学」目的のニードベースの拡充は焦眉の急である。また、ニードベースについて量的拡充はもちろんのこと、経済的必要性を判断する受給選考基準の合理化など、技術的な問題もまだ残されている。③ニードベース援助の拡充は「貸付中心へ」という動きに留意する必要がある。教育の私的収益率が高い場合、貸付によるニードベース援助の有効性は十分ありうるだろうが、そうでない場合、機会の均等に果たす効果は限定的になる可能性がある。英米などの国では、低所得層のローン回避傾向がすでに検証されている。④大学院の授業料徴収実施に伴って、大学院生を対象とする援助制度を早急に制定しなければならない。

　さらに、各種の援助方式がそれぞれどの程度の効果を有するか、どのような組み合わせで効果を高めることができるか、いかに受給の選考基準を合理的にするかなどの問題の検証と解決は、中国に限らず多くの国の高等教育が直面する課題である。試行錯誤の過程は避けられないが、実証研究による状況把握、およびそれに基づいた適切な判断と政策的調整が期待される。

第3節　今後の研究課題

　本研究のマクロレベルの分析結果は一般性が高いと考えられる。それに対して、事例研究の分析結果はエリートセクターでは通用する可能性が高いが、中国高等教育全般における教育機会の社会的分布の量的変化および質的状態の把握には及ばないと思われる。また、大規模な拡大期を考察した意味では十分に意義をもつ事例研究であるが、より長い期間においてどう位置づける

べきかという問題が残る。

　調査対象は総合と理工系中心のエリート大学に限定されたため、師範、農学、医学系のエリート大学の学生、各種のランクの比較的低い公立および民営大学の学生も分析対象に加えた場合どのような結果になるか、特に教育機会の獲得に対する家庭的背景の影響がどう変化するかについて、さらなる調査または他の事例研究との比較が必要とされる。ただし、これらすべての類型の教育機関を含んだ全面調査は決して少数の研究者の力により実施できるものではない。国レベルの重要な研究課題として位置づけ、多数の専門家による共同研究プログラムの早期設立や全国学生生活調査の早期実施が何よりも喫緊の課題であろう。

　筆者は今後も高等教育の拡大と教育機会問題に注目し続ける。授業料適正価格の検討、各援助方式の効果に関するより厳密な測定、苦学生の生活実態に対する追跡調査などを今後の研究課題とする。また中国高等教育の拡大と教育機会問題の検証結果に基づいた理論モデルの構築、中国の研究結果と日本を含んだ他国の研究結果との比較研究も視野に入れている。

　もう一つの重要な研究課題は後期中等教育における機会の社会的分布およびその変化の検証である。2000年以降、後期中等教育の授業料負担は大きく上昇し、収容力も拡大されている。同じ非義務教育として共通の研究課題の存在を強く認識しなければならない。

〈注〉
1　教育部は2005年から、すべての合格者に「国家助学ローン申請手引き」を大学合格通知と同封で無料で配布するように指導している。

付録1　中国における学資貸付制度の発足と新たな発展

　本書で前述したように、世界各国の多くは高等教育費の私的負担を増やしている。その背景には高等教育の拡張と国家財政の不況がある。無論それは学生援助にも反映されている。給付援助に関しては、メリットベース援助の拡充は一定の範囲で見られるものの、ニードベースはたいてい停滞または縮小傾向にある。新たな動向として注目されるのは、学資貸付（教育ローン）の拡充である。

　中国では、近年、ニードベースのグラントの提供も若干増大しているとはいえ、支給総額と支給率がともに急速に上昇しているのは何よりも学資貸付である。

　付録1では、中国の高等教育において実施されている学資貸付制度の発足、発展および回収状況を記述し、問題点を考察する。

1.　学資貸付制度の発足——「学生ローン」の創立、実施

　現代中国の学資貸付制度は、「人民助学金」の支給廃止に伴って、1987年に正式に発足した。当時、「人民助学金」の改革は高等教育システム改革の一環として行われ、その支給が廃止されると同時に、新たな給付奨学金と学資貸付制度が設けられた。

　国家教育委員会と財政部は「普通高等教育機関における本科・専科学生の給付奨学金実施方法と普通高等教育機関における本科・専科学生の貸付制度実施方法の再指示」という通知のなかで、給付奨学金制度と学資貸付制度の規則を明確にした。後者の取扱規則は、各大学に対して「奨貸基金」の成立、専任スタッフが給付奨学金、学資貸付および臨時困難手当などの審査、支給

を担当することなどを要求した。基金の財源は財政交付金から一定の割合で支給された。後に「学生ローン」と呼ばれるこの学資貸付は、基本的には無利息で、支給も返済も大学が責任をもって取り扱うものである。また、「専攻奨学金」を受給する師範、農林、民族、体育、航海などの専攻の学生は同ローンを利用できないという制限がある。さらに、同ローンの利用には品行優秀、経済的困難、勉強熱心というような厳しい利用条件がつけられ、審査も学期ごとに行われる必要がある。返済要求はたいてい卒業前に完済するか就職先による立て替え返済であった。

授業料の値上げなどにより学生の負担が増加する一方であったため、国家教育委員会は1995年に、「国家教育委員会直属大学の「学生ローン」取り扱いに関する通知」を新たに打ち出した。この通知では、①該当直属大学では「奨貸基金」を廃止し、「学生ローン基金」を創立する、②「学生ローン基金」の資金調達ルートに寄付金、学内企業の収入などを新たに加える、③返済保証人を要求する、④返済は卒業後6年以内とするが、卒業前に返済する場合、返済額の20％が減額される、⑤条件付きの返済免除制度を設けるなどの内容が規定されている。無論その後も取扱方法の改訂が繰り返された。

しかし、同ローンの利用・返済条件が厳しく、大学の財政も厳しかったためか、実際の支給率はきわめて低かった。1999年に一部の普通本科大学で実施された某調査によると、同ローンの年間1人当たり利用額は学生の年間1人当たり収入額の0.56％に過ぎなかった（李・関 2000）。少数であるが、一部の大学では現在も少額の「学生ローン」を提供し続けている。

2. 学資貸付制度の発展——「国家助学ローン」と「一般商業性助学ローン」の登場、拡充

1999年5月に、人民銀行、教育部および財政部は「国家助学ローンの管理規定」の試行を決定し、国有銀行の中国工商銀行を指定し、銀行をとおした学資貸付の提供に踏みきった。

教育部には、同ローンの運営管理を担当する全国学生ローン管理センターが新設された。取扱銀行はローンの回収を担当し、返済状況によってロー

の提供を拒否することができることも明確にされた。金利は中央銀行の中国人民銀行が公布した法定金利および関連金利政策に準じるように定められたが、政府が利息の50％を補給する。中央の各部と委員会（以下では「中央部委」）所属大学の利息補給額は中央財政が支給し、地方所属大学の利息補給額は地方政府が負担する。ローンの返済は卒業後4年以内に終えなければならない。こうして、銀行をとおした学生融資が中国ではじめて誕生した。

　同年の12月に、上記の3部門は「助学ローンの管理に関する意見の通知」を追加公布した。この通知では、助学ローンは「国家助学ローン」と「一般商業性助学ローン」に区分された。「一般商業性助学ローン」の定義は、金融機関が非義務教育に就学する学生、またはその直系親族、またはその後見人に提供するローンであり、学生の授業料、生活費および就学に必要な他の費用にのみ使用することができるとされている。

　「一般商業性助学ローン」の場合、利用者は任意の民間銀行、信用金庫に申請してよいが、政府による利息補給がない。また無担保と有担保の2種類の「一般商業性助学ローン」が設けられた。18歳以上の大学生に対しては個人の信用を用いた無担保のローンを、非義務教育を受ける学生の直系親族および後見人に対しては有担保のローンを提供するという規定である。さらに、農村信用金庫も現地で所在地出身の学生およびその家庭にローンを提供しようと呼びかけた。

　一方、中国工商銀行に対しても、利息優遇、多種多様な担保、申請手続きの簡素化などを要求し、保証人のない特別困難な学生に対して、個人の信用のみで「国家助学ローン」を申請できるように、保証人の規制緩和を要求した。ただし、大学関係者の紹介と立会証人が必要である。

　金融機関と大学の間では、「国家助学ローン」の申請、受理、審査、許可、回収監督、利用者信用登録などに関する協定を結び、相互の責務を明確にすべきである、という規定もつけ加えられた。取扱銀行は定期的に、大学ごとの滞納率、滞納者の名前、身分証明書番号、滞納状況および保証人の名前を公示し、滞納者の法的責任を追及することができる。責任を果たさない紹介者、立会証人の名前も公示することができるという。

2000年8月に公布された「助学ローンの管理に関する補足意見」は、さらに以下の点を補足した。①中央財政による利息補給の「国家助学ローン」を、8大試行都市[1]から全国へ広げる、②取扱銀行として、中国工商銀行のほかに、中国農業銀行、中国銀行と中国建設銀行を新たに指定するが、「1大学1取扱銀行」にしなければならない、③「国家助学ローン」の利用対象を、全日制本科・専科学生のみから大学院生まで広げる、第二学位取得や大学院進学などの理由によりローンの返済を延期することができる、④取扱銀行において助学ローン提供により発生した不良債権は、確認審査のうえ、所得税を納付する前に帳消しにすることができる、⑤学生の信用による無担保の貸付を提唱する、貸出金額については、学生の在学期間の授業料と生活費の合計額を基準にする、⑥立会証人はローン利用者と密接な関係にある人にすべきであり、「責任を果たさない紹介者、立会証人の名前も公示する」という規定を廃止する。

　さらに2002年2月に、人民銀行、教育部と財政部は「国家助学ローンの確実な推進に関する諸問題の通知」を頒布した。この通知は、「四つの定め」と「三つの審査」[2]をいっそう明確にし、中央財政が中西部地域へ一定の利息補給額を移転支出すること、弾力的な返済方式の選択、およびリスク回避のための利用者情報の収集などの要求を加えた。その後、取扱銀行の「国家助学ローン」利息収入の収益税免除などは廃止された。

　このように、「国家助学ローン」に関する通知が頻繁に公布、修正されたにもかかわらず、事実上、多くの銀行はさほど積極的に助学ローンを取り扱わなかった。少額の貸出の契約締結と回収に手数がかかるのが一つの原因である。しかし、学生への融資は学生個人の信用で担保するため、回収に対する銀行の不安が大きいこともよく指摘されていた。

　結果として2001年になっても、大陸31行政省（直轄市、自治区）のうち、まだ12省は利息補給額を調達しておらず、2省は具体策を制定しなかった。中央部委所属の大学でも、半数近くの55校がまだ同ローンの提供を開始せず、実際に貸出をしたのは3割にとどまった（李・劉 2005）。

　また1999〜2003年の5年間に、約79万人の在学者が銀行と貸与契約を

結んだが、この人数は当時の全日制普通高等教育機関在学者の5％に過ぎなかった[3]。当時の国家助学ローン管理センターの推測では、貧困学生[4]のおよそ60％は同ローンを利用していなかった、またはできなかったという（沈 2004）。

　一方、1999年にはじめて貸し出した「国家助学ローン」は、2003年に返済期に入ったが、予想以上に返済不履行が大量に発生してしまった。同年の8月に、人民銀行は「違約率が20％をこえ、かつ違約人数が20人をこえた高等教育機関を、学資貸付の対象にしなくてもよい」という通達を下した。ここでの違約率とは、「90日間連続の元金・利子未返済者数／返済期入りの人数」のことである。それをきっかけに、多くの銀行は学資貸付の業務自体、または新しい契約の締結を中止した。そのため、学生の「ローン利用難」が生じ、授業料滞納の上昇にまで波及した。

　その苦境から抜け出すため、2004年6月に、教育部、財政部、人民銀行および銀行監督管理委員会は共同で「国家助学ローンさらなる改善のための諸意見」を頒布した。「国家助学ローン」を円滑に進行させるために、同文書は、取扱銀行、審査手順、利息補給、リスク補填金、返済期間などの面で、大幅に規定の増補と改訂を行った。

　当初、各大学は4国有メインバンクのうちから銀行を選定していたが、改訂後新設された全国および省レベルの学生ローン管理機構が取扱銀行を入札募集することになった。学生の返済負担を軽減するために、返済は卒業後1年以内に開始し4年間で全額を返済する規定から、卒業後2年以内のある時点から開始し、6年間で全額を返済する規定へと改訂した。利息の負担について、政府が返済利息の50％を負担するという当初の方式から、在学中の利息は政府が全額負担し、卒業後の利息は利用者個人が負担する方式に切り替えられた。

　さらに、政府と高等教育機関は該当年度のローン利用額の一定の比率（上限15％）に準じて、銀行へのリスク補填の資金を設けることも新たに定められた。このリスク補填金は所管政府部門と高等教育機関が50％ずつ負担する。しかも、同補填金は将来のローン返済状況の如何と関係なく、銀行側に

支給される（沈　前掲）。また、卒業生の滞納率が20％をこえる大学に対して、銀行側はローンの提供を中止してもよいという規定を廃止し、いかなる理由があっても「国家助学ローン」の提供中止を禁じると改訂した。学生のローン利用額は相変わらず年に6000元を上限とし、学生個人の信用で担保する。各大学の年間貸付総額が［正規在学者数×20％×6000元］と明確にされた。この文書の頒布は、その後の「国家助学ローン」の発展に大きく寄与したと評価されている。

　ほかに、教育部は、2005年から大学合格通知と同封ですべての合格者に「国家助学ローン申請手引き」を無料で配布することなどを、高等教育機関に要求した。

　2006年初めに、教育部はこれまでの全国学生ローン管理センターを全国学生援助管理センターに改名し、支援機能を強化した。また、同年の秋までに各大学に学生援助センターの設立を要求し、授業料収入の10％を学生援助に使用しなければならないという新規定を打ち出した。

3.「国家助学ローン」の利用急伸と回収の課題

　2004年に「国家助学ローン」の増改訂が行われた後、学資貸付の利用者は著しく増加した。ただし、この増加には大学間、地域間のばらつきが大きい。中央部委所属の110数大学、および湖北省、河南省、遼寧省、江蘇省、山東省、広東省、陝西省などの地域の公立大学では、同ローンの実施は比較的円滑であるが、一部の地域の公立大学では決して順調に推進されているわけではない。

　2005年8月に、教育部の責任者は記者会見において、それまで「国家助学ローン」がほぼ実施されなかった海南省、天津市、黒龍江省、内モンゴル自治区、青海省、寧夏回族自治区、甘粛省と新疆ウィグル自治区の8省（直轄市、自治区）を批判し、ローンの迅速な提供を強く要求した。一方、教育部は2004年6月～2006年6月の間に、学資貸出金額のトップ10省（市）とトップ10大学、在学者における「国家助学ローン」利用割合のトップ10省（市）とトップ10大学を公表し、他の地域や大学の自主努力を求めた[5]。

教育部の2005年度貧困学生援助報告によると、政府と民間が提供する支援総額の35％が給付奨学金に、43％が「国家助学ローン」に、1％が学内無利息の「学生ローン」に、6％がワークスタディに、4％が授業料免除に、4％が特別困難補助に、7％が各種の食料手当に支給されているという。いうまでもなく、「国家助学ローン」は最も重要な学生援助手段にまで発展している。

『中国教育報』2006年7月26日の関係記事によると、1999年に「国家助学ローン」制度が実施されて以来、全国では計395.2万人の学生が同ローンを申請し、うち240.5万人が貸与契約を結んだという。銀行の貸出契約額は201.4億元にのぼる。しかも、2004年6月の新制度の実施開始から2006年6月までの2年間において、同ローンの利用者数（154.3万人）も貸与額（131.7億元）も過去5年間の合計をはるかに上回った。

さらに、2006年11月に筆者を含んだ調査班[6]がインタビューした全国学生援助管理センターの担当者の話では、全国の数字はないが、中央部委所属の大学では約16％の在学者が「国家助学ローン」を利用しており、需要はだいたい満たされているという。いくつかの省の大学のローン利用率は20％をこえている。ローン利用率の低さは銀行のネガティブな態度、非協力に由来するという。

しかし一方、「国家助学ローン」の利用急伸に伴い、回収問題は厳しくなりつつある。ローンの未返済額が数億元にのぼり、銀行と未返済者の間の訴訟が相次ぐ現状に対して、教育部は2006年9月前後に、同ローンの返済未履行問題で記者会見を5回も開催した。さらに、教育部と財政部は「国家助学ローン」の代償取扱暫定規定などを打ち出した。代償規定によると、中央部委所属大学の卒業生は、指定された西部地域や条件の厳しい地方へ3年以上勤務すると、中央政府が代わりにローンの利用額と利息を全額返済する。ただし、免除率はローン利用者の数パーセントに抑えられる予定である。

同じ2006年9月に、人民銀行の責任者はパーソナル・クレジット情報データベースのホームページの全国開通にあたって、「国家助学ローン」の違約率は28.4％に伸び、銀行の多くは同ローンの取扱いにネガティブな態度をとっていると、未返済状況の厳しさを指摘した。パーソナル・クレジット・

システムの全面実施に伴い、「国家助学ローン」を返済しないと、自動車や住宅を購入する際にローンを組めなくなるため、同システムによる個人信用に対する規制効果が大きく期待されている。

未返済者本人を直接起訴した銀行はほとんど勝訴しているが、行方不明者に対しては手を打ちようがない。ローンの具体的な回収方法について、インタビュー調査の協力者は以下のように語った。「以前の経験からいうと、銀行側が卒業生を追跡することはきわめて難しい。……それに対して、大学は比較的追跡しやすい。……やはり大学を通した回収が効果的である」(王2007)。また、収入が低くて返済力のない卒業生は確かに存在しているが、返済能力のある未返済者に、いかに強制的に返済を履行してもらうかがキーポイントであるという。

いずれにせよ、規制力の高い返済システムの制定に中国政府が力を注いでいる。ほかに、「国家開発銀行」という政策銀行の介入を通じて、「国家助学ローン」の管理モデルを構築しリスクを回避することなども検討中である。

4. 結 び——学資貸付制度の特徴および問題点

中国の学資貸付制度の形成と発展経緯において、1987年、1999年と2004年は大きな節目にあたる。

1987年の発足から1998年までの10年間において、中国は「学生ローン」提供の形で制度的な模索をしたといってよい。この時期の学資貸付は、公財政による財源提供と教育機関による取扱いであり、ほとんどが無利息であった。「奨学」は目的であったとはいえ、「育英」の性格ももっていた。金融市場との関連はほとんどなく、提供規模も小さかった。

1999年に創設された「国家助学ローン」は、「学生ローン」とはまず財源が大きく違う。学資貸付の財源は公財政支出から、国有銀行融資へ、さらに一般民間銀行融資へと広がったといえる。単純にいうと、財源は国民の税金から、何らかの私的貯蓄金へと切り変えられた。もちろん政府は利息補給金、リスク補填金、返済免除金の調達および各種の学生援助管理センターの運営のため、制度コストと管理コストを支出している。創立と発展は政府主導の

トップダウン方式であるにもかかわらず、同ローンの市場への依存度が非常に高いところが特徴であろう。

2004年の増改訂により、「国家助学ローン」の提供が大きな発展を成し遂げたのと対照的に、「一般商業性助学ローン」は政府の関与度が低いため、利用がそれほど伸長していない。現在の高い法定金利に左右される部分が大きいと推測される。

無担保の学生融資の実施は、ローンの提供を促進し、機会均等に寄与すると評価できるが、回収には後顧の憂いを残している。これは無論学生融資に対する銀行の非協力的な態度にも関連している。銀行の学生融資意欲を刺激するために、取扱銀行に対する政府と高等教育機関によるリスク補填金の譲渡は、推進段階では一定の効果を果たしたといえる。しかし、銀行の利益はそれで確保される一方、学資貸付の提供に苦闘する高等教育機関が多数ある。学生を安心して修（就）学させるために、教育機関は申請、審査の手続担当のほかに、回収責任、リスク補填金の譲渡などを余儀なくさせられている。たとえ100％の回収を実現させても、リスク補填金は返還されない。

高等教育機関にとって、「国家助学ローン」の提供は責任とリスクがある。その肥大化は業務の量を増やし、大学の財政を悪化させるおそれがある。「国家助学ローン」の利用を可能にするために奮闘する民営高等教育機関とは異なり、国公立高等教育機関、とりわけ大学財政に余裕のない教育機関の多くは、リスクを回避するために、入学決定、ローンの申請、審査などのプロセスにおいて、何らかの操作を行うのではないかという懸念がある。

また、公立大学のローン適用のために、地方政府がリスク補填金を確保するという点にも問題がある。一部の地域、とりわけ財政歳入の少ない地方政府は利息補給、リスク補填金を重荷とみなし、同ローンを積極的に導入しない。「国家助学ローン」はトップダウンの政策であるとはいえ、トップの中央は所管大学の面倒だけを見ている。圧倒的に多い公立大学のバックアップは、事実上地方政府に押しつけられている。中央と一部の地方政府との方針の違いも「国家助学ローン」の推進に支障をもたらしたと推測される。

奨学ローンは、そもそもリスクが高く営利的な一般ローンとは異なる。無

担保の「国家助学ローン」はいっそうリスクが高い。優遇策があるにもかかわらず、民間銀行は相変わらず無関心な態度をとるか、返済を見込んで貸与対象を一部の大学の学生に限定する。結果的に、ローン利用の地域差、大学差が拡大している。もし高等教育機関もリスクを回避するために、貸与対象を限定・縮小したら、学資貸付が学生援助の一環としてきちんと機能することができるだろうか。加えて、低所得層はリスク回避のために、そもそも高金利のローン利用に消極的であることも無視できない。

学生援助の一環でありながら、支援資金、支援ルートまで市場に大きく依存すること自体は、市場への過剰依存ではないか。またトップダウンの市場化は、どこまでボトムへ浸透できるのか、本来意図された目的はどこまで達成できるのか。こうした制度、政策の根本に依然として疑問が残っている。政府と市場の役割分担には、両者の均衡を保つための絶えない調整が不可欠であろうが、難しいところである。

比較的早期に奨学ローンを導入した日本では、奨学金の返済期間が長く滞納率も数パーセントにとどまる。ただし、近年、支給対象の増加に伴い滞納率が上昇し、回収制度の整備が迫られている。にもかかわらず、民間銀行を通して学生に融資する中国の「国家助学ローン」と比べると、法人をとおして学生融資を提供する日本の貸与制度は支給・返済を問わず、明らかにスムーズに推進されてきたといえる。

今後、中国では「国家助学ローン」利用の全国普及と円滑な回収が、ともに重要な課題となるに違いない。その発展と変化に注目し続ける必要がある。

〈注〉

1　8大試行都市は北京、上海、天津、重慶、武漢、瀋陽、西安、南京を含む。
2　「四つの定め」とは、①各省の教育行政部門が所管する地域のなかで「国家助学ローン」を申請できる高等教育機関を定める、②「国家助学ローン」の利用範囲を全日制の本科・専科学生、大学院生および第二学位在学者の授業料、学寮費、および生活費に定める、③高等教育機関のローン申請比率は原則として20％をこえてはならないが、各地域の教育部門、銀行と財政部門が現地の経済発展水準と申請者数を考慮して実際の割合を定めることができる。④高等教育機関は

自ら一つの国有商業銀行を取扱銀行として選定することができるということである。「三つの審査」とは、人民銀行（その支店を含む）と教育行政部門は、月ごとに取扱銀行の「国家助学ローン」申請者数、申請金額を審査する、貸与許可者数と貸与契約金額を審査する、実際の貸出人数と貸出金額を審査するということである。また、審査に基づき月ごとに分析し、存在する問題を解決しなければならない。

3 計算式は（利用者の79万人／（1999年在学者＋2000年入学者＋2001年入学者＋2002年入学者＋2003年入学者）×100％）である。

4 貧困学生の定義は十分に明確にされていないが、一般的には授業料、学寮費および大学所在地都市部の最低水準の生活費（衣、食、交通費など）を負担できない在学者のことを指す。さらに特別に収入の少ない貧困学生を特別貧困学生と称する。こうした学生は特別困難手当や「国家助学ローン」などの支給を申請することができる。

5 2006年7月26日の『中国教育報』記事による。

6 文部科学省先導的大学改革研究委託事業「諸外国における奨学制度に関する調査研究及び奨学金事業の社会的効果に関する調査研究」（代表：小林雅之）の中国調査班は、2006年11月初旬に、教育部財政司および全国学生援助管理センターの担当者を対象にインタビュー調査を行った。著者は同調査班のメンバーであった。

付録2　A大学の学生援助センターにおける
　　　　インタビュー調査

　2006年10月末に、文部科学省先導的大学改革研究委託事業「諸外国における奨学制度に関する調査研究及び奨学金事業の社会的効果に関する調査研究」の中国調査班のメンバーとして、著者は3年ぶりにA大学を訪ねた。目的は同大学の学生援助の実施状況を捉えることであった。調査の対象は学生援助センターの楊主任（センター長）であり、インタビューも主任室で行われた。

　A大学の学生援助センターはキャンパスの少し南側にあり、学寮に囲まれている。楊主任の紹介によると、学生の便宜のため、大学は同センターを事務本部にではなく、学寮の近くに創設したのである。主任室入り口の真正面の壁の上方には全国学生援助事業会議の成功を祝う真っ赤な錦の旗が飾ってある。長年にわたって学生援助の仕事を担当した楊主任は、洗練された40歳前後の女性で、1人で5、6人の調査団のインタビューに応じてくれた。

　同センターは2005年12月に「学生部」から独立し、仕事をスタートしたのは2006年1月であった。独立後、1人の副学長から指導を直接受けている。5人の専任スタッフは、四間計112平米のオフィスで各自の仕事を分担している。中国国内では、ここは比較的早期に成立した学生援助センターの一つである。楊主任がセンターの体制を紹介した後、小林をはじめとした調査班のメンバーは自由に質問した。主にセンターの役割、支援の仕組み、審査の基準、財源問題などをうかがった。

　同センターは主として低所得層の学部生を支援の対象とし、「国家助学ローン」、「国家助学・奨学金」、授業料免除、大学独自の「助学金」、臨時困難手当などの審査を担当する。実際の支給は「財務部」の担当である。ほかに、ワー

クスタディの機会調達や貧困学生に対する特別指導を担当し、会社や個人からの寄付も受け入れている。またA大学では、「優秀学生奨学金」の審査は同センターではなく、「学生部」の担当になり財源も異なる。大学院生に対する支援は「研究生院」の担当になる[1]。

　学生援助の受給審査において、家庭所得の把握は非常に重要なことである。その方法を尋ねたところ、「大学はすべての合格者に合格通知などの書類と同封して『家庭経済状況調査表』を郵送する。内容を本人が記入した上、所在地の役所で事実確認をし印鑑をもらう。入学する前に、同調査表を提出しなければならない。大学側は標本抽出的に『家庭経済状況調査表』をチェックし、『個人ファイル』(内申書のようなもの)と合わせて状況を把握する。入学後、学部または専攻レベルでまた家庭の状況を調べる」と楊主任が説明してくださった。

　また、学生の貧困ラインは北京市の最低生活保障基準の1人当たり380元／月(現在)と同じである。学生の年間支出額は授業料5000元、学寮費1050元、日常生活費3000元およびその他の支出というように、年に1万元が必要だと設定されている。学生の家庭状況に応じて、グラントまたはローンなどの支援を提供する。ほかに、実家に病人がいたり、自然災害に遭ったりした学生は、臨時支援を申請することができる。

　センターの主な財源について、政府予算のほか、授業料収入の10％、大学財政の投入、大学の教育基金、寄付金などが挙げられた。

　グラントの「国家助学・奨学金」の定員や審査基準について、楊主任は以下のように語った。「A大学では『国家奨学金』の定員は全学年で200人、『国家助学金』の定員は全学年で500～600人である。受給審査の基準はまだ十分に明確にされていないため、選考モデルは検討中である。専攻の社会的貢献度、基礎学科、理工系への配慮、女子学生への傾斜的配分が必要だと思う」。

　楊主任の話によると、現在のA大学では学年に応じて異なるパターンの支援を提供している。たとえば、1年生に対する支援は「国家助学ローン」中心であるが、できるだけ授業料免除、「助学金」のようなグラント支援を提供する。「新入生は都会生活にまだ馴染んでいないため、アルバイトは勧め

ない」。2年生以上の学年は「優秀学生奨学金」の受給が可能であるため、「助学金」のようなグラント支援を減らし、「国家助学ローン」にワークスタディという形態で支援する。3年生は2年生とほぼ同じパターンである。卒業する4年生に対して、それ以外に、コミュニケーション能力、面接テクニックのような就職のための特別プログラムを組んでいる。これは主に貧困学生を対象としたもので、就職指導センターの就職指導とは異なる。貧困学生の就職における各種の不利を克服するためのものである。

また2002年以来、「助学金」受給者や授業料免除者に対して、コミュニティ・サービス、障害児への学習支援、附属学校への支援、キャンパスの環境美化といったボランティア活動への参加を要求している。大学生は働く能力を備えているため、グラント支援を受ける者に何らかの社会的還元を求めるというのが大学の方針である。

「国家助学ローン」の利用について、「卒業生と在学者の約4700人がすでに利用し、貸出総額は7000万元に達する。ほとんどの申請者が利用できる。返済率も90％以上あり、滞納の回収は大学と銀行が協力して解決している」。ただし、楊主任が実施した滞納者に対するある調査によると、「教育収益率の高い法学部、経済学部の返済率はかえって低い。なかには収入が低くて返済能力のないケースもあるが、多くの場合、返済忘れ、返済手続き不明などが滞納の原因である」。また、これは現在中国のクレジットシステムの不整備とも関連するものであり、その整備に期待していると語った。海外へ留学する場合、原則として全額を返済しないと許可されない。

また、楊主任の話によると、病気や死亡などにより返済不可能になる場合、政府が審査の上、代わりに返済することも検討中である。現段階では返済率は低くても、大学に対して定員削減のようなペナルティが実施されていない。ただし、政府は何らかのペナルティを検討している。

さらに、楊主任は、学生援助事業をより円滑に推進するために、A大学は主に以下の努力をしているとまとめてくれた。①専門家を招聘しローン利用に関する各種の説明会を開く、②卒業する直前に貸与契約の再確認を行う、③母校を愛する意識の養成、忠誠心の養成に力を入れる、④大学の知名度を

利用して社会的支援、資金を誘致し、グラントの「助学金」の部分を拡充する、⑤貧困学生に対して特別に職業訓練、学習指導、就職指導を実施する。ただし、現在キャリア・アドバイザー不足の問題が生じている。NGOの職員やボランティアなど学外から専門家を招聘してセミナーを開くように努めている。

「貧困学生にレッテルを貼るのではないか」という調査側の疑問に対して、楊主任はそうはなっていない」と否定し、以下の説明を加えた。「貧困学生にレッテルを貼らないように、『学生服務総隊』(Student Serving Troop)を2003年に組織した。現在2000〜3000人いる。そのメインが貧困学生である。援助を受けた学生は優先的にセンター主催のセミナーに出席し、各種の訓練を受けることができる。教員の参加があり、活動の財源も確保されている。レッテルは貼らないが、貧困学生は何らかの特性をもっている」。

同インタビューに際して感じられたのは、A大学の財政上の余裕と学生援助における自主努力であった。同大学は国が最も重点的に資金を投入する大学の一つで、大学経営の企業もよい財源となっている。しかも、著者の質問紙調査で分かったように、同大学の学生の多くはよい家庭的背景に恵まれ、貧困学生の数が比較的少ない。このような財力のある名門大学では、学生援助に対して力さえ注げば、問題解決に特別な支障がないようである。

一方、決してA大学だけの問題ではないが、学生援助の実施期間はまだ短いため、基本の規則から具体的な操作まで多くの課題が残っている。たとえば、受給の審査はブラックボックスのようである。またいずれも学生援助の一環であるものの、メリットベースの「優秀学生奨学金」、さらに大学院生の支援は学生援助センターの管理の射程外にあり、大学全体の学生援助策および管理に統一性が欠けるように見える。所管を一本化し、学生援助の基本理念、財源配分および審査基準をいっそう明確にする必要があるのではないかと考えられる。

ほかに、学生援助の仕事に従事するスタッフのプロフェッショナル化がすでに課題として迫ってきている。また、学生の家庭所得の正確な把握やローンの回収に必要とされる個人情報の把握などの課題については、教育分野だけではなく、財政、金融、法律、戸籍管理制度などを含んだインフラストラク

チャーの整備が必要である。

〈注〉
1　2006年の時点では、A大学は多くの大学と同様、大半の大学院生から授業料を徴収していなかった。しかも、大学院生には一定の給与を支給していた。A大学では280〜300／月。楊主任の話によると、経済的に貧困な大学院生は比較的少ない。政府予算には大学院生向けの「助学金」などはないが、各大学ではTA、RAのポストがあり、学生の相談や必要に応じて個別に対応する場合もある。

参考文献

日本語文献

天野郁夫 1986、『高等教育の日本的構造』東京:玉川大学出版部。

天野郁夫・藤田英典・苅谷剛彦 1998、『教育社会学』改訂版、第10、12章、放送大学教材、東京:大蔵省印刷局。

安藤次男 2001、「1964年公民権法と大統領政治」『立命館国際研究』13巻3号、171-187頁、立命館国際関係会発行。

Bourdieu, Pierre & Passeron, Jean-Claude 1970, La reproduction: éléments pour une théorie du système d'enseignement, Les Editions de Minuit (= 1991、宮島喬訳『再生産—教育・社会・文化』東京:藤原書店)。

Dore, Ronald Philip 1976, *The Diploma Disease: Education, Qualification and Development* (= 松居弘道訳 1978、『学歴社会—新しい文明病』東京:岩波書店)。

賽心浩 2004、「教育機会均等問題と進学選択理論」『東京大学大学院教育学研究科紀要』第43巻、109-119頁。

――― 2004、「中国における高等教育機会の地域間格差と規定要因—2001年四年制大学進学データの分析—」日本高等教育学会第7回大会(於国学院大学) 7月24日配布資料。

藤田英典 1992、「教育社会学におけるパラダイム転換論」『教育学年報1 教育研究の現在』115-159頁。

古田和久 2004、『学生生活費から見た大学教育機会』第56回日本教育社会学会大会(於東北大学)「教育達成と教育費」部会における配布資料。

橋本健二 2000、「教育機会の不平等と階層格差の固定化」『生活経済政策』1月号、6-10頁、生活経済研究所発行。

ハルゼー, A.H.・ローダー, H.・ブラウン, P.・ウェルズ, A.S.編、住田正樹・秋永雄一・吉本圭一編訳 2005、『教育社会学—第三のソリューション—』福岡:九州大学出版会。

樋田大二郎・堀健志ら 2003、「メリトクラシーの比較研究(2)—イギリスと日本—」『日本教育社会学会第55回大会発表要旨集録』344-347頁。

市川昭午 2000、『高等教育の変貌と財政』東京:玉川大学出版部。

市川昭午・菊池城司・矢野眞和 1982、『教育の経済学』東京:第一法規出版。

井手弘人 2003、「韓国の学費」『IDE 現代の高等教育』11月号、64-69頁。

参考文献

石井光夫 2003、「OECD 諸国の大学学費比較」『IDE 現代の高等教育』11月号、44-47頁。
伊藤和衛 1965、『教育の機会均等―義務教育費の財政分析を中心として―』東京：世界書院。
伊藤由樹子・鈴木亘 2003、「奨学金は有効に使われているか」家計経済研究所編『家計経済研究』No.58、86-96頁。
Jencks, Christopher et al. 1972, *Inequality: A Reassessment of the Effect of Family and Schooling in American* (=1978、橋爪貞雄・高木正太郎訳『不平等―学業成績を左右するものは何か―』名古屋：黎明書房)。
金子元久 1987、「教育機会均等の理念と現実」『教育社会学研究』第42集、38-50頁。
金子元久・徐国興・寶心浩・曹燕・鮑威 2005、「21世紀初頭中国の高等教育発展構造―中国東南部調査（2004年夏）から―」『東京大学大学院教育学研究科紀要』第44巻83-109頁。
鹿又伸夫 2001、『機会と結果の不平等』京都：ミネルヴァ書房。
カラベル、J.・ハルゼー、A.H.編、潮木守一・天野郁夫・藤田英典編訳 1980、『教育と社会変動 上 教育社会学のパラダイム展開』東京大学出版会。
菊池城司 1978、「教育機会と資源配分」市川昭午編『教育における最適資源配分に関する基礎的研究』トヨタ財団、147-216頁
────── 1987、「高等教育在学率の推計」潮木守一編『教育システムの動態分析のための指標開発とデータベース作成報告書』名古屋大学科学研究費補助金研究成果報告書、41-57頁。
喜多村和之 1999、「『ユニバーサル化』とは何か」『高等教育研究紀要』第17号。
小林雅之 1994、「奨学金の需給要因の分析」矢野眞和（研究代表者）『高等教育費の費用負担に関する政策科学的研究』文部省科学研究費補助金総合研究(A)研究成果報告書、79-112頁。
────── 2002、「日本の奨学制度」『IDE 現代の高等教育』4月号、37-43頁。
────── 2004、「高等教育機会と育英奨学制度」『高等教育研究紀要』10月号。
────── 2005、「 大学経営戦略としての奨学金」『IDE 現代の高等教育』10月号、22-28頁。
小林雅之・濱中義隆・島一則 2002、『学生援助制度の日米比較』文教協会研究助成報告書。
近藤博之 1990、「教育社会学における計量的方法の現状と課題」『教育社会学研究』第47集、54-64頁。
────── 2000、「「知的階層制」の神話」近藤博之編『日本の階層システム3 戦後日本の教育社会』東京大学出版会、221-245頁。
────── 2001a、「高度成長期以降の大学教育機会」『大阪大学教育学年報』第6号、1-11頁。

―――― 2001b、「階層社会の変容と教育」『教育学研究』第68巻 第4号、351-359頁。
李強著,高坂建次・李為監訳 2004『中国の社会階層と貧富の格差』東京:ハーベスト社。
耳塚寛明・苅谷剛彦ら 2003、「メリトクラシーの比較研究(1)―日本とシンガポール―」『日本教育社会学会第55回大会発表要旨集録』230-235頁。
中島直忠編 2000、『日本・中国 高等教育と入試』東京:玉川大学出版部。
南部広孝 2001、「文革後中国における高等教育システムの拡大過程に関する一考察」『大学論集』第32集、59-71頁。
大久保元紀 1998、『若年層における職業・企業イメージの形成と変遷』中央大学修士論文 (= http://homepage3.nifty.com/director807iruka/director/index.html 〈2004/6/6〉)。
大前敦巳 2002、「キャッチアップ文化資本による再生産戦略」『教育社会学研究』第70集、165-183頁。
大塚豊 1996、『現代中国高等教育の成立』東京:玉川大学出版部。
尾嶋史章 2002、「社会階層と進路形成の変容」『教育社会学研究』第70集、125-142頁。
尾嶋史章・近藤博之 2000、「教育達成のジェンダー構造」盛山和夫編『日本の階層システム4―ジェンダー・市場・家族―』東京大学出版会、27-46頁。
小山麗逸・鄭新培編著 2001、『中国教育の発展と矛盾』第1章 東京:お茶の水書房。
銭小英 1989、「教育機会均等の実態と奨学金政策」『教育社会学研究』第44集、101-118頁。
柴野昌山・菊池城司・竹内洋編 1992、『教育社会学』第11、12章、東京:有斐閣ブックス。
田中敬文 1994、「個別大学『学生生活調査』の分析と家計負担」矢野眞和研究代表『高等教育費の費用負担に関する政策科学的研究』179-196頁、文部省科学研究費補助金研究成果報告書。
トロウ,M.著、天野郁夫・喜多村和之訳 1976、『高学歴社会の大学』東京:東京大学出版会。
辻功・木下繁弥編著 1979、『教育学講座 第20巻 教育機会の拡充』東京:学習研究社。
塚田広人 1998、「市場経済システムと教育制度 (下) ―教育費負担原則、とくに高等教育と国立大学の授業料の負担方法をめぐって―」『山口經濟學雜誌』第46巻第6号、765-798頁。
粒来香・林拓也 2000、「地域移動から見た就学・就職行動」近藤博之編『日本の階層システム3―戦後日本の教育社会―』東京大学出版会、57-76頁。
梅根悟 1950、『西洋教育史概況―西洋近代学校の成立史』(安藤尭雄ほか編 東京教育大学講座4) 東京:金子書房、4頁。
卯月由佳 2004、「《教育機会の平等》の再検討と《公共財としての教育》の可能性」『教育社会学研究』第74集、169-187頁。
王杰 (傑) 2003、「中国高等教育拡大過程における教育機会の階層間格差の進展」『お茶の水女子大学21世紀COEプログラム「誕生から死までの人間発達科学」平成

14年度公募研究成果論文集』27-39頁.
―――― 2005,「学部生の進路志向における家庭的背景の影響」日本教育社会学会編『教育社会学研究』第76集,245-263頁.
―――― 2007,「中国の授業料負担と学生支援」文部科学省先導的大学改革研究委託事業『諸外国における奨学制度に関する調査研究及び奨学金事業の社会的効果に関する調査研究』第8章.
米澤彰純ほか 2005,「希望者は拡大,学生確保の重要施策となる」『カレッジマネジメント』130.
徐国興 2004,「中国における国・公立大学授業料政策の変容」『東京大学大学院教育学研究科紀要』第43巻,99-108頁.
矢野真和 1994,「高等教育費から見た政府と家計」矢野研究代表『高等教育費の費用負担に関する政策科学的研究』1-16頁,文部省科学研究費補助金研究成果報告書.
苑復傑 1994,「高等教育の「市場化」―現代中国の模索―」『教育社会学研究』第55集,127-144頁.
袁連生 2002,「高等教育の大衆化と機会均等性」『IDE 現代の高等教育』8月号,22-27頁.
―――― 1998,『高等教育のシステムと費用負担』科学研究費補助金基盤研究.
『学費・奨学金に関する現状認識と展望―私立大学のビジョン―』2003,日本私立大学協会附置高等教育研究所研究報告書(= http://www.riihe.jp/gakuhi.html 〈2005/4/28〉).
『21世紀の高等教育に向けての世界宣言:展望と行動』(= http://pegasus.phys.saga-u.ac.jp/UniversityIssues/AGENDA21.htm 〈2004/10/5〉).
『図表でみる教育 OECDインディケータ(2004年版)』(= http://www.mext.go.jp/b_menu/toukei/002/04091401.htm 〈2005/5/4〉).
『諸外国の教育の動き 2004』154-55頁,文部科学省生涯学習政策局調査企画課.
『世界人権宣言』(= http://www.amnesty.or.jp/udhr.html 〈2005/3/21〉).
『日本国憲法』(= http://constitution.at.infoseek.co.jp/ 〈2005/3/22〉).
『教育基本法』(= http://www.houko.com/00/01/S22/025.HTM 〈2005/3/22〉).

中国語文献

蔡英蓮 2000,「対"拡招"現象的深層原因分析」『高等教育研究』第1期,67-68頁.
陳暁宇 1998,『論中国高等教育的成本補償』北京大学博士学位論文(未公刊).
陳暁宇・閔維方 1999,「成本補償対高等教育機会均等的影響」『教育与経済』第3期,1-6頁.
鄧婭・閔維方 2001,「地区経済発展差异和高等教育成本补偿」『高等教育研究』2001年第6期,43-48頁.

丁小浩　2000、「対中国高等院校不同家庭収入学生群体的調査報告」『清華大学教育研究』第2期、102-108頁。
丁小浩・陳良焜　2000、「高等教育拡大招生対経済増長和増加就業的影響分析」『教育発展研究』第2期、9-14頁。
段宝霞　2003、「大学生私人教育支出和付費意愿問題的調査研究」『教育与経済』第1期、48-52頁。
蒋鳴和　1994、「関於高校収費標準的分析」『教育時報』5月10日版。
Johnstone, D.P. 著、李紅桃・沈紅訳　2002、「高等教育成本分担中的財政与政治」、『比較教育研究』第1期、26-30頁（2001年5月に北京大学主催の教育経済学国際シンポジウムへの配布資料）。
李文長・劉亜栄、「国家助学貸款的現状及政策分析」『高等教育研究』第26巻、35-41頁、2005年5月。
李文利・閔維方　2000、「在校大学生私人教育支出及其付費意愿研究」『全国教育経済学年会論文集』。
李文利　2004、「中国高等教育経費来源多元化分析」『北大教育経済研究（电子季刊）』第2巻第3期（＝http://www.usc.cuhk.edu.hk/wk_wzdetails.asp?id=3529＜2005/4/5＞）。
李文利「高等教育私人支出、家庭貢献与資助需求分析」『教育与経済』2006年第1期、14-17頁、32頁。
劉少累・賈萍　1999、「急待完善的高校資助体系―山東省高校併軌後収費状況的調査」『教育与経済』第2期。
陸根書・鐘宇平　2002、『高等教育成本回収的理論与実証分析』北京：北京師範大学出版社。
陸学芸編著　2002、『当代中国社会階層研究報告』北京：社会科学文献出版社。
馬建国　2000、『中国家庭教育支出負担的実証研究』北京大学修士論文（未公刊）。
馬小侠　2002、「人民大学馬小侠談2001、2002年考研報名、考試、録取情况」。（＝http://www.kaoyan.net/newsfile/2002-4-29/2002429C0004296.htm〈2004/8/4〉）。
汝信・陸学芸・李培林編　2003、『社会藍皮書2003年：中国社会形勢分析与予測』北京：社会科学文献出版社 。
沈紅「国家助学貸款与高等教育的大衆化」中国教育経済学会論文（於北京師範大学）2004年10月9-10日。
孫立平　2002、「我们在面臨一個断裂的時代？」『戦略与管理』第2期。
唐点権　2001、「大学生主要経済来源及学習支出傾向性調査」『青年研究』(12)、20-24頁。
王潔　1999、『高等教育成本補償政策対低収入家庭大学生影響的実証研究』北京大学修士論文（未公刊）。
王杰（傑）　2004、「大学生教育支出和筹資状況的実証分析」中国教育経済学会編『教育与経済』第1期、30-35頁。

───── 2005、「重点大学在校生高中教育经历的实证分析」中国教育经济学会编『教育与経済』第1期、10-14頁。
魏新執筆 2000、「拡大高等教育規模対短期経済増長的作用」(http://www.edu.cn/20030528/3085626.shtml〈2004/5/10〉)。
文东茅・岳昌君 2003、「2003届高校毕业生就业状况调查的初步统计」『北京大学教育経済研究所簡報』第26期(= http//www.gse.pku.edu.cn/jianbao/200326.htm〈2004/2/9〉)。
呉徳剛 1998、『中国全民教育問題研究―兼論教育機会平等問題―』北京：教育科学出版社。
閻鳳橋・卓暁輝 2003、「高等教育拡招後規模和办学条件変化分析」『北京大学教育経済研究所簡報』2003年第28期(= http://www.gse.pku.edu.cn/jianbao/200328.htm〈2004/02/09〉)。
楊钋 2001、『中国高等教育学费影响因素的实证分析』北京大学修士論文（未公刊）。
岳瑞芳・刘江 2003、「研究生收费制度："箭在弦上" 引而未发」。(=http://news.xinhuanet.com/focus/2003-12-09/content-1221216.htm〈2003/12/19〉)。
張民選 1999、『理想と抉択』北京：人民教育出版社。
張翼 2004、「当代中国社会流動機制的分析」、陸学芸編『当代中国社会流動』180-211頁、北京：社会科学文献出版社。
趙海利 2001、「重新審視成本補償対高等教育機会均等的影響」『高等教育』第11期、35-37頁。
「国家助学貸款已資助240万学子」『中国教育報』2006年7月26日（= www.moe.edu.cn/edoas/website18/info20998.htm〈2006/09/11〉)。
「違約率28.4％助学貸款尋找風険分担新機制」『第一財経日報』(= http://bank.money.hexun.com/1831_1830647A.shtml〈2006/09/16〉)。
「張保慶厳厉批評八省市助学貸款毫無作為」(=http://edu.people.com.cn/GB/1053/3652609.html〈2006/12/10〉)。
「2005年全国高校家庭経済困难学生工作成效显著」(=http://www.moe.gov.cn/edoas/website18/info21819.htm 2006年10月5日)。
1989－2003年版『中国教育統計年鑑』北京：人民教育出版社。
1996－2003年版『中国統計年鑑』(= http://www.stats.gov.cn/tjsj/ndsj/〈2003/2/20〉)。
『中国教育50年状況数据』CD-ROM、北京：教育部発展企画司＆教育部教育管理信息中心聯合発行。
1989－2000年『中国教育経費統計年鑑』北京：中国統計出版社。

英語文献

Alwin, Duane F., 1974, "College effects on educational and occupational attainments", *American*

Sociological Review, Vol.39, No.2, pp.210-23.

Blau, Peter M. and Duncan, Otis Dudley, 1967, *The American Occupational Structure*, New York: Wiley and Sons.

Bowen, Howard R., 1980, *The Costs of Higher Education: How Much Do Colleges and Universities Spend per Student and How Much Should They Spend?*, San Francisco: Jossey-Bass Publishers.

Brossfield, H.P., 1990, "Changes in Educational Opportunities in Federal Republic of Germany", *EUI Working Paper*, SPS: 90/4.

Brunner, J.J. and Briones G., 1992, "Higher Education in Chile: Effects of the 1980 Reform", in Wolff, L. and Albrecht, D. (eds.), *Higher Education Reform in Chile, Brazil and Venezuela: Towards a Redefinition of the Role of the State*, Human Resource Division, Techinical Department, Latin American and Caribbean Region, Washington, D.C.: The World Bank.

Chutikul, S., 1986, "The Effect of Tuition Fee Increase on the Demand for Higher Education: A Case Study of a Higher Education Institution in Thailand", University of Sussex, (Processed).

Coleman, James S. et al., 1966, *Equality of Educational Opportunity*, Washington, D.C.: U.S. Goverment Printing Office.

Dey, Eric L., Leslie, Adams Wimsatt, Rhee, Byung-Shik and Meader, Ellen Waterson, 1998, *Long-term Effect of College Quality on the Occupational Status of Students* (=http://www.umich.edu/~ncpi/53papers/leslie.html 〈2003/12/26〉).

Ethington, Corinna, A. and Smart, John C., 1986, "Persistence to Graduate Education", *Research in Higher Education*, Vol.24, No.3, pp.287-303.

Ganzeboom, H.B, Luijkx, G.R. and Teriman, D.J., 1989, "Intergenerational Class Mobility in Comparative Perspective", *Research in Social Stratification and Mobility*, Vol.8, pp.3-84.

Ganzeboom, Harry B.G. and Paul, Nieuwbeerta, 1996, "Access to Education in Five Eastern European Coutries between 1940 and 1985: Results from the Cross-National Survey of Eastern Europe", *Proceedings Workshop Transformation Processess in Easteran Europe*, pp.197-217.

Halsey, A.H. and Ridge, J., 1980, *Origins and Destinations:Family,Class and Education in Moden Britain*, Oxford: Clarendon.

Halsey, A.H., 1993, "Trends in Access and Equity in Higher Education: Britain in International Perspective", *Oxford Review of Education*, Vol.19, pp.129-40.

――――― 1994, "Sociology as Political Arithmetic (The Glass Memorial lecture)", *British Journal of Sociology*, Vol.45, pp.427-44.

Hansen, W.L., 1983, "Impact of Student Financial Aid on Access", In Froonkin, J. (ed.), *The Crisis in Higher Education*. New York: The Academy of Political Science.

Hearn, James C., 1988, "Attendence at Higher-cost Colleges", *Economics of Education Review,* Vol.7, No.1, pp.65-76.

Heller, D.E., 1997, "Student Price Response in Higher Education: An Update to Leslie and Brinkman", *Journal of Higher Education*, Vol.68, No.6, pp.624-59.

Hilmer, M.J., 1998, "Post-secondary Fees and the Decision to Attend a University or a Community College", *Journal of Public Economics*, Vol.67, No.3, pp.329-48.

Hout, M., 1988, "More Universalism, Less Structural Mobility: The American Occupational Structure in the 1980s", *American Journal of Socioology*, Vol.93, pp.1358-400.

Jackson, G.A., 1988, "Did College Choice Change During Seventies?", *Economics of Education Review*, Vol.7, No.1, pp.15-27.

Kane, T.J., 1994, "College Entry by Blacks since 1970: The Role of College Costs, Family Background, and the Returns to Education", *Journal of Political Economy,* Vol.102, No.5, pp.878-911.

———— 1995, Rising Pubilic College Tuition and College Entry:How Will Do Pubulic Subsidies Promote Access to College?, New York:National Bureau of Economic Research Working Paper Series, No.5164.

Leslie, L. and Brinkman, P., 1987, "Student Price Response in Higher Education: The Student Demand Studies", *Journal of Higher Education*, Vol.58, No.2, pp.181-204.

Manski, Charles F. and Wise, David A., 1983. *College Choice in America.* Cambridge, Ma.: Harvard University Press.

Mare, Robert D., 1980, "Social Background and School Continuation Decisions", *Journal of the American Statistical Association*, Vol.75, No.370, pp.295-305.

Mullen, Ann L., Goyette, Kimberly A. and Sosares, Joseph A., 2003, "Who Goes to Graduate School? Social and Academic Correlates of Educational Continuation After College", *Sociology of Education*, Vol.76, No.2, pp.143-69.

McPherson, M.S. and Schapiro, M.O., 1991, *Keeping College Affordable: Government and Equal Opportunity*. Washinton, D.C.: The Brookings Instituion.

Muller, W. and Karle, W., 1990, *Social Selection in Educational Systems in Europe.*

Oberg, J.H., 1997, "Testing Federal Student-Aid Fungibility in Two Competing Versions of Federalism", *Journal of Federalism,* Vol.27, No.1 (=http://users.aol.com/joberg/fedaidtest.html).

Pascarella, E.T. and Terenzini, P.T., 1991, *How College Affects Students: Findings and insights from twenty years of research,* San Francisco: Jossey-Bass.

Radner, Roy and Miller, Leonard S., 1975, *Demand and Supply in U.S. Higher Education*, New York: McGraw Hill.

Robinson, R.V. 1984, "Structural Change and Class Mobility in Capitalist Societies", *Social*

Forces, Vol.63, No.1, pp.51-71.

St. John, E.P. and Noell, Jay, 1989, "The Effects of Student Finacial Aid on Access to Higher Education", *Research in Higher Education*, Vol.30, No.6, pp.563-81.

Stolzenberg, Ross M., 1994, "Educational Continuation by College Graduates", *American Journal of Sociology*, Vol.99, No.4, pp. 1042-77.

Treiman, D.J. and Yip, K., 1989, "Educational and Occupational Attainment in 21 Countries", *Cross-National Research in Sociology*, pp.207-34.

Treiman, D.J. and Ganzeboom, H.B.G., 1990, "Cross-National Compararive Status Attainment Research", *Research in Social Stratification and Mobility*, Vol.9, pp.105-27.

Wong, R.S, 1990, "Understanding Cross-National Variation in Occupational Mobility", *American Sociological Reriew*, Vol.55, pp.560-73.

Ziderman, Adrian and Albrecht, Douglas, 1995, *Finacing Universities in Developing Countries*.

本書に関係する中国中央政府の行政文書

（　）内は筆者による日本語訳である。

1983年7月　国家教育部・財政部《关于颁发〈普通高等学校本、专科学生人民助学金暂行办法〉和〈普通高等学校本、专科学生人民奖学金试行办法〉的通知》（「普通高等教育機関における本科・専科学生の人民助学金の暫定方法」と「普通高等教育機関における本科・専科学生の人民奨学金の試行方法」に関する通知）

1985年5月　国務院・国家教育委員会《中共中央关于教育体制改革的决定》（「中国共産党中央の教育体制に関する改革の決定」）

1986年4月　第六届全国人民代表大会第四次会议《义务教育法》(2006年6月修・改訂)（「義務教育法」）

1986年7月　国務院《国务院批转国家教育委员会、财政部关于改革现行普通高等院校人民助学金制度报告的通知》（「国家教育委員会、財政部の普通高等教育機関現行人民助学金制度の改革報告に対する国務院の承認通知」）

1987年7月　国家教育委員会・財政部《关于重新印发〈普通高等学校本、专科学生实行奖学金制度的办法〉和〈普通高等学校本、专科学生实行贷款制度的办法〉的通知》（「『普通高等教育機関における本・専科学生の給付奨学金実施方法』と『普通高等教育機関における本科・専科学生向けの貸付制度の実施方法』の再指示の通知」）

1989年8月　国家教育委員会・国家物価局・財政部《关于普通高等学校收取学杂费和住宿费的规定》（「普通高等教育機関における授業料、雑費および学寮費徴収の規定」）

1990年7月　国家教育委員会・人事部・国家計画委員会・公安部・商業部《普通高等学校招收自费生暂行规定》（「普通高等教育機関における私費学生募集の暫定規定」）

1992年6月　国家教育委員会・財政部・国家物価局《关于进一步完善普通高等学校收费制度的通知》（「普通高等教育機関の費用徴収制度の更なる改善に関する通知」）

1993年2月　中共中央、国務院印発《中国教育改革和发展纲要》（「中国教育改革と発

展要綱」)

1993年3月　国家教育委員会・財政部・国家物価局《关于做好1993年普通高等学校收费工作的通知》(「普通高等教育機関の1993年の費用徴収を規制する通知」)

1993年7月　国家教育委員会・財政部《关于对高等学校生活特别困难学生进行资助的通知》(「普通高等教育機関に在学中の特別困難な学生を援助する通知」)

1993年8月　国家教育委員会・財政部《关于进一步做好高等学校勤工助学工作意见的通知》(「普通高等教育機関のワークススタディ提供を一層向上させる提案の通知」)

1993年8月　国家教育委員会・財政部《关于修改〈普通高等学校本、专科学生实行贷款制度的办法〉部分条款的通知》(「『普通高等教育機関における本科・専科学生向けの貸付制度の実施方法』一部改訂の通知」)

1994年5月　国家教育委員会・財政部《关于在普通高等学校设立勤工助学基金的通知》(「普通高等教育機関においてワークスタディ基金を設立する通知」)

1994年7月　国務院《关于〈中国教育改革和发展纲要〉的实施意见》(「『中国教育改革と発展要綱』の実施に関する提案」)

1995年3月　第八届全国人民代表大会第三次会议《教育法》(「教育法」)

1995年8月　《国家教委关于改革国家教委直属院校学生贷款办法的通知》(「国家教育委員会直属大学の学生ローン取り扱いに関する通知」)

1995年4月　国家教育委員会《关于对普通高等学校经济困难学生减免学杂费有关事项的通知》(「普通高等教育機関に在学する経済的に困難な学生の授業料、雑費免除事項に関する通知」)

1998年8月　第九届全国人民代表大会常务委員会《高等教育法》(「高等教育法」)

1998年12月　国家教育部《面向21世纪教育振兴行动计划》(「21世紀に向けての教育振興行動計画」)

1999年5月　《国家助学贷款管理规定》(「国家助学ローンの管理規定」)

1999年12月　《关于助学贷款管理意见的通知》(「助学ローンの管理に関する意見の通知」)

2000年8月　《关于助学贷款管理的补充意见》(「助学ローンの管理に関する補足意見」)

2002年3月　中国人民銀行・教育部・財政部《关于切实推进国家助学贷款有关问题的通知》(「国家助学ローンの確実な推進に関する諸問題の通知」)

2004年6月　《关于进一步完善国家助学贷款工作的若干意见》(「国家助学ローンさらなる改善のための諸意見」)

2005年5月　教育部・国家発展和改革委員会・財政部《关于做好2005年高等学校收费工作有关问题的通知》(「2005年度高等教育機関の費用徴収規制に関する通知」)

2005年7月　財政部・教育部《国家助学奖学金管理办法》(「国家助学・奨学金の取扱方法」)

2006年9月　財政部・教育部《高等学校毕业生国家助学贷款代偿资助暂行办法》(「高等教育機関卒業生の国家助学ローン代償に関する暫定取扱」)

あ と が き

　本書で述べてきたように、中国の高等教育はその社会経済的背景と同様に激変してきた。その拡大は何よりも普通高等教育機関の拡張に現れている。既存の普通国公立大学の大幅な規模拡大は無論であるが、普通民営大学の急成長や成人国公立大学の「普通国公立化」も大きな要因であった。しかも、普通本科・専科だけではなく、大学院も拡大の一途を辿っている。突発的で急速な拡大のため、教育機会の問題、質の低下、教育機関の負債など、多くの問題が発生し、卒業生の就職も厳しくなっている。したがって、中国の高等教育はいよいよ「軟着陸」し、調整期に入るのではないかとの予測が見られる。

　2001年以来、中国政府による大学授業料の値上げに対するコントロールは比較的うまくいったといえる。学生援助の拡充にも力を入れている。教育機会の問題は、本書の調査対象校ではさほど悪化されていなかったとはいえ、一部の地域、一部の教育機関では所在地の経済的発展度が低い割に、授業料基準が高くて学生援助も充実していない実情がある。こうした地域や教育機関における教育機会問題の進展を注目する必要がある。とりわけ、2004年以降「国家助学ローン」の拡充による学生援助提供の地域差、大学差が広がっており、その影響は無視できないものである。

　市場原理がどこまで中国の高等教育に浸透するか。民営セクターがどこまで成長するか、あるいはどこまで成長することを認めてよいか。普通国公立大学の規模はどの程度になるか、そこにおける授業料負担、給付奨学金や「国家助学ローン」の提供がどのように変化するか。また教育機会の社会的分布はどのように変容していくか。こうした中国高等教育の変化、変容には、今後も目が離せない。さらに、将来の18歳人口の急減を考え、収容力の調整、さらに中国高等教育に関する明確なグランドデザインが不可欠だと考えられる。

本書の事例研究は、お茶の水女子大学21世紀COEプログラム「誕生から死までの人間発達科学」平成14年度公募研究の助成を受けた。また2003年春に質問紙調査を実施した際に、対象校の4大学において多くの先生方にご協力をいただき、1600名以上の学部生のご回答をいただいた。お名前を挙げられないが、心からお礼を申し上げたい。

　振り返ってみると、教育社会学という分野に興味を持ち出したのは、北京外国語大学の日本学研究センターに在学していた時期であった。同センターは日本国際交流基金の教育支援を受けた機関で、自由で学術的な雰囲気と豊富な蔵書に恵まれている。しかも、大学院生の問題関心を尊重し熱心に指導される日本人教員が多数おられた。私もそこで歴史学、哲学、経済学、文化人類学、社会学など幅広い分野に接することができ、視野を広げた。学問の基礎を最大限に身につけ、問題関心を自ら発見し、自主的に判断、選択する能力を養成できる環境であった。

　北京日本学研究センターの大量の蔵書のなかで、よく拝読したのは教育分野の書籍であった。とりわけ天野郁夫先生、麻生誠先生、潮木守一先生、R.ドーア先生らの著書に魅了されていた。そして、豊田俊雄先生のご指導の下で、『日本社会における受験競争』と題した修士学位論文を完成した。

　その後、清華大学の外国語学部に就職し語学の分野を歩んでいたが、教育問題への熱い関心は変わらなかった。学内の「高等教育管理」の科目のほか、日本学研究センターに赴任された天野郁夫先生の講義も聴講した。天野先生からいただいた肉筆メモの残った数冊の著書を大切にしている。また私費留学で来日し教育社会学分野の勉強を再スタートした後も、天野先生および奥様の正子先生から温かい励ましを頂いた。

　お茶の水女子大学大学院人間文化研究科に在学した6年間で、指導教官の耳塚寛明先生、同じ研究室の寺崎里水さんとのお付き合いは最も長い。学会発表、学術誌の投稿準備だけではなく、研究活動と日常生活を問わず、様々な場面で本当にお世話になりご指導をくださった。お二人の鋭い洞察力と階層問題への深い関心に影響され、教わったものは数え切れない。同じ研究室の大学院生たちとは常に励まし合い、お互いによいアドバイス、知的刺激を

与えた。私にとって、先輩も後輩も師であり友であり、研究の苦楽を分かち合えるかけがえのない存在である。

東京大学の「高等教育論」を履修した際には、東京工業大学（当時）の矢野眞和先生、東京大学教育学研究科の金子元久先生、東京大学大学総合教育研究センターの小林雅之先生から、高等教育の拡張、機会均等、教育費負担および学生援助について多くの理論や知識を教わった。それは私の博士学位論文のテーマ選定に決定的な影響を及ぼした。さらに、学生援助受給の分析手法に関して、小林雅之先生から丁寧なご指導を賜った。

博士学位論文の審査にあたっては、審査委員の耳塚寛明先生、米田俊彦先生、酒井朗先生、浜野隆先生および小林雅之先生から助言、助力をたくさんいただいた。

力をくださった方々に深甚なる感謝の意を表したい。博士学位論文も本書も上記の方々のご指導とご鞭撻なしには完成できなかったと思う。

私事であるが、女子大学ならではの理解と激励があるものの、在学中の研究活動と育児の両立は大変な人生経験であった。とはいえ、自分のなかではその折その折、どちらを優先にしなければならないという判断はあったが、「二者択一」でどちらかを放棄する考えは毛頭なかった。もちろん家族の支えは大きかった。両親の鞭撻もありがたかった。

さらに、日本の学生援助制度に対してかつての外国人留学生として深くお礼を申し上げたい。留学生は学生納付金も授業料免除の適用も日本人学生とほぼ同様、医療費補助などの特別優遇もあり、大いに助かった。

最後に、本書は出版にあたって日本学術振興会平成19年度科学研究費補助金（研究成果公開促進費）の交付を受けている。また本書の刊行のために、東信堂の下田勝司さんが尽力してくださった。私の拙い日本語文章を丁寧に添削し、アドバイスをたくさんくださった後輩の風間愛理さんともども感謝の至りである。

　2007年秋

お茶の水女子大学にて

著　者

索　引

【ア行】

アウトプット	5
アクション・リサーチ	15
アクセス機会	26
新しい文明病	10
育英	29, 117, 120, 136, 169, 179
委託養成	53, 54, 60, 96
一般商業性助学ローン	124, 139, 173, 174, 180
医療費補助	119
インプット	5
インフラストラクチャー	186
SSM 調査	16, 143
エスニシティ	15, 25
F 検定	33
エリートセクター	31, 32, 61, 62, 154, 170
エリート大学	31, 61, 62, 68, 80, 97, 145
エリート段階	3, 8, 9, 10, 49

【カ行】

海外留学帰国者	141
海外留学志向	145, 149, 154
改革・開放	3, 17, 21, 51
階層間格差	16, 22, 24, 27, 28, 65, 155
階層的配分	18, 115, 123, 135
階層的分布	4, 28, 30, 61, 66, 70, 71, 79, 137, 167
解釈的アプローチ	14
該当年齢人口	8, 26, 29, 49
χ^2 検定	33
学業継続志向	145, 146, 148
格差是正	6, 27, 165, 169
学資貸付	12, 116, 120, 124, 126, 130, 131, 135, 172
学生援助	3, 28, 82, 113, 115, 168, 172
学生服務総隊	186
学生融資	174, 180, 181
学生ローン	124, 172, 173
確率選択	29
学歴インフレ	166
学歴社会	10
学寮費	3, 53, 99, 101, 110
家計圧迫度	106, 111
家計負担	30, 90, 94, 106, 111
過小評価	73, 76
過大評価	68
家庭的背景	4, 12, 80, 99, 129, 141
管理幹部学院	40
管理コスト	179
機会拡大	3, 16, 21, 28, 38, 51, 155
機会均等	9, 12-14, 22
機関援助	116, 169
擬似相関	33
記述集計	33
基礎教育	26, 71, 169
期待収益	4, 14
規定要因	18, 101, 127, 148, 149
機能主義モデル	6
義務教育法	12
キャッチアップ文化資本	16
給付奨学金	25, 116, 126, 128, 136
教育アスピレーション	143
教育機会	4, 6, 10, 29, 69
——均等	10, 118
教育基本法（日本）	11
教育実践	11
教育収益	14

教育需要	21	国公立セクター	40, 41, 51
教育体制の改革に関する決定	52	困難手当	116
教育達成	12, 14, 17, 85	コンフリクト・モデル	6
教育段階	6, 10		
教育投資	14	**【サ行】**	
教育の拡大	6, 14	再生産	12, 15, 16, 165
教育の需要と供給の相互作用	6	財政投入	55
教育費付加	59	産学研の連携	20
教育費負担	58, 60, 90, 141	三資企業	143, 151
教育ローン	116, 172	ジェンダー	15, 25
共同富裕	20	時系列	29, 93
暮らし向き	32, 77	自己増殖モデル	6
グリーン・チャンネル	94	市場化	9, 10, 181
クロス集計	75	市場経済	17
クロスセクショナル	29	市場原理	19, 99
軍事高等教育	38	市場調節	3, 53
軍事訓練教育	69	市場要素	19, 161
ケーススタディ	63	質的〔質の〕低下	22, 166
経済的変数	76, 78	実効コスト	66
結果の均等	27	質問紙調査	5, 31, 61, 69, 125
欠損値	33, 140	私的負担	5, 19, 26, 59, 90, 92, 93, 101
研究生院	185	師範系大学	96
後期中等教育	10, 20, 24, 165	私費学生	34, 52, 54
公私共同負担方式	92	ジニ係数	67
高授業料／高奨学金	118	シミュレーション分析	61, 96
高授業料／低奨学金	119	社会移動	14, 16, 65
高等教育機会	4, 5, 19, 25, 28, 60, 66	社会階層	14–18
高等教育粗就学率	3, 49	社会調査	15
高等教育独学試験制度	40	社会的分布	4, 5, 19, 26, 66, 166, 167
高等教育法	25, 119	受益者負担原理	94
高等職業大学	39	重回帰分析	33, 104, 125
公民	26	従属変数	33, 101, 108, 131, 133, 146
公民権法	11	収容力	3, 4, 141, 171
国家教育委員会	53, 172	授業料高騰	5, 61, 80, 111
国家計画	3, 53	授業料滞納	107, 112, 176
国家奨学金	120, 138	授業料徴収	3, 18, 51, 54–56, 60, 92, 97
国家助学ローン	124, 139, 173	授業料免除	25, 83, 103, 112,
国家助学・奨学金	183		116, 120, 123, 125, 131

出自	12, 13	【夕行】	
出身地	18, 26, 32, 70, 79, 103, 110, 111, 128, 148	大学財政	20, 51, 92, 107, 109, 180
純収入	4, 34, 57	大衆化	51, 136, 165, 169
生涯教育	24	大躍進運動	43
奨学	11, 29, 117, 169	多変量解析	33, 65, 120
奨学金	117, 118, 122	ダミー変数	102
少数民族優遇制度	25	段階移行	7–9
職業訓練	11, 186	単純集計	17, 133
職業的地位達成志向	144, 150	断裂した社会	17
初職	18, 143, 145, 151	地域間格差	16, 19, 56, 99
初等教育	11, 23, 24	地域別割り当て制度	25
所得移転	91	地位達成	165
初任給	141, 145, 153	中国教育改革と発展要綱	54
人材需要	21	中国教育報	178
人的資本モデル	6	中国憲法	11
人民奨学金	119, 138	中国社会科学院社会学研究所	17
人民助学金	119, 172	中等職業専門学校	84, 88
進路決定率	141, 157	調和社会	20
進路志向	4, 5, 27, 146	対単位除去	33
進路選択	4, 33, 84, 141, 155	通信教育	40
数量的分析	33	定向奨学金	120, 124, 138
スループット	5	適正価格	112, 165
正義論	10, 35	テレビ放送大学	40, 44, 49
政策転換	21	十の社会階層	17, 36
成人高等教育	38, 40, 43, 45, 50	特別困難手当	120, 121, 126, 130
——機関	39–41, 43, 45, 48, 50	独立通信制大学	40
成人のフルタイム・クラス	40	独立変数	33, 102, 108, 120, 127, 144
制度コスト	179	トップダウン	180, 181
西部開発助学工程	124	トップ100大学ランキング	31
世界人権宣言	10	取扱銀行	174, 176, 180
説明変数	85	トレードオフ	13, 14
専攻奨学金	120, 124, 173	ドロップアウト	8, 168
選抜度指数	71, 74, 75, 78, 79		
全寮制	110, 113	【ナ行】	
総合大学	31, 39, 63, 84, 97	ナショナルデータ	5, 33, 72, 84
相乗効果	111	南巡講話	52
		ニードベース	28, 29, 116–118, 126, 169

二極分化　94
21世紀の高等教育に向けての世界宣言→
　ユネスコの高等教育世界宣言
日常生活支出　90, 95, 97, 99, 101, 104, 105
任期つき雇用　20
年間支出総額　90, 100, 101, 104
年齢効果　156
農(林牧漁)業従事者　75, 76, 79
能力給　20
能力主義　8, 9

【ハ行】

パーソナル・クレジット・システム　178
パイロット調査　32
配分機能　12
発展段階説　6
破片的　17
非経済的階層変数　78, 79
表単位除去　33
費用負担方式　90, 91, 93
貧困学生　176, 182
貧困地区義務教育支援プロジェクト　24, 36
福祉国家政策　10
不正徴収　55
二つの階級、一つの階層　17
普通高等教育　38, 39, 41, 43, 46, 50
　──機関　3, 24, 38, 39, 41, 50
普通専科　34, 68
　──院校　40
普通本科　34, 68
　──院校　39
不平等　14, 15, 18, 25
不利益層　78–80
文化資本　123
文化大革命　43, 44

便益　66
募集計画　37
募集定員　3, 25, 49, 54, 61, 68, 93
香港中文大学　18, 67

【マ行】

マイノリティ　14, 16, 24, 117
マクロレベル　5, 170
マス段階　3, 8, 9, 50, 160
民営高等教育機関　40, 41, 50, 180
メインバンク　139, 176
メリットベース　117, 170, 186

【ヤ行】

夜間大学　40
有効回答率　32
優秀学生奨学金　120, 137, 185
有教無類　10
ユニバーサル(段階)　7, 8
ユネスコの高等教育世界宣言　22, 23
養成コスト　55, 58, 112
抑制効果　83
四方式総合　123, 127

【ラ行】

利益集団　8, 17, 36
利益層　78, 80
理工系大学　67, 84
リスク補填金　176, 179, 180
理念型　7
量的拡大　6, 9, 19, 21, 42, 44
労働者大学　40
ロジスティック回帰(分析)　33, 96, 125, 146
ロビンフッド的再配分　117

著者紹介

王 傑
〔正式名　王　杰（ワン ジェ Wang, Jie）〕
　1972年、山東省生まれ
　1994年、山東大学外国語学院日本語科卒業
　1997年、北京外国語大学大学院日本学研究センター修士課程修了
　1997年、清華大学外国語学部就職、助手経て専任講師
　2000年、清華大学外国語学部退職
　2006年、お茶の水女子大学大学院人間文化研究科博士後期課程修了（Ph.D）
　現　在、お茶の水女子大学グローバルCOEプログラム『格差センシティブな人間発達科学の創成』特任講師

主要著書・論文
1. 『日本語能力測試対策 1、2級』（王彦花、陳愛陽と共著）、北京大学出版社、2000年8月
2. 「中国高等教育拡大過程における教育機会の階層間格差の進展」『お茶の水女子大学21世紀COEプログラム「誕生から死までの人間発達科学」平成14年度公募研究成果論文集』、2003年12月
3. 「大学生教育支出和筹资状况的实证分析」(Undergraduate Students' Expenditure and Sources of Individual Expenditure in China) 中国教育経済学会編『教育与経済』(*EDUCATION & ECONOMY*) 2004年第1期
4. 「重点大学在校生高中教育经历的实证分析」(A Study on Senior Second School Experience of Undergraduate Students in China) 中国教育経済学会編『教育与経済』(*EDUCATION & ECONOMY*) 2005年第1期
5. 「学部生の進路志向における家庭的背景の影響」日本教育社会学会編『教育社会学研究』第76集、2005年5月

Expansion and Transformation of Higher Education Opportunity in China

---

中国高等教育の拡大と教育機会の変容　　　　　定価はカバーに表示してあります。

2008年2月29日　　初　版第1刷発行　　　　　　　　　　　〔検印省略〕

著者 Ⓒ 王傑／発行者　下田勝司　　　　　印刷・製本／中央精版印刷

東京都文京区向丘1-20-6　　郵便振替00110-6-37828
〒113-0023　TEL (03) 3818-5521　FAX (03) 3818-5514　　発行所　株式会社 東信堂
Published by TOSHINDO PUBLISHING CO., LTD.
1-20-6, Mukougaoka, Bunkyo-ku, Tokyo, 113-0023 Japan
E-mail : tk203444@fsinet.or.jp　http://www.toshindo-pub.com

ISBN978-4-88713-811-7 C3037　　Ⓒ Wang, Jie

東信堂

比較教育学——越境のレッスン	馬越徹	三六〇〇円
比較・国際教育学（補正版）	石附実編	三五〇〇円
教育における比較と旅	石附実	二〇〇〇円
比較教育学——伝統・挑戦・新しいパラダイムを求めて	馬越徹・大塚豊監訳 M・ブレイ編	三八〇〇円
世界の外国人学校	藤美津子・大塚豊監訳	三八〇〇円
世界の外国語教育政策——日本の外国語教育の再構築にむけて	末福田誠治他編著	六五七一円
ヨーロッパの学校における市民的社会性教育の発展	大谷泰照 新井浅孝浩典編著 林桂子 武	三八〇〇円
世界のシティズンシップ教育——グローバル時代の国民/市民形成	嶺井明子編著	二八〇〇円
市民性教育の研究——日本とタイの比較	平田利文編著	四二〇〇円
アメリカの才能教育——多様なニーズに応える特別支援	松村暢隆	二五〇〇円
アメリカのバイリンガル教育——新しい社会の構築をめざして	末藤美津子	三二〇〇円
多様社会カナダの「国語」教育（カナダの教育3）	関口礼子編著	三八〇〇円
ドイツの教育のすべて	マックス・浪田克之介教育研究所研究者グループ編 天野・木戸・長島監訳	一〇〇〇〇円
中国大学入試研究——変貌する国家の人材選抜	大塚豊	三六〇〇円
大学財政——世界の経験と中国の選択	呂煒編著 成瀬龍夫監訳	三四〇〇円
中国の民営高等教育機関——社会ニーズとの対応	鮑威	四六〇〇円
「改革・開放」下中国教育の動態	阿部洋編著	五四〇〇円
中国職業教育拡大政策の｜江蘇省の場合を中心に	劉文君	五〇四八円
中国の後期中等教育の拡大と経済発展パターン——背景・実現過程・帰結	呉琦来	三八二七円
中国の高等教育拡大と教育機会の変容——江蘇省と広東省の比較	王傑	三九〇〇円
バングラデシュ農村の初等教育制度受容——国民統合・文化・教育協力	日下部達哉	三六〇〇円
タイにおける教育発展——国民統合・文化・教育協力	村田翼夫	五六〇〇円
マレーシアにおける国際教育関係——教育へのグローバル・インパクト	杉本均	五七〇〇円

〒113-0023　東京都文京区向丘1-20-6
TEL 03-3818-5521　FAX 03-3818-5514　振替 00110-6-37828
Email tk203444@fsinet.or.jp　URL:http://www.toshindo-pub.com/

※定価：表示価格（本体）＋税